高效能学习
的78个
金点子

(第二版)

王灿明　王瑞清　◆ 编著

努力第一，不如效率第一
学得勤不如学得巧

 华东师范大学出版社

图书在版编目（CIP）数据

高效能学习的 78 个金点子/王灿明，王瑞清著. —2 版.
—上海：华东师范大学出版社，2013. 10
（创智学习）
ISBN 978 - 7 - 5675 - 1282 - 5

Ⅰ. ①高…　Ⅱ. ①王…②王…　Ⅲ. ①中小学－学习方法
Ⅳ. ①G632. 46

中国版本图书馆 CIP 数据核字（2013）第 242260 号

全国教育科学规划"十一五"重点项目研究成果

高效能学习的 78 个金点子
（第二版）

撰　　著　王灿明　王瑞清
策划编辑　彭呈军
审读编辑　单敏月
责任校对　邱红穗
装帧设计　陈军荣　孙　震

出版发行　华东师范大学出版社
社　　址　上海市中山北路 3663 号　邮编 200062
网　　址　www. ecnupress. com. cn
电　　话　021 - 60821666　行政传真 021 - 62572105
客服电话　021 - 62865537　门市（邮购）电话 021 - 62869887
地　　址　上海市中山北路 3663 号华东师范大学校内先锋路口
网　　店　http://hdsdcbs. tmall. com

印 刷 者　常熟高专印刷有限公司
开　　本　787×1092　16 开
印　　张　16.25
字　　数　235 千字
版　　次　2014 年 2 月第 2 版
印　　次　2015 年 1 月第 2 次
书　　号　ISBN 978 - 7 - 5675 - 1282- 5/G · 6880
定　　价　32.00 元

出版人　王　焰

（如发现本版图书有印订质量问题，请寄回本社客服中心调换或电话 021 - 62865537 联系）

目录

序

　　"减负"是目前我国中小学的一个普遍关注的问题,然而,其效果往往不尽如人意,原因固然很多,"增效"可能是其中一个极为重要的因素。换言之,在我们专注于"减负"的同时,如果不注意学习效率的问题,不仅有违"减负"的宗旨,"减负"也难以落到实处。这样,"高效能学习"就成为我们目前必须关注的一个话题。

　　王灿明和王瑞清教授的新著《高效能学习的78个金点子》,从中小学生学习的实际问题而不是从概念出发,通过案例来说明中小学生学习活动中的各种问题可能的解决办法,不仅可读性强,而且给人以启迪,起到举一反三的作用。譬如,"让你的学习如虎添翼"比较具体地介绍了提高记忆效率的12种方法。作者是这样切入正题的:"我有这样的体会,有些材料,老师要求课上背诵,很快就会背出来。但如果老师说,作为课外作业背诵,下周一检查,可能检查的时候有不少同学背不出来。为什么课上几分钟就可以完成的任务,几天都完不成呢?"科学研究表明:每个人的大脑都有惰性,如果没有时间的限制,往往就兴奋不了。弄清了大脑活动这一规律,我们就应该给自己限定背诵时间,久而久之养成习惯,记忆效率就能得到很大的提高。全书给中小学生提供了高效能学习的78个金点子,论题集中,剖析深刻,读完之后让人不仅知其然,更知其所以然。

本书作者长期关注脑科学、认知科学、心理学以及成功学等学科的前沿研究，以此作为高效能学习的理论基石。比如在"把大脑调整到最佳状态"中，作者剖析了四类典型的脑电波，指出 α 波是学习的最佳状态，当人脑的 α 波占优势时，就能全神贯注，处理问题得心应手。作者提醒我们，诱发大脑 α 波的方法并不神秘，"听几首喜欢的音乐，读一段轻松愉快的小说，凝神品味一幅画，或者散一会儿步，闭上眼睛做一做深呼吸，像猫咪一样伸展四肢，洗个温水澡，换上让你感到舒适的衣服，在你的卧室里放上你最喜欢的香囊，甚至找一个空旷无人的地方大声把你郁闷、烦心的事儿都喊出来，都是行之有效的方法"。这样的分析既反映了科学的研究结论，又折射出作者对生活的观察、思考与热爱，充满了生活趣味和人生智慧，让人感到"处处留心皆学问"。

尊重科学，让事实说话，是本书的特色。作者立足于事实，立足于实验，立足于数据，不讲大而无当的空话。"写下你的人生目标"引用的就是哈佛大学的研究报告。该校曾调查研究应届毕业生"有没有明确的人生目标"，结果发现只有 3% 的人有明确的人生目标并写在了日记本上（第 1 组），13% 的人确立了人生目标而未写到纸上（第 2 组），84% 的人根本没有明确的人生目标（第 3 组）。10 年之后，哈佛大学跟踪研究了这些人，结果发现第 2 组毕业生的年均收入是第 3 组的两倍，而第 1 组却是第 2 和第 3 组毕业生的年收入相加后的 10 倍。换句话说，如果那 97% 的人一年挣一千万美元的话，那么这 3% 的人一年就能赚一亿美元。作者以这样的方式告诫当下的青少年，我们不仅要树立明确的人生目标，而且要把它写到纸上，让它"像太阳一样照耀着我们生活的每一个细节"。

作者有较高的文学造诣，擅长于把那些发生于校园或社会上发人深省的故事娓娓叙来，让我们在不知不觉中接受了先进的学习理念和高效的学习方法。例如，"完美的答案"描写的是一个成绩中等的孩子如何成长为高考状元的故事；"让梦想成就未来"描写的是泰格·伍兹成长的故事；"Nothing Is Impossible"描写的是贺舒婷的高考传奇；"唤起心中的巨人"讲的是打工仔梁杰的故事；"把每一天都看成生命的最后一天"讲的是海伦·凯勒的故事；"让自己燃烧起来"说的是张信哲的故事；"环境造化命运"说的是朗朗的故事。作者将这些故事信手拈来，寥寥数语便揭示出故事所蕴含的微言大义。

《高效能学习的78个金点子》是一本引人入胜的学习读物，是一本以情动人、以理服人、以文悦人的好书，我乐于向全国的中小学生以及家长、老师推荐该书。

陆有铨

　　（陆有铨：中国教育学研究会副会长，全国教育哲学专业委员会主任，华东师范大学终身教授、博士生导师）

写在前面

　　本书为修订版。原版出版于 2008 年，很快就得到了全国各地读者的热捧，作者多次应邀参加各地举办的高效能学习报告会和研讨会，有关高效能学习的读书活动更是频频召开，《中国教师报》、《新民晚报》、《教育时报》、《文摘周报》等众多平面媒体以及百度、当当、新浪等数以千计的网站发表书评或转载部分章节，全国最大的中文网上书店当当网更是将该书评为"畅销书"，掀起了一股学习和研究高效能学习的热潮。根据读者调查的意见，修订版在保持原有特色和风格的基础上，大幅压缩文字量，删除读者不喜欢的所有内容，增加一些更实用、更有趣、更具启发性的新内容。

　　修订版是一种全新体例的互动型读物，以中学生和小学高年级的同学为主要读者群，同时兼顾中小学老师和广大家长。如果您想只用 1/5 甚至更少的时间来读这本书，必须考虑到阅读技巧。

　　以下为作者的建议：

　　1. 速读目录。以获得全书的内容概要。

　　2. 选择您感兴趣的标题，翻到相应正文。本书采用西方畅销书体例，各节虽有整体上的关联，但每节都是独立的，无须从第一节读到最后一节！

3. 快速浏览"名人名言"。 我们为每节精心选择了一条名人名言,以说明各节的主题。

4. 浏览学习名人轶事。 我们在多数文章的开头讲述了一个名人轶事或中小学生的学习故事,以生动地揭示有关学习的问题。

5. 精读正文。 正文中我们介绍和分析了一些简单有效、切实可行的学习方法,建议您用水彩笔标出本节的要点和精彩语句。

6. 想一想。 如果您觉得本节对您有启发的话,请开动脑筋想一想:到底对您有什么启发? 您想怎样运用它来提高您的学习成绩?

7. 返回目录。 开始新的学习,可以根据需要重新选读。

本书是全国教育科学规划"十一五"重点课题的研究成果,其中不少内容已由《中国儿童报》、《大众心理学》、《家庭百事通》等报刊连载,得到了原中国教育学会副会长李吉林、华东师范大学博士生导师陆有铨教授、广东第二师范学院周峰教授、《中国儿童报·现代家庭教育周报》执行主编陈群博士以及责任编辑彭呈军的关心、支持,陆有铨教授为本书撰写了热情洋溢的序言,在写作过程中还引用了许多同志的研究成果,在此一并表示感谢!

如果您还有什么困惑需要解答,请按下列方式联系,说不定您还会得到一份精美的礼品呢!

(南通大学创造教育研究所王灿明教授,邮编 226007,E-mail:china. wcm@126. com)

作　者

2013 年 10 月 8 日

1 完美的答案
——天才是怎样诞生的

不飞则已，一飞冲天；不鸣则已，一鸣惊人。

——司马迁

我经常应邀到中小学做报告，每到一处，都会讲起《扬子晚报》报道过的一个发人深省的故事。报道说，有个孩子，对一个问题一直迷惑不解：为什么他的同桌想考第一，就能考第一；而他想考第一，却考了班上的第二十一名？

回家后他问："妈妈，我是不是比别人笨？我觉得我和他一样听老师的话，一样认真地做作业，可是，为什么我总比他落后？"

听了儿子的话，妈妈非常伤心。因为她能够感受到儿子的自尊心，可这种自尊心正在被学校的排名吞噬着。她望着儿子，很久没有回答，也无法回答。

又是一次考试，儿子考了第十七名，而他的同桌依然是第一名。

回家后，儿子又问了同样的问题。

面对儿子的困惑，妈妈真想说，人的智力是有差别的，考第一的人，脑子就是比一般人灵。然而，这样的回答，难道是儿子所想知道的答案吗？

有几次，她真想重复那几句被上万个父母重复了上万次的话——"你太贪玩了"，"你还不够勤奋"，"和别人比起来还不够努力"。然而，像儿子这样脑袋不够聪明、成绩中不溜秋的孩子，平时活得还不够辛苦吗？

她没有这么做，她想在这个以几门功课比优劣的应试时代，为儿子的问题找到一个完美的答案。

小学毕业了，虽然儿子比过去更加刻苦，但依然没赶上他的同桌。不过，与自己相比,他的成绩一直在提高。

为了对儿子的进步表示奖赏,她带他去了一次海边。在这次旅行中,母亲回答了儿子的问题。

现在,她的儿子再也不担心自己的名次了,也再没有人追问他小学的成绩排名——因为他以全校第一的成绩考入了清华大学。

寒假到来的时候,母校请他给同学及家长们作一个报告。

他讲到了童年的一段经历:"我和母亲坐在沙滩上,她指着前面对我说,你看那些在海边争食的鸟儿,当海浪打来的时候,小灰雀总能迅速地起飞,它们拍两三下翅膀就升入了天空,而海鸥总显得非常笨拙,它们从沙滩飞入天空总要很长时间,然而,真正能飞越大海、飞越大洋的却是它们。"

看完这个故事,我们理解母亲的无奈,更敬佩她的用心,她能在灰雀和海鸥的起飞中找到教育孩子的契机。

每次讲完这个故事,我都有一个深刻的感受:清华并不神秘。只要我们努力,每一个同学都可以跨进清华、北大的大门。

千万不要认为一切都是命中注定的,不要过分在意你在班级和年级的排名,但你必须关注自己的点滴进步。你可以放弃与同学的横向比较,但绝对不能放弃与自己的纵向比较,只有自己的成绩"一直在提高",你才能体验到自己成长的快乐。

"学如逆水行舟,不进则退。"安于现状,只能自甘堕落。只要你不断改变自己的态度、方法和学习习惯,你就能改进自己的学习,进而改变你的命运。

没有一个父母希望子女比自己差,我们每个人都生活在父母浓浓的期望之中。而每个人的生命中都埋藏着一颗伟大的种子,如果你不断地给这颗种子浇水、施肥,你就完全有可能成为一个伟大的人!

2　让梦想成就未来
——"老虎"伍兹的传奇故事

夫学者不患才不及,而患志不立。

——王守仁

最近,我在朋友的家里,碰到一个女生,她问我:"王老师,我近来老做梦,为什么?"

我想,这么天真活泼的孩子能做什么梦呢? 她说有美梦,比如去肯德基,也有噩梦,譬如挨老师批评。我和她一起进行梦的解析,最后告诉她,做梦并不可怕,最可怕的是没有梦想。

梦想和梦尽管只有一字之差,却是两个截然不同的概念,梦想是对生活的追求,是对未来的美好期望。梦想最大的作用是能够给人指明一个方向,明确一个目标。所以,梦想往往能够使人伟大。世界上没有什么办不到的事情,只有我们想不到的事情。只要努力,昨天的梦想,就可以成为今天的希望,还会成为明天的现实。

这里讲一个真实的故事。

他的家很穷,在10个孩子中,他的学业成绩也最差。然而,有一天他看到电视中正在介绍高尔夫球运动员尼克劳斯,一下子产生了这样一个梦想:"我要像尼克劳斯一样,成为一名伟大的高尔夫球运动员!"

他请求父亲给他买副高尔夫球杆和高尔夫球,遭到了父亲的拒绝。但母亲却看出了儿子的决心,不仅鼓励,而且支持了他。父亲给他自制了一个高尔夫球杆,并在家门口的空地上随便挖了几个洞,他就这样,能每天用捡来的球玩上一会儿。

升入中学后,他遇到了后来改变了他一生的体育老师里奇·费尔曼。毕业时因为高尔夫球方面的特长,他幸运地被斯坦福大学录取了。里奇·费尔曼认为他正处于技术突破的最佳期,应该利用假期找一个更好的高尔夫球俱乐部,接受全面的专业训练。

可是,他家里很穷,就找了一份每周500美元的工作。里奇·费尔曼知道以后,沉吟半晌,问他:"我的孩子,你的梦想是什么?"

他红着脸嗫嚅道:"当一个像尼克劳斯一样的高尔夫球运动员,挣很多钱,给母亲买一套漂亮的别墅。"

听完他的话,里奇·费尔曼大声吼道:"你现在就去工作,那么,你的梦想呢? 难道你的梦想只值500美元吗?"

18岁的他被老师的话震惊了,他自觉地投入到了训练中去。在1993年全美业余高尔夫球大奖赛上,他成为有史以来该项赛事最年轻的冠军。三年之后,他成了一名职业高尔夫球手。2009年,他以1.219亿美元的总收入排名美国最富有的运动员榜首。

他一共给他的母亲买了6栋别墅,位于不同的地方。

他,就是泰格·伍兹。

据《乔丹——篮球巨星》介绍,迈克尔·乔丹从小就喜欢竞争性的游戏,每天都和二哥赖瑞在后院小篮球场上捉对厮杀,最后往往以兄弟俩大打出手收场,气得小乔丹大喊:"我一定要长得比你高!"童年时代的乔丹的梦想是长得比二哥高。

慢慢地,乔丹长大了,妈妈帮他在附近的一家旅馆里找了一份清洁工,做一些清扫走道、倒烟灰缸、倒垃圾筒之类的工作,这是美国的孩子十二三岁以后都要做的,目的是为自己挣取零花钱。但乔丹做得很痛苦,一个星期后就不肯再去了。

妈妈认为他的哥哥和妹妹们都打工了,要他做下去。但乔丹坚持认为"这简直是浪费时间、浪费生命"! 他宁可不要妈妈的零用钱,而只喜欢打球,因为他梦想成为世界上最伟大的球员。

这样看来,小乔丹之所以能够成为NBA历史上最伟大的球星,是因为他从小就有自己的梦想,懂得如何去追逐自己心中的梦想。

我们再来看看我们这个时代的超级英雄——比尔·盖茨。他是一个出生于美国西雅图的天才少年,由于他个子矮小,经常受到别人的捉弄,唯一能安慰他的只有计算机,12岁那年,他第一次接触到了计算机,从此深深迷恋上了这个新鲜玩意儿,立志"让每张桌子上都有一台计算机"!

中学毕业后进入了哈佛大学,盖茨十分崇拜拿破仑,经常和朋友们一起通宵看电影、打牌甚至赌博,有时输得很惨。但他是一个梦想家,痴迷于电脑只是因为他早就把它看成是有长期商业前景的事业,预言自己"在30岁时肯定会成为百万富翁"!

一个偶然的机会,他的朋友艾伦路过哈佛广场的一家报摊,正巧看到封面上印着世界上第一台个人电脑Altair8080的《大众电子》杂志(1975年1月),就毫不犹豫地买下和盖茨分享。他们马上动笔给Altair8080的制造商写信,自荐为其编写程序,并从哈佛辍学成立了微软公司。现在,盖茨不仅成了"亿万富翁",而且因为微软的惊人业绩多次被列为"世界首富"。

试想想,如果盖茨少年时代没有"让每张桌子上都有一台计算机"的梦想,没有那种对梦想的不懈追求和抓住机遇的强烈意识,怎么会有今天的"世界首富"? 2008年7月,盖茨退休,转而致力于慈善事业。这是因为,他还有一个最大的梦想,那就是:改变人类的生活。

明代学者王守仁说过:"夫学者不患才不及,而患志不立。"我们不要抱怨环境不佳,不要羡慕别人出身名门,从小点燃梦想的火炬,孜孜不倦地追求梦想,就一定可以改变你的一生。

"天行健,君子以自强不息。"让梦想成就你的未来吧!

3 写下你的人生目标

——来自哈佛大学的调查报告

笔落惊风雨，诗成泣鬼神。

——杜甫

目标是人生的指南针，一心向着自己目标前进的人，整个世界都会为他让路。

布罗迪是位退休的英国老师，一次偶然的机会，他发现了 50 年前自己所教过的一批孩子的作文。作文的题目是"未来的我是——"，31 个孩子在作文中表达了 31 个不同的理想，有的想当首相，有的想当将军，有的想当王妃，有的想当领航员，也有的想当驯狗师，充满了对未来生活的憧憬和向往。

布罗迪突发奇想："他们是否实现了儿时的理想？"于是就在报纸上刊登了一则启事。不久，一个个学生回信了，唯独没有当年的盲童戴维的消息。戴维的理想是当一名内阁大臣，因为在英国还从未有过盲人进入内阁，他想改写历史。正当布罗迪准备把戴维的作文本送进一家私人收藏馆时，他收到了英国教育大臣的来信，这使他大吃一惊，也感动万分："那个叫戴维的就是我，感谢您还为我保存着儿时的梦想。不过我已经不需要那个本子了，因为从那时起，我的理想就一直在我的脑子里，一天也没有放弃过。"原来，盲童戴维也已经梦想成真。

无独有偶，哈佛大学也曾对应届毕业生做过一次调查，询问应届毕业生有没有明确的人生目标。结果只有 3％的人有明确的人生目标并且写在了日记本上（第一组），有 13％的人把人生目标记在脑子里而没有写到纸上（第二组），而84%的人根本就没有明确的人生目标(第三组)。十年以后,哈佛大学又对这些人做了一次跟踪研究,结果发现第二组毕业生的年均收入是第三组的2倍,而第一组毕业生的年收入又是第二和第三组的年收入相加后的10倍。也就是说,如果那97%的人加起来一年挣一千万美元,那么这3%的人加起来的年收入是一亿美元。看到这个结果,那97%的毕业生都大为吃惊,悔恨当初没有确定自己的人生目标并清楚明白地写到自己的笔记本上。

有些同学不愿意为自己设定目标,主要有三个原因:(1)恐惧:怕万一达不到怎么办,那样会产生失败感;(2)无此意愿:认为每天过得好好的,为什么还要设定目标;(3)误将行动当成就:每天功课满满的,成绩也不错,好像很有成就感。其实行动不等于成就,有结果才算有成就,所以一定要设定成就目标。

高尔基说过:"一个人追求的目标越高,他的才能就发展得越快,对社会就越有益,我也确信这是一个真理。"我们不仅要有明确的人生目标,而且要把它写下来,说出来,让它像太阳一样照亮我们生活的每一天。

4 Nothing Is Impossible
——北大学子贺舒婷的高考传奇

尽吾志也,而不能至者,可以无悔矣。

——王安石

秋天的未名湖,湖水清澈,垂柳飘飘,湖水对面的博雅塔优雅地把自己的倒影放置湖中,宛如水中的宫殿。有多少学子梦想在湖边折枝的人群里有自己的身影。

北大,是许多中国人的精神梦乡,我们如何才能走进这座中国最高的学术殿堂呢?

这几年,有一篇题为"你凭什么上北大"的文章在网络上广为流传,又被《读者》转载,很多学生争相传阅,一些学校频频利用晨会、班会让学生学习交流,我也多次在讲座里讲述这个故事。

这篇震撼人心的短文作者叫贺舒婷,是北大法学院的一名学生。文章讲述的是她如何从学业失败中走出来,最后步入北大的心路历程。

贺舒婷有过迷茫。高一那年,她还是一个懵懂的女孩,差点成了一块"废铁"。上课时睡觉、聊天、看漫画、吃零食,跟后面的男生大呼小叫,把年轻的女老师气得眼圈发红,却自鸣得意。

高二,她选择了文科,才知道学校的文科班很差,上届毕业班仅有 3 人本科上线。最具讽刺意义的是,那 3 人竟然全是复读生。她突然醒悟了,觉得自己不应该就这样"混"下去。

第一次月考,她考了年级第 12 名。这是一个差强人意的成绩,在一个本科只能上线 3 人的学校，第 12 名和第 120 名其实又有多少区别呢？

至今，她还记得那个考第一的瘦小女生，戴一副黑边眼镜，趴在书桌上的身影有些佝偻，一直是班里第一个来最后一个走的人。贺舒婷对这种学生有一种莫名的排斥："你有什么了不起，不就是死读书吗？我要是像你这样刻苦学习，早是全市第一了。"

很快，她迎来了人生中最重要的一次班会。

班主任直言不讳地说："这次成绩很能说明问题，应该考好的人都考好了。"

在贺舒婷听来，这种说法多少有点刺耳，似乎她也属于那堆"不该考好"的人。

"我知道有些人以为很聪明，看不起那些刻苦的同学，总觉得人家是先天不足。可是我想说，你只是懦弱！你不敢尝试！你不敢像她一样地去努力，因为你怕自己努力了也比不上她！你宁可不去尝试，是因为害怕失败的风险。你连这一点风险都承担不起，因为在你心底，你根本就没有把握……"班主任若无其事地扫了她一眼，又一连珠似地炮轰了一阵。

这是一个能够触摸学生心灵的好老师，其不动声色的激将法，一下子就触及到贺舒婷心里最脆弱的地方，她第一次意识到"自己的懦弱"。那晚，她在日记里写道："试试吧，试试努力一个月，看会不会见效。"

从此，她就像是换了一个人，"我简直不敢相信那个早晨六点早自习上课到晚自习下课，一动也不动坐在座位上，安安稳稳、踏踏实实的人竟然就是我自己"。

期待已久的期中考试终于到来了。那是她一生中最有纪念意义的一次考试，因为她出人意料地考了第一。这次考试让她明白了一个道理："Nothing is impossible!"

在这个世界上，没有什么事情是不可能的。后来，她再也没有改变过这种学习态度，并坚守着成绩单上的排名，一直到高考前的最后一次考试，她始终是全校第一。

回顾这段经历，贺舒婷说了一句堪称经典的实话："其实所有的方法说白了都是没有方法，只有一个词——刻苦。"

难能可贵的是，即便贺舒婷牢牢占据着第一的位置，每次考试都能将第二名甩下几十分,但她依然十分冷静,知道自己距离北大还很远。她说:"所有的老师都坚信我将会是学校有史以来最好的文科生,可以上山大,运气好点的话可以上复旦、人大,而我只要北大。"

这就是贺舒婷的性格,她在学业的追求上永不言弃,永不知足!

那天,她一个人跳过窗子,踏上了二楼窗外那个大大的平台。对面是操场,初雪未融,空气湿冷,光颓颓的树枝直直地刺向天空。雪天的阳光凉凉地透过睫毛洒在眼睛里,她静静地看着远远的天空,默默地呼喊:"等着吧,我要你见证一个奇迹!"

高三的那段时间,她表现出少有的沉稳,踏实得像头老黄牛,五本高中历史书,居然被她翻来覆去地背了整整六遍。

她说:"当你也把一本书背上六遍时你就知道那是什么感觉了,边背边流眼泪,我真的是差一点就背不下去了。"她硬是逼着自己埋进书本,埋进试卷,埋进密不透风的黑茧,为的只是有朝一日能够破茧成蝶。

青黑的眼圈,浮肿的眼袋,干燥的手指,焦虑得起了水泡的嘴角,尽管贺舒婷处在崩溃的边缘,但她总是提醒自己:"忍不住的时候,再忍一下。"

贺舒婷之所以具有如此的忍耐力,是因为她从来没有想过要考进北大之外的任何一所大学。她甚至想过,哪怕北大在山东只招一名新生,录取的也应该是她!

与其说这是她的幻想,不如说是她的自信,而这种自信来自于她的努力、坚韧、执著和汗水。

这,也许还会成为她一生的财富。

终于,她从美丽辽阔的微山湖来到了风景秀丽的未名湖,走进了中国的最高学府。

每次讲完这个故事,我都要重复贺舒婷在文章中重复了多次的那句西方谚语:Nothing is impossible! 千万不要认为什么都是命中注定的,只要你想改变,只要你努力改变,只要你持之以恒去改变,一切皆可能改变。

这是一个可以创造奇迹、见证传奇的时代。如果你还是一个整日打闹而学业荒废的孩子,一个迷茫恍惚而不知所措的少年,那你应该尽早醒悟过来,醒得越早,学得越多,进步得也就越快。当一个个小进步积累起来的时候就成为了大进步,你能否强大,完全取决于你自己。

或许,你也希望像贺舒婷那样爆发,但爆发需要积累,多数同学的爆发是从量变到质变的结果。如果你还处于下游,你应该努力进入中游;如果你还处于中游,你应该努力进入上游;如果你已处于上游,你应该努力进入前五名;如果你已进入前五名,你应该努力成为全班第一。请不要奢求一步登天,人的进步总有一个过程,我们可以享受进步的结果,更应学会享受进步的过程。

这个世界原本就没有先天不足的人,如果你不敢尝试,不敢像贺舒婷那样去努力,担心自己再努力也比不上她,那是因为你害怕流言,害怕吃苦,害怕竞争,害怕失败,那才是真正的"先天不足",那才叫懦弱!

北宋著名改革家王安石曾说:"尽吾志也,而不能至者,可以无悔矣。"在学习上,只要我们尽了自己的最大努力,即便不能获取成功,我们亦可以无怨无悔。与其日后怨天尤人,不如从今天做起!

5 从当下做起

——于丹论立志

三军可夺帅也,匹夫不可夺志也。

——孔子

老汪中年得子,取名"祖荣",希望孩子能够荣光耀祖。孩子从小聪明伶俐,一会儿说要做小布什,一会儿说要做比尔·盖茨,父母非常喜欢。但等小祖荣进入小学念书,成绩却不太理想,尽管如此,父母还是很喜欢他,因为他经常对妈妈承诺,将来一定考上北大,找份好工作,让妈妈在家享清福。

话说多了,自然引起了老汪的怀疑。最近他问我:"王老师,祖荣成绩这么差,是否真的能够上北大?"

我本想说:"别做梦了,北大并非人人能够考上的。"但想想,假如人家以后考上呢?于是就改口说:"有理想总比没有理想好,况且每个人的潜能都很大,只要有决心,成绩再差也能上北大。"然后,我列举了许多案例证明孩子从小立志的重要性。

老汪听了很高兴,千恩万谢地回去了,但我心中总觉得亏欠老汪一点什么。

后来,偶然打开电视,听到于丹在"百家讲堂"讲《论语》,我终于找到了答案。

于丹说了一个小故事。她说,在一条小街上开了三家裁缝店,每一家都想招徕更多的顾客,因而都非常注重包装自己。第一家店说他是"本省最好的裁缝",并把这个大牌子挂出去了。第二家店觉得要比第一家更厉害,便做了一个更大的牌子,说是"全国最好的裁缝"。第三家店想了想,说难道我还能做"全世界最好的裁缝"吗? 想了半天,最后他做了一块很小的牌子。结果,那条街上的所有客人都去了第三家,而前两家反而冷冷清清。

这第三家裁缝店的牌子到底写的是什么呢? 原来,写得非常简单,说他是"这条街上最好的裁缝"。

于丹认为,第三家裁缝店把视线放回到眼前,从当下做起,这是他取得成功的根本。事实也是,不管走到哪里,你都会发现,凡是好学生,都不会好高骛远,他们总是按照自己心中的梦想,从小事做起,从今天做起。而那些夸夸其谈、想入非非的同学往往都是学校中的失意者。

如果一个人连眼前的第一都做不到,还怎么去做天下第一呢? 同样,如果你连当前的学习都搞不好,还怎么去考北大呢? 所以,从当下做起,并非不要理想,不要追求,而是要脚踏实地,走好人生的每一步,只有步步走稳,才能步步为营!

戴尔·卡耐基说过:"小不是成功,大不是成功,由小变大才是成功。"没有人随随便便就能取得成功,关键是脚踏实地,从当下做起。

6 让优秀成为一种习惯
——新制度经济学家张五常教授的忠告

> 惯于拿"A"的人不容易拿"C"。这是规律,所以学子起初
> 要养成拿"A"的习惯,仿佛次一等的成绩不存在似的。
>
> ——张五常

张五常教授是新制度经济学的创始人之一,是一位"奇人"。据说他的博士论文才做到一半,就获得了芝加哥大学的博士后奖学金。他是香港大学的教授,却在 1997 年当选为美国西部经济学会会长。1991 年,他作为唯一一个没有获得过诺贝尔奖的经济学家而被邀请参加了诺贝尔颁奖典礼。许多媒体报道,诺贝尔奖委员会已经收集相关资料,他可望成为问鼎诺贝尔奖的首位华人经济学家。

但就是这么一个大学者,童年的经历却是异常坎坷的。他三岁入小学,因为年龄太小而升不了级。他曾经从小四直接跳到初一,但后来又跌落回到小三。中学期间,他因为成绩不佳而一再留级,并两次被踢出校门。因为考不上香港的大学,他只有远渡重洋,去美国留学。

后来,张五常教授撰文回忆他在美国读书的生活,从这篇文章里,你就可以看出,这么一个"差生"有多么发达的经济学头脑。

他说:"昔日在美国读本科,不好意思问母亲要钱,半工半读。不需要什么知识或技术的工作,每小时两美元在当时很不错。问题是外来的学生要交格外高的学费,除非平均成绩超过一个指定关口。我屈指一算,如果每学年多拿几个'A',免了高学费,一个'A'大约值三百美元。那是一百五十个小时的薪酬!明显地划算,发劲,全部是'A'。至于后来杀进研究院,是额外的收获,事前没

有想到。"

留学生一般走的都是半工半读的路，唯独他经过计算，得出了 1 个 A = 300 美元 = 打工 150 小时的结论，毕业时又因为成绩出众，成了一名研究生。

所以，他又对他的学生谆谆教导："如果进入大学第一个学期的成绩全部是 'C'，玩完。惯于拿'C'的人走进了一个框框，天分再高，用功再大，也不容易走出来。学子要知道拿'A'是怎样的一回事才有机会不断地拿下去。倒转过来，惯于拿'A'的人不容易拿'C'。这是规律，所以学子起初就要养成拿'A'的习惯，仿佛次一等的成绩不存在似的。"

"惯于拿'A'的人不容易拿'C'。"这是对大学生的忠告，对我们中小学生同样适用。刚刚进入一个新校，或者刚刚升入一个新的年级，我们一定要快速适应新的生活，尽快掌握新的学习方法，比别人多用功一点，争取拿到一个称心如意的成绩。只有开始就考好了，才能增加自己的信心，让老师和同学都瞧得起你。所以，一定要让优秀成为自己的一种习惯。

7 给我一个撬起地球的支点

——让兴趣引领人生

成才需要一个支点，更需要我们拥有一双发现支点的眼睛！

——题记

大千世界，人海茫茫，我们怎样才能成材？

世界瞬息万变，科技不断创新，我们怎么才能顺应历史发展的潮流？

阿基米德说过："给我一个支点，我可以撬起整个地球。"无论你是出生于城市还是农村，无论你是小学生还是中学生，无论你的成绩优秀还是落后，你都有自己的兴趣和特长，而这就是你成材的支点。

著名生物学家达尔文，上学时就是一个差生，多次遭到他的校长训斥。他在自己的日记里说："不仅老师，家长也都认为我是一个平庸无奇的儿童，智力方面也比一般人低下，有一次父亲对我说：'你不爱学习，整天地玩，将来一定会给达尔文家丢脸的。'我听了以后大失所望。"

达尔文从小就热爱自然，尤其喜欢打猎、采集矿物，热心于收集甲虫等动植物标本，对神秘的大自然充满了浓厚的兴趣，而这却被他的父亲认为是"游手好闲"、"不务正业"。

由于他的祖父和父亲都是当地的名医，所以父亲希望他将来继承祖业，16岁时便将他送到爱丁堡大学学医。可是他的父亲所欣赏的医学实在提不起他的兴致，经过两年的学习和两次见习无麻醉的手术后，达尔文开始头痛、心悸、反胃、呕吐和腹泻，他最大的兴趣还是到野外采集动植物标本。在爱丁堡的两年中，达尔文结识了几位地质学家、动物学家和植物学家，他们一起讨论生物学家拉马克所倡导的渐进式的进化学说。后来他从事探险、生物考察，到了1859年，达尔文出版了他最著名的著作《物种起源》，成为人类历史上的一个里程碑。

现在，让我们做一个大胆的假设，如果达尔文缺乏对自然界的兴趣，不喜欢收集标本，一个伟大的生物学家就不会诞生；而如果达尔文遵从了父亲的愿望，或许人类史上会增加一个三流的医生，但不会有"进化论"，人类对大自然的认识也许还会退后几十年。

所以，学习的真谛可能并不在于学到多少知识，而在于发现、唤醒和发展自己的自信心，激发自己对未知事物探究的兴趣。我们一定要有敏锐的观察和反思能力，善于捕捉自己的"闪光点"。这些闪光点也许是微弱的，常常是一闪即逝的，但如果发现后就及时肯定，长期坚持下去，或许就会成为你人生的转折点。

成才需要一个支点，更需要我们拥有一双发现支点的眼睛！

8 把大脑调整到最佳状态
——快速学习先驱韦伯教你调控大脑

在 α、θ 波状态下，非凡的记忆力、高度专注和不同寻常的创造力都可以取得。

——泰丽·怀勒·韦伯

前些日子，和几个家长一起聊天。其中，一个家长的孩子成绩特别好，让人羡慕，让她介绍经验，她淡淡一笑，说："哪有什么经验，我只觉得孩子的脑子特别好使。"

是的，如果仔细观察我们身边的同学，就会发现，有的人整天哼着歌儿，开开心心的，学习效率很高；而有的孩子一天到晚紧张兮兮，不是忙作业，就是忙补课，效果却不尽其然。为什么？

因为我们的大脑活动与学习效率之间存在着一定关系。我们的脑无时无刻不在产生脑电波，脑电波至少有四个重要的波段，即 β、α、θ 和 δ 波。在不同的波段，学习效果是不一样的。

β 波，是通常人在清醒状态下的脑电波。在这种状态下，个体会出现逻辑思维、分析及有意识的活动。我们一生中的大多数时间都处于这一状态，注意力被许多事情所分散，不断地从一件事情转移到另一件事情上。美国学者凯文·保罗认为："这对试图集中注意力的人来说，不是最佳状态。"然而，尽管绝大多数人学习时都处于这种状态，却很少有人意识到要去改善这种状态。

α 波，是你完全清醒并处于一种极度放松状态时的脑电波。日本研究人员认为：人脑以 α 波为主时，大脑的潜意识大门打开，大脑可以抓住潜意识所储存的各种信息，使之上升到意识中来，产生各种"神机妙算"。人脑的 α 波占优势时,就能全神贯注,充分发挥聪明才智,应激能力相对提高,处理事情得心应手,筹划及设想往往能够达到预期效果。可以肯定,大脑的 α 波状态就是孩子学习的最佳状态。

θ波,是人的睡眠初期的脑电波。当人的意愿遭到挫折,或者处于郁闷时这种波也很显著。

δ波,是频率最低的脑电波,这种脑电波通常在人沉睡时才能观察到,这时人的心跳缓慢,血压和体温下降。

泰丽·怀勒·韦伯是美国快速学习的先驱,在他看来,β波对我们度过白天很有好处,但抑制了我们进入大脑更深层面。α、θ波类型使我们可以进入更深的层面,"这两种脑电波以放松、注意力集中和舒适等主观感受为特征,就是在α、θ波状态下,非凡的记忆力、高度专注和不同寻常的创造力都可以取得"。

把大脑调整到最佳状态,通常我们可以通过放松或静心活动来诱发大脑的α波,而放松的方法很多,比如听几首喜欢的音乐,读一段轻松愉快的小说,凝神品味一幅画,或者散一会儿步,闭上眼睛做一做深呼吸,像猫咪一样伸展四肢,洗个温水澡,换上让你感到舒适的衣服,在你的卧室里放上你最喜欢的香囊,甚至找一个空旷无人的地方大声把你郁闷、烦心的事儿都喊出来,都是行之有效的方法。越来越多的专家认为,巴洛克的音乐有助于放松身体、安抚呼吸、平静β波震颤,在这些音乐的伴奏下学习,往往可以产生"事半功倍"的效果。

在开始学习以前,花一点时间调整自己的精神状态,或许你的脑子就"特别好使"了,试试吧!

9 文武之道

——科学用脑应注意的几个问题

文武之道，一张一弛。

——《礼记》

据古书《礼记》记载，孔子曾对他的弟子子贡说："张而不弛，文武弗能也；弛而不张，文武弗为也；一张一弛，文武之道也。"形象生动地概括了有劳有逸、劳逸结合的道理。如果我们总是处于紧张状态而不注意适当休息娱乐，是有损于身心健康的。多少年来，父母一直告诫我们："书山有路勤为径，学海无涯苦作舟。"学习是一件艰苦的事情，强调一分耕耘，一分收获，这没有什么不对，但我们不能把勤奋强调得过了头，使大脑一直处于超负荷状态，这样学习效率反而会下降。我们应该提倡科学用脑，切实提高大脑的使用效率。

科学用脑，要注意以下三点。

1. 放松你的大脑

学习是一种艰苦的智力劳动，但这并不意味着脑神经要绷得紧紧的，相反，在轻松的气氛中学习，要比在单调、沉闷的气氛中学习效率高得多。

保加利亚心理学家、教育家乔治·洛扎诺夫从上个世纪50年代开始研究为什么有些人有非凡的记忆力，结果发现，每个人都有一种"最佳的学习状态"，当我们处于这种状态下的时候，我们的心跳、呼吸频率和脑电波正处于同步流畅之时，身体是放松的，而大脑注意力最集中，学习效果最佳。

有位优秀学生在谈到自己的学习经验时说："差不多每隔一段时间，我就会出现烦闷的情况，这时我就不学习，就会跑出去玩。"还有一位十分优秀的同学在紧张学习之余，喜欢打篮球、听音乐，早上跑步，喜欢读《读者》、看电视，还特喜欢看动画片。星期天下午或节假日，他一般和父母在一起，或到爷爷奶奶家。可见，我们的生活应是五彩缤纷的，大脑应该经常处于放松的状态。

2. 巧妙使用睡眠学习

也许大多数同学会认为，人只有在清醒时才能搞好学习。其实不然，人在似睡非睡或者睡眠状态下，同样可以学习。所谓"睡眠学习"并不是在睡着以后进行，而是把学习内容录在磁带上，由一个时间控制器在人精神恍惚、即将睡着或即将醒来时播送。这种方法起源于俄罗斯，后来在保加利亚、日本、美国等地得到推广。美国许多人用此法在一个月内掌握了一门外语。例如，阿特·林克雷塔在10天的睡眠学习中学会了中国话，竟能用一口流利的汉语同中国副领事交谈。

睡眠学习之所以能取得良好的记忆效果，是因为人在半梦半醒时，身体不像完全清醒时那样处于紧张状况，而是渐渐有所放松，此时给大脑一定的刺激，大脑活动效率会提高。更重要的是，人在睡眠状态下，部分脑细胞仍然在高速运转，由于没有其他信息干扰，学习效率更高。同学们可以试一试，请家人或朋友在适当时间播放录音磁带，说不定会取得意想不到的效果。

3. 用脑先健脑

像任何其他复杂机械一样，大脑也需要能量。大脑基本上从吃的食物中得到所需要的能量。"如果你是成年人，你的大脑大约只有你身体总体重的2％，但它却大约要使用你身体产生能量的20％。"大脑需要依靠氧气、葡萄糖以及其他营养物质。

有人总结出"早饭吃得好，中饭吃得饱，晚饭吃得少"的说法，这是有科学依据的。在重视一日三餐时，我们还要注意多吃健脑食物。

健脑食物主要指含有一定量的脂肪、维生素 C、钙、糖、蛋白质、维生素 B、维生素 A 及维生素 E 等 8 种营养素的各类食物，尤其是前 4 种营养物质更为重要。一般说来，动物脑（尤其是鱼脑）富含磷脂、蛋白质及无机盐；植物油（尤其是红花油、芝麻油及核桃仁油）含有大量不饱和脂肪酸；黄绿色蔬菜（如金针、芹菜、韭菜、胡萝卜等）、水果（如香蕉、橘子、山楂、草莓及大枣等）能提供大量维生素。此外，各种瓜仁具有营养脑细胞、增强脑功能的作用。

应该说明的是，健脑需要多种营养素的协调和互补，没有一种健脑食物能以一当十，因此要提倡食物多样化，不可偏食。

10

80％的时间应该
用在哪里？

——"巴瑞多定律"对我们的启示

> 80％的价值是来自于 20％的因子，其余 20％的价值是来
> 自于 80％的因子。
>
> ——维佛列多·巴瑞多

管理学上有一个著名的 80/20 定律，也称"巴瑞多定律"（Pareto Principle）。维佛列多·巴瑞多是 19 世纪末 20 世纪初的意大利一位著名的经济学与社会学家，他发现"80％的价值是来自于 20％的因子；其余 20％的价值是来自于 80％的因子"。

在日常生活中，随处可见 80/20 定律的应用及例证。餐厅 80％被点中的菜大多指向菜单 20％的特色菜、挂牌菜；电视 80％的收视率聚焦于电视台20％的名牌节目；20％的富翁拥有 80％的财富等等。目前，世界上有许多专家正在运用这一定律来研究、解释相关的课题。如果我们把它引申到学习中，同样具有指导意义。

（1）在你确立人生目标的时候，一定要花出 80％的时间和精力去学习，20％用于娱乐、社交以及其他活动。只有这样，你工作以后，才能用 20％的时间去学习，而把 80％的时间用于工作。否则，日后你就可能用 80％的时间去进修，而可能用 20％的时间去工作，结果只能是加班加点，身心疲惫。用一句时髦的话说，今天不辛辛苦苦学习，明天就会辛辛苦苦工作。

（2）在新学期即将开始的时候，一定要花出 80％的时间去预习全部的课本，熟悉本学期即将学习的内容，而把 20％的时间用于做老师布置的假期作业。有些同学正好相反，放假以后就无节制地玩，要开学了，作业还有一大堆，

不得不花80％以上的时间去做老师布置的假期作业,而忽视了预习工作,一到开学,马上就会陷入被动状态。

(3) 在你安排总复习的时候,一定要花出80％的时间用于复习某些特殊学科,以突出重点,这些重点可以是薄弱学科、基础学科,也可以是自己的特长学科。这些学科尽管是少数学科,却会决定你的整体实力。一旦哪一门"瘸"了,影响的不是20％,倒可能是80％。

(4) 在考试复查的时候,应该用80％的时间做大题,其余20％的时间做小题。如果你把80％的时间用在解小题上,你得到的是小分,哪怕是满分,对你总分的贡献率也不高。如果你在大题上不失分,哪怕只有一两题,它们对你总分的贡献率也是相当高的。

(5) 在寒暑假即将开始的时候,一定要花出80％的时间去总结本学期的学习经验和教训,把20％的时间用来做假期作业;而不是把80％以上的时间用在急急忙忙做假期作业上,忽视学习经验和教训的总结,导致学习的目的性和针对性越来越差。

(6) 在假期开始以后,一定要用80％以上的时间来做那些"必须做的事情"和"应该做的事情"上。过去,人们通常将事情依紧急、不紧急以及重要、不重要分为四大类,大部分人都优先去做那些紧急并且重要的事,然后去做一些看来紧急其实不太重要的事。表面看来,这很合理,其实并非如此,最重要的倒是要去做那些重要但是看起来不紧急的事,例如读书。如果不优先去做这些"不紧急的事",你的人生目标可能就不容易实现。有专家建议,设定优先次序,可将事情区分为五类:A＝必须做的事情;B＝应该做的事情;C＝量力而为的事情;D＝可以委托别人去做的事情;E＝应该删除的工作。所以,80％以上的时间最好都用来做A类及B类的事。

11 好钢用在刀刃上
——掌握用脑的最佳时间

时间管理是一门科学。

——题记

有一位同学在学习经验交流会上,说他的学习安排和别人有很大的区别,比如他早晨做作业,晚上背书,效果很好。大家可能觉得很奇怪,其实这位同学的学习与大脑活动规律是一致的。那么,大脑活动的规律是什么呢?

科学研究表明:晚上往往是一个人记忆力最好的时间;6点钟是推理能力最佳之时;8点钟脑力突出表现为具有严谨周密的思考能力;12点以前人的思维能力、精力、体力等活动指标都达到高潮;下午1—2点钟,是脑力和体力都较低的时候;下午3—6点钟,脑力又趋活跃;晚上6—8点钟,是记忆力最好的时候,有人认为晚上8点是长时记忆最机灵的时候;晚上9点形成大脑活动的第二个高峰。

因此,我向各位同学提出以下建议:

第一,对那些比较严密、需要推理的学习,以及要求很快记忆下来的知识,最好放在清晨做。

第二,中午要适当休息,午餐要注意营养,不要搞疲劳战。

第三,黄昏初降时,人体协调能力处于顶峰状态,进行体育锻炼较好,这也有助于提高晚上的学习效率。

第四,对那些要记忆下来的知识,最好放在晚上6—8点进行。

第五,晚上学习小学生不宜超过9:00—9:30,中学生不宜超过9:30—10:00,如果要熬夜,千万不要过度。

12 每个人都要挖一口自己的井
——善于利用"零头布"时间

业精于勤,荒于嬉;行成于思,毁于随。

——韩愈

有一次,我应邀出席了一家报社举行的征文颁奖仪式。颁奖前,领导照例先发表一段热情洋溢的讲话。坐在我右边的一个学生轻声问我:"王教授,我也想参加比赛,但我总感到时间不够用,怎么办?"

由此,我联想起一个寓言。

有两个和尚,住在相邻的两座山上。两座山之间有一条小溪,这两个和尚每天都会到溪边挑水,碰头多了,自然就成了好朋友。

不知不觉中,时间过去了五年。突然有一天,左边这座山的和尚没有下山挑水。右边那座山的和尚想,可能是他有什么事情吧。

谁知第二天,左边这座山的和尚还是没有下山挑水。这样过了一个星期,右边那座山的和尚放心不下了,决定去拜访他的朋友,看看能否帮上什么忙。

当他到达左边这座山的庙时,他大吃一惊,因为他的老友,正在庙前气定神闲地打太极拳。

他好奇地问:"你已经一个星期没有下山挑水了,难道你们不用喝水了吗?"

左边这座山的和尚微微一笑,引他走到后院,指着一口井说:"五年来,我每天做完功课,都抽空挖这口井。上周我终于挖出了这口井,就不必再下山挑水了!"

两个和尚,经历了同样的五年时间,一个人还是每天都勤快地下山挑水,另一个人不仅用不着每天下山挑水，反而有时间去打他的太极拳。原因何在？因为他们管理时间的方法不同，前者按照规定做事，后者在规定之外，还善于利用零星的时间，积少成多，最终挖了一口井，从根本上解放了自己。

学生也是这样，学校规定要上的课和要做的课外作业再多，那都是在"挑水"；只有自己给自己布置作业，自己给自己规定阅读书目，才是"挖自己的井"。可能"挖"一两天微不足道，也看不出什么效果，但如果你坚持不懈，你的弱点就能得到弥补，你的特长就能得到培养，你的知识面就会扩大，你的综合实力就会增强。

我们每天都有大量的"零头布"时间，只要你善于去利用，善于去管理，聚沙成塔，集腋成裘，就能取得"零存整取"的效果。对于我们来说，早晨起床后做什么，上学、放学路上做什么，寄宿生在宿舍、教室和食堂的三点一线途中做什么，排队买饭时做什么，下午课外活动结束后做什么，睡眠前做什么，等等，都可以好好计划一下。以下是我的几点建议：

● "嵌入式"：利用排队买饭时间听外语广播讲座、看书、背生词、想问题、打腹稿等等；

● "压缩式"：放学后不直接去食堂，而是先读一会儿书，待不用排队了再去买饭；

● "并列式"：一面散步、逛公园，一面与同学讨论、交流学习心得等。

只要对每一分钟都不放弃，学习鲁迅先生那种把别人喝咖啡的时间用到工作上的精神，你就会发现时间"零头布"还真是不少。一天节约一分钟，一年就能集聚6个多小时。

13 把每一天都看成生命的最后一天
——狙击你的"时间杀手"

> 有时我想，要是人们把活着的每一天都看作生命的最后一天该有多好啊！
>
> ——海伦·凯勒

海伦·凯勒因为患病，从小双耳失聪，双目失明，但她以惊人的毅力坚持学习，考入哈佛大学。在大学期间，她写了《我生命的故事》，讲述她如何战胜病残，鼓舞了成千上万的残疾人和正常人，这本书相继被译成50种文字。后来，她又写了许多文章和自传性小说，成为著名的演说家和社会活动家，被授予美国"总统自由勋章"和世界杰出妇女的荣誉称号。

对海伦·凯勒来说，时间是最宝贵的，她的一生都在抢时间。她曾这样说过："有时我想，要是人们把活着的每一天都看作生命的最后一天该有多好啊！这就更能显出生命的价值。如果认为岁月还相当漫长，我们的每一天就不会过得那样有意义、有朝气，我们对生活就不会充满热情。"

时间是一种宝贵的资源，它是不可再生的，珍宝丢失了还可以找到，然而，时间丢失了就永远不可能找到。在我们的日常学习中，暗藏着许多"时间杀手"，它吞噬掉我们许多时间。这些"时间杀手"可分为有形的和无形的两种，无形的"时间杀手"是指我们意识不到的时间浪费现象，主要表现为以下几种情况：

（1）缺乏学习计划。没有明确的人生目标，缺乏与目标相匹配的学习计划，即便你有再强的学习动机，也只能产生没有意义的行为。比如，有的同学平时上网、看电视用去许多时间，放假以后再去上家教就属于典型的学习计划缺失。

（2）不分轻重缓急。不考虑学习任务的轻重缓急，将导致本末倒置，将时间白白耗费在一些无关紧要的事情上。比如，有的同学关心 NBA 超过了关心时事新闻，还有的同学对影视明星的档案倒背如流，但对老师布置的作业却置若罔闻。

（3）不敢说"NO"。有些同学天生一副菩萨心肠，对于其他同学的请求或老师分配的额外任务从不拒绝，结果把自己的时间奉献给了别人，却耽搁了自己的学习。比如，有的同学一听说球场上少一个人，立马换鞋出发去"救场"，好像挺"义气"，实际上却破坏了自己的学习计划。所以，懂得拒绝、善于拒绝是一项重要的时间管理技巧。

（4）习惯性拖延。对一些自己不感兴趣的科目、不懂怎样去做的作业以及担心做不好的事情，一些同学的战略就是尽可能往后拖。确实，这样做当时是"省心"了，但积重难返，到了非做不可的时候，返工再来，岂不是要花更多时间？

（5）优柔寡断。有些同学性格懦弱、犹豫不决，在面临一些选择时，总是思前想后，生怕自己考虑不周。周全的考虑是必要的，殊不知，对一件事情过于多虑，只能是浪费时间，贻误时机。

（6）过分注重细枝末节。注意细节、追求完美，当然很好，但是如果过于注重细枝末节而放弃大的、重要的事情，必然成就不了大事。有的同学参加作文竞赛，不是在审题、选材、提炼观点上花功夫，而是在标点、成语上动脑子，就可能会因小失大。

有形的"时间杀手"是指那些我们明明知道是浪费时间、却又不得不做的事情，主要表现为以下几种情况：

（1）接听电话。现在家庭生活条件好了，电话多了，有些同学还备了手机，但问题也随之而产生。电话响了，总要去接的，一个晚上接三四个电话，思路就要被打断三四次。即使是自己打出电话，也不能保证每一位接听者都是"省油的灯"，如果碰上一位"饶舌妇"，聊上半小时也完全可能。因此，许多时间管理专家建议启用语音留言的功能，过滤不必要的来电，学会长话短说，必要的时候应该礼貌地告诉对方你正在学习。有的学校不允许学生带手机上学，宿舍的电话也是限时的，就在无形中狙击了"时间杀手"。

（2）不速之客。最怕的是双休日，有朋友、同学来访，出于礼貌，肯定要热情接待，要陪他们说话，又怕耽误复习和做作业。有时，家里来了没有预约的不速之客，或者父母和同事侃"山海经"，也会在某种程度上影响我们的学习。

（3）同学关系沟通不顺。同一个班级、一个小组、一个宿舍的同学，如果关系处理不当，就会产生误会甚至猜疑，会在学习和生活中出现某些不协调、不合作乃至相互攻击、抬杠等问题，既影响情绪，又浪费时间。

（4）同座的交互影响。如果能找一个办事利索、学习效率很高的人做同座，你将会大大收益。反之，如果你遇上一位没有时间观念，做事磨磨蹭蹭、懒散的同座，他不是让你头疼，就是把你拖下水。

（5）学习资源不足或者过多。学习资源包括参考书、工具书和你所订阅的报刊等，当然也包括你的零花钱。只有在学习资源都充足的情况下，才能创造出最佳成绩。如果学习资源匮乏，肚子饿，没有外文词典，都会影响你的正常学习。但学习资源过多，也同样会造成时间浪费。比如订阅报刊过多，会使你精神不集中；零花钱过多，可能会与别人比阔，追求生活享受，滋长学习惰性。

（6）沉迷于无聊的网络。尽管还有一大堆作业要做，一大堆资料要看，却还是优哉优哉地在网上漫游。和学校的功课比起来，网络游戏、八卦新闻确实有趣；但你一旦沉湎其中，大量时间就会被它无情吞噬掉。等你明白的时候，才痛心疾首，往往已经后悔莫及，再也没有咸鱼翻身的机会了。

鲁迅说过："节省时间，也就是使一个人有限的生命，更加有效，而也即等于延长了人的生命。"学习的"时间杀手"是客观存在的，我们只有清醒地认识到这一点，并逐一加以狙击或改善，才能提高学习效率。海伦·凯勒说，要把活着的每一天都看成生命的最后一天，目的是奉劝我们珍惜每一天的生活，珍惜每一天的每一个小时和每一分钟，使我们生活得更有价值、更有尊严！

14 敢于说"NO"
——学会自律

> 学会自律的过程,也就是从一个不懂事的孩子成长为一个有责任感、有原则的人的过程。
>
> ——沃建中

小蔓性格温和,待人真诚,进入初中后,结交了许多朋友。放学回家后,她家里的电话总响个不停。电话大多是她的朋友打来的,有相互交流作业的,也有拉家常、谈生活的,更有不着边际聊山海经的。

时间长了,小蔓深感此事不妥。煲电话粥既影响学习,也使家中电话费猛然增多。后来,她想出了一条"妙计",就是在自己做功课时如有来电,先由爸爸妈妈接听,如果是找自己的,父母就转告对方说小蔓在做功课;要是讨论作业或是真的有重要事情,再让小蔓接听。

小蔓的"电话过滤法"果然收到了预期的效果,她既没有得罪朋友,又赢得了宝贵的学习时间,成绩也逐步回升,得到了老师的表扬。

北京师范大学沃建中教授认为:"学会自律的过程,也就是从一个不懂事的孩子成长为一个有责任感、有原则的人的过程。"每个人在学习时都可能受到外界的干扰,当亲朋好友、兄弟姐妹或者其他人在你学习时想和你聊天,你就应该以委婉的方式对他们说"NO"。

当然,自律并不局限于此,自律的内容是十分广泛的。这里给大家介绍一个同学给自己订下的 7 条规矩:

(1)每天放学回家后把一天所学的内容复习 1 遍;

(2)把学习每科的时间定在 20 分钟左右;

（3）把自己喜欢看的电视节目开始前的半个小时定为学习时间；

（4）给自己制订的学习目标放在"量"上，而不是"时间"上；

（5）学习过程中的休息时间不超过 10 分钟；

（6）自己精力难以集中时，不强迫自己去学习；

（7）该玩的时候要尽情地玩。

学会自律，最重要的是能够正确评价自己的行为，知道在什么时候、什么情况下，用什么样的方法来控制自己的行为。只有这样，才能自觉管理自己的学习进程，知道自己是否真有进步。

如果我们把自己学习的退步，或者把遇到的困难总是归咎于外界或其他人，而看不到自己的责任，那么，我们就会习惯于给自己找借口，时间长了，就会失去"自知之明"。

因此，我们不要总是让父母和老师来督促自己，应该学会自我控制、自我监督。学会自律之时，就是你的责任感和原则性形成之日。

15 搬走你心中的"石头"

——追寻学习的成功体验

> 你抱着下坡的想法爬山，就不可能爬上山。
>
> ——俗语

我听说过这样一个故事，至今记忆犹新。

从前有一个农民的菜园里竖立着一块大石头，到菜园的人经常会踢到它，不是跌倒就是擦伤。

儿子问："爸爸，我们为什么不把那块讨厌的石头挖走呢？"

爸爸说："你说那块石头吗？从你爷爷那时起，它就一直竖在那里了。它太大了，谁也挖不出来。只要你走路小心点，它也碍不了你的事。"

过了许多年，儿子娶了媳妇，那块大石头还竖在那儿。儿媳妇说："爸爸，菜园那块石头，我越看越不顺眼，改天请人搬走好了。"

爸爸回答说："算了吧，那块石头很重，可以搬走的话我早就搬走了，哪会让它放到现在啊？"

儿媳妇心底非常不是滋味，那块大石头不知道让她跌倒多少次了。第二天早上，她带着锄头和一桶水，将整桶水倒在大石头的四周。然后，她用锄头把石头四周的泥土搅松，没想到几分钟就把石头挖起来了。

如果我们仔细看看大小，这块石头根本就没有想象的那么大，大家都被那个巨大的外表蒙骗了。

俗话说："你抱着下坡的想法爬山，就不可能爬上山。"如果你预先认为那块石头搬不走，可能几代人都搬不走这块石头；当你决定搬走它后，你不费吹灰之力就能把它搬走。

这个故事给我们的启示就是：要改变你的学习状况，首先必须改变你的心态。

美国曾对两所小学进行调查：一所小学几乎都是优秀的学生，大部分毕业生都能继续升学，另一所小学的学生则问题丛生，毕业生大多进了少年感化院。

为什么呢？

因为后一所学校的学生经常挨骂，孩子们想反正都是挨骂，干脆进感化院吧！因而，孩子步入歧途往往并不在于能力或性格的缺陷，其最大原因乃是"做什么都一样"的失败经验。

所以，要克服厌学情绪，必须努力避免失败的经验，寻求让自己体验成功的经验。

1. 试着去做从前做过的题

每当我们遇到"不会"、"不懂"的习题时，几乎所有的同学都会想尽办法将"不会"、"不懂"的问题转变成"会做"、"能懂"的问题，认为如此努力的方向是不会错的。事实上，这种做法有时会使自己"不懂"、"不会"的感受被强化，导致自己逐步失去自信，甚至形成恶性循环。

为了遏制其蔓延，不使自己感觉到疲劳，你可以拿出以前做过的习题再做一下。在不经意间，你或许就能体验到"会做"的成就感，享受到成功的快感，这种"成功的体验"会帮助你恢复自信。

有一个老师在批阅试卷时，并不是打完分数后就了事，而是让同学们逐一试做错误的地方，或是让他看教科书里的答案，总之，在还没得到100分之前绝不让学生回家。尽管这既耗时又麻烦，但能让每个同学都带着快乐的笑脸回家，大家的学习信心自然得到了增强。

2. 先做喜欢的科目

有些同学在做作业或考试时，喜欢先做不太会做的题目，比如数学试卷的最后两题，把容易做的题目放在最后做，结果往往很糟糕。因为一开始便受到挫折，当然就不喜欢学习了。所以，在做作业或考试时，先做喜欢做的科目，或比较容易的题目。一开始便得到"会做"的经验，随着快乐情绪的延伸，也许就不会排斥不喜欢的科目，或者不会做的题目。如果一开始便使自己受到挫折，你往往越学越辛苦。

有人做过一个实验,把平时成绩相当的同学分成两组,将相同题目的试卷按先难后易和先易后难作了不同编排,测试的结果是:前者平均分一般比后者低10分左右,其原因是显而易见的。

3. 集中精力只做一科

某种经验的情绪会传染给其他的经验,这在心理学上称为"泛化"。成功的经验之所以是克服厌学情绪的有效方法,是因为由这一学科学习得到的自信会"泛化"至其他的科目。如果这一学科得到满分,那么这种"得满分的经验",也会"泛化"至其他科目,强烈的学习欲望也会由此引发。

西方学者认为:"人并不是因为悲伤而流泪,而是因为流泪而悲伤。"学习也是这样,不是因为你讨厌学习才不会学习的,而是因为你不会学习才讨厌学习的。反之亦然,不是因为你喜欢学习才会学习,而是因为你学会了学习才喜欢学习。

因而,追寻学习的成功体验,首先必须搬走你心中的那块"石头"。

16 让学习充满乐趣
——学会苦中作乐

知之者不如好之者，好之者不如乐之者。

——孔子

有一个父亲，想对一对孪生兄弟作"性格改造"，因为其中一个过分乐观，而另一个则过分悲观。

一天，他买了许多色泽鲜艳的新玩具给悲观的儿子，而把乐观的儿子送进了一间堆满马粪的车房里。

第二天清晨，父亲看到悲观的儿子泣不成声，便问："为什么不玩那些玩具呢？"

"玩了就会坏掉的。"悲观的儿子还在哭泣。

父亲叹了口气，走进车房，却发现乐观的儿子正兴高采烈地在马粪里掏着什么。

"告诉你，爸爸，"儿子得意洋洋地向父亲宣称，"我想马粪堆里一定还藏着一匹小马呢！"

悲观的人在每个机会中看到的都是危难，而乐观者在每次危难中看到的都是机会。

人们常说，兴趣是最好的老师。当人们对某一件事产生兴趣时，就会忘我地投入到这件事情中去，而且乐此不疲。在学习中寻找对学习的兴趣，是克服厌学情绪的重要途径之一。

"我家小孩既不看书也不看报，真令人头痛。"许多父母经常会这样抱怨。

但是,即使不喜欢读书看报的小孩,也很热衷于寻找错误。同学们恰恰可以利用自己的好奇心激发学习兴趣!比如说,和几个同学一起互相出题,而且故意把几个答案写错。当发现别人错误时,你眼睛里一定会闪烁着成功的喜悦。如果大家能用寻找错误的态度对待学习,那么你就会在不知不觉中取得学业的进步。有一名小学生经常与同桌互相出题,然后再交换查找错误,结果两个人的学习都取得了长足的进步。

美国人乔伊斯·布拉泽斯的畅销书——《十天记忆力增进法》主张,想要集中注意力于没有干劲的工作上,可以将工作细分为若干部分,再给每一部分添加"报酬",如此更能使注意力集中。

这种做法完全可以迁移到我们的学习中来。如果学习时间为1小时,可每隔20分钟给予自己点心之类的"奖赏",奖赏的东西可以是贴画、书签之类,把它们放在一张有方格的大纸上或盒子里,学习时每隔一段时间(比如20分钟)就拿一样东西"奖赏"自己,慢慢地你会发现自己集中注意力的时间越来越长,最终能在不知不觉之中完成一项在以往看来不可能完成的学习任务。

我们把这种方法叫做"储蓄成功"。

我们曾为一位坐在凳子上学习五分钟就会走神的同学做过一个有趣的实验:如果他能在一节课内坐在凳子上专心学习10分钟,就会得到一张精美邮票或者漂亮书签的奖励。结果,当他集到30张邮票和书签时,他已经能够在一节课上集中精力学习了。后来这个同学以高分考取了复旦大学。

把自己用过的书或练习簿堆积在显眼的地方,并用来与身高相比。

母亲们总是喜欢看着孩子津津有味地品尝自己辛辛苦苦烹调的食物,以此获得一份心灵的慰藉。学习也是同样的道理,从幼儿园自己涂抹的第一张图画开始,不要丢弃任何一次小考的测验纸或练习簿,把它们堆积起来,当它们愈变愈厚,大概可以跟自己的身高相比时,你会乐于让它们变得更高。每每看到你的这些"战利品",看到自己不断进步的"伟大历程",你会更乐意去完成下一个学习任务。

在这个竞争白热化的社会,学习不可能不辛苦。我们要像那位乐观的孩子一样,对世界充满好奇,只有在苦中寻乐的人,才能真正接受艰苦的考验。

17 只有自己才是自己的镜子

——爱因斯坦的父亲如此说

> 其实，只有自己才是自己的镜子；如果拿别人做镜子，白痴或许会把自己照成天才的。
>
> ——赫儿曼·爱因斯坦

最近，一位同学征求我的意见，说她准备学钢琴，问是否合适。我问为什么，她说："现在很多人都在学钢琴，我们一个班就有六七个了。"

我知道，她对艺术天生敏感，小时候学过笛子，一年前又开始学小提琴，现在如果改学钢琴，以前受的训练就前功尽弃了。我认为，一般同学学习音乐，不是为了做音乐家，而是为了培养审美能力，学会欣赏音乐，因此学什么乐器并不重要。

为此，我跟她讲了一个故事。

爱因斯坦的父亲和杰克大叔去清扫一个大烟囱。那烟囱只有踩着里边的钢筋踏梯才能上去，于是杰克大叔在前，爱因斯坦的父亲在后，一级一级地爬上去。下来时，杰克大叔依旧在前，爱因斯坦的父亲跟在后面。

当他们走出烟囱的时候，杰克大叔的后背和脸上都被烟囱蹭黑了，而爱因斯坦的父亲身上连一点烟灰也没有。

爱因斯坦的父亲看见杰克大叔的模样，估计自己的脸和杰克大叔一样黑，就到附近的小河里洗了又洗；而杰克大叔看见了爱因斯坦父亲干干净净的脸，就草草地洗了洗手，便大模大样地上街了。

街上的人看见杰克大叔乌黑乌黑的脸，像小丑一样，都笑弯了腰。

这是爱因斯坦 16 岁时，他父亲给他讲的一个自己经历过的故事。他的父亲说:"其实,只有自己才是自己的镜子;如果拿别人做镜子,白痴或许会把自己照成天才的。"

在课外学习上,现在不少同学盲目"跟风",看见别人学什么,就想学什么,从来不考虑自己有什么样的追求,自己的兴趣点到底在哪里,也不考虑自己有多少课余时间,结果金钱和精力投入不少,成效却不理想,甚至半途而废。

只有当你明白了自己喜欢什么,追求什么,然后才能考虑去学什么。

18 钻石就在你家后院

——发现自己的潜能

你的大脑就像一个沉睡的巨人。

——托尼·布赞

  美国演讲家鲁塞·康维尔在他的著名演讲《钻石就在你家后院》中,讲述了一个故事,这个故事由他演讲了6000多次,以至成为人类历史上最经典的演讲之一。一个世纪以后的今天,当我们再次聆听的时候,依然会被这个动人的故事所震撼。故事是这样说的。

  从前有位名叫阿尔·哈菲德的波斯人,住在距离印度河不远的地方,他家拥有大片的良田和庄园,是个非常富有的人。有一天,一位年老的佛教僧侣前来拜访这位农夫,向他讲述钻石形成的过程,对他说:"如果一个人拥有满满一手的钻石,他就可以买下整个国家的土地。要是拥有一座钻石矿场,他就可以利用这笔巨额财富的影响力,让孩子成为国王。"

  阿尔·哈菲德受到了诱惑,以至彻夜难眠,他才意识到原来自己很穷,于是毅然卖掉农场,把家交给了一位邻居照料,然后出发去寻找钻石了。

  他先是前往月亮山区,然后来到巴勒斯坦,接着又流浪到了欧洲,身上所带的钱财花得一干二净了,他疲惫不堪,衣服又破又脏。在旅途的最后一站,这位痛苦不堪的可怜人站在西班牙巴塞罗那海湾的岸边,怀揣着那位僧侣所激起的财富的巨大诱惑,投海自尽了。

  几十年后的一天,阿尔·哈菲德的继承人牵着骆驼到花园里去饮水,突然发现在那浅浅的溪底白沙中闪烁着一道奇异的光芒,他伸手下去,竟然摸起了一块黑石,那块黑石发出彩虹般的美丽色彩。经过鉴定,他惊异地发现,原来这就是一颗钻石!后来,他又在这座庄园里发现了数不胜数的钻石。

这就是印度戈尔康达(Golconda)钻石矿被发现的传奇经历,它是人类目前所发现的最大的钻石矿。

这个故事是发人深省的,康维尔借此告诫我们每一个人:"你所要的钻石不在远处的山脉,也不在遥远的海洋,只要你辛勤地为此耕作,它们就在你自家的后院里。"每个人都拥有自己的宝藏,这就是你的潜能。你既可能成为科学家,也可能成为文学家;既可能成为艺术家,也可能成为体育健将;既可能成为政府要人,也可能成为亿万富豪。这些潜能"远在天边,近在眼前",关键是你能否意识到自己所拥有的"宝藏"。

辽宁智力开发研究所王维所长说过这样一个故事:在中学时,我有一位同学,是后来转学来的。那时正处于中学三年级后半学期,这位同学以前学的是俄语,才开始接触英语,可是到毕业考试时,她很快就答完了英语卷,并且取得了满分。我问她是怎么学的,她说:"这完全得益于自信心和自尊心。刚来时,校长并不同意接收我,动员我到离家很远的另一所中学去学俄语,可我非要学给他看看,相信自己能赶上别人,结果我花了不少时间,想尽办法将学过的英语单词记住了,所有的复习答案也都背了下来。"

这位同学的英语从零起步,半年时间内却考了满分。这正应了英国著名心理学家、教育家托尼·布赞说过的一句话:"你的大脑就像一个沉睡的巨人。"

研究表明,在我们多达 140 亿的脑细胞中,经常处于活动状态的仅有十几亿个,仅占脑细胞总数的 8% 左右,而 90% 以上的脑细胞一直处于相对静止或睡眠状态。如果有办法让更多的大脑细胞活动起来,只需在 8% 的基础上增加一倍,我们就会聪明得多。有人形象地说,如果勤奋好学,我们一生中掌握的各种知识,将等同于美国国会图书馆藏书的 50 倍(相当于 5 亿本书的知识总量)。苏联科学家叶里莫夫曾指出,我们只发挥了大脑功能的极少部分,如果能够发挥大脑一半的功能,那么我们将轻而易举地学会十几种语言,背诵整套的百科全书,拿 12 个博士学位。

面对这一组组数据,您是否感到吃惊?我们的大脑既然蕴藏着巨大的潜力,那么我们为什么不能竭力开发出来呢?奉劝你的眼睛千万不要总是盯着自己的过去,而要更多地瞄准未来,因为只有未来才是不可限量的。

19 我的身后有一只狼
——让竞争激发你的潜能

要激发自己的学习潜能,首先就要给自己确定一个强大的竞争对手。

——题记

歌德曾说过:"人的潜能就像一种强大的动力,有时候它爆发出来的能量,会让所有的人大吃一惊!"人的成功有时就是逼出来的。

一位名不见经传的年轻人第一次参加马拉松比赛就获得了冠军,并打破了世界纪录。

她冲过终点后,新闻记者蜂拥而至,将她团团围住,不停地问:"你是如何取得这么好成绩的?"

年轻的冠军喘着粗气说:"因为我的身后有一只狼。"

迎着记者们惊讶和探询的目光,她继续说:"三年前,我开始练长跑。训练基地的四周是崇山峻岭,每天凌晨两三点钟,教练就让我起床,在山岭间训练。尽管我尽了自己最大的努力,进步却一直不快。有一天清晨,我在训练的途中,忽然听见身后传来狼的叫声,开始是零星的几声,似乎还很遥远,但很快就急促起来,而且就在我身后。我知道是一只狼盯上了我。我不敢回头,没命地跑着。那天训练,我的成绩好极了。后来教练问我原因,我说我听见狼的叫声。教练意味深长地说,原来不是你不行,而是你身后缺少了一只狼。"

后来她才知道,那天清晨根本就没有狼。她听见的狼叫,是教练装出来的。

从那以后,每次训练时,她都想象着身后有一只狼,成绩从此突飞猛进。每次她参加比赛时,也都想象着身后还有一只狼,所以她成功了。

我们仔细回味一下教练的话:"原来不是你不行,而是你身后缺少了一只狼。"这说明她的潜能原本就存在着,只是尚未发挥出来而已。而一只狼的追踪让她在心底感到巨大的恐惧,这种恐惧又激发出她巨大的潜能。

那么,她的潜能为什么会被狼的嚎叫激发出来呢?原来,这是因为竞争。如果她的奔跑速度赶不上一只狼的话,她就可能被狼吃掉,只有竭尽全力地奔跑才能取得成功。

因此,一个人如果能够找到一个强有力的竞争对手,他的前途将不可限量。

在世界泳坛上,总有日本选手称雄。有人猜测,他们的训练方法可能有什么奥妙。一个到过现场的人亲眼看到,在他们的训练馆里养了许多鳄鱼。队员每天到馆训练,跳下水中调整好状态,教练就把几条鳄鱼放到游泳池里。那些腹中空空的鳄鱼一见到人就兴奋,争相拼命地去追赶运动员,必欲美餐一顿而后快。为了确保安全,鳄嘴都已被绳子套牢,绝不会有半点闪失。尽管如此,运动员们还是心存畏惧,本能地加快了游动的速度,随之而来的是运动成绩的突飞猛进。

全球第二大软件公司"甲骨文"的总裁艾利森在分析自己成长的动力时说:"我每天起床就想,微软又会对网络发动什么攻势呢?"他每天都想如何与微软竞争,就必然更加努力工作,把产品和服务都做得更好。

假如我们要挑战姚明、麦迪,我们自然就会做充分的准备,练习得更加科学,更加刻苦,并掌握他们全部的优点。即使我们挑战不成功,也能在短期内迅速提高自己的篮球成绩。

所以,大凡取得巨大成功的人,都是以国内第一甚至世界第一作为自己的竞争对手的。这就启发我们,要想激发自己的学习潜能,首先就要给自己确定一个强大的竞争对手。

我听说有这么一位同学,他在普通班的学习成绩遥遥领先,每次考试总能把第二名甩下好几十分,时间长了就有点"独孤求败"了。不知不觉,他的成绩开始下滑。后来校长把他调入了强化班,他的成绩不再名列前茅,几乎强化班上的每个同学都成了他的竞争对手,他丝毫不敢麻痹大意,于是更加发愤努力,成绩终于有了显著提高。

记住,安逸只能使人懒散,竞争才能激发斗志,让我们一起"与狼共舞"吧!

20 唤醒心中的巨人
——打工仔梁杰的故事

> 每个人身上都蕴藏着一份特殊的才能，那份才能有如一位熟睡的巨人，就等我们去唤醒他。
>
> ——安东尼·罗宾

有一个人说他有 12 条命，因为他有 12 个文凭。也许你会说："不可信。"但这是真的。

他只是一个普通的打工仔，名叫梁杰，他的故事令人震撼！

从 1989 年到 2003 年，整整 14 年时间，梁杰考取了 5 个专科、5 个本科和 1 个教育学学士学位，并获得了律师资格证书。在这 14 年中，他共参加了 28 次考试，考了 84 门课程，所有的课本叠起来，从地上可以顶到天花板；各种证书摆在面前有一尺多高；用过的草稿和笔记足有 2 吨重。经国家教委和福建省自考办的工作人员网上检索认定：迄今为止，国内外能坚持这么长时间自学并获取这么多文凭的，仅梁杰一人。

当梁杰被问及为什么要考这么多文凭时，他不无幽默地说："河里的鱼离不开水，所以它只有一条命；青蛙既能在水里又能在陆地，所以它有两条命；我掌握了 12 种专业知识，所以我有 12 条命！"

是啊！在竞争日趋激烈的今天，一扇门可能不会永久地为你敞开；只有学会当一扇门向你关闭时，你还能推开另一扇门，你的人生才会永远立于不败之地。

歌德曾经说："人的潜能就像一种强大的动力，有时候它爆发出来的能量，会让所有的人大吃一惊。"成功者的足迹，为此作了最生动的展现，成为这句名言最深刻、最形象的诠释。

38岁的三轮车夫成为复旦博士。真的吗？这是真的。蔡伟高中学历，下岗十余年，蹬三轮车养家糊口。但他业余时间全部用来看书。他凭借自己古文字学知识，得到古文字学泰斗裘锡圭先生的赏识、关注，并推荐获得考博机会。校方专门去教育部沟通，2009年蔡伟被正式录取为复旦博士生。

我们每个人都有心中的梦，中学生处于花季的年龄，更属于多梦的季节。有的希望能考上一流的大学，有的希望拥有灿烂的人生，有的希望自己的特长一鸣惊人……当然，如果没有梦想，人生注定不会成功。

当代美国最成功的世界级激发心灵潜能专家、成功的创业家安东尼·罗宾告诉世人：在我们每个人身上都藏有可以（立即）支取的能力，借着这些能力，我们完全可以改变自己的人生，只有我们下决心要有改变，那么长久以来，所做的美梦便可以实现。既然我们蕴藏着如此巨大的潜能，为什么我们不行动起来，积极开发、挖掘自己的巨大潜能呢？

人，尤其是人的早期，"具有几乎接近无限的巨大潜能"。这是一些心理学家作了大量艰苦的试验后得出的结论。

北京18岁少年在2007年8月以超过百万年薪正式出任上海张江高科一家网络公司CEO。真牛！谁有这样好运？他就是张伯宏。他被选中的理由是他对网络及经营网络业务的理解很深刻，更重要的是他的创意。

13岁的少年可读研究生吗？爱好数学的张炘炀10岁时考上天津工程师范学院，13岁顺利考入北京工业大学应用数理学院数学系非线性分析方向的一名研究生。

印度神童阿克里特·贾斯瓦尔，7岁会做复杂手术，13岁读哈佛博士；韩国5岁盲女刘艺恩，未上过钢琴课，听曲一遍就会弹，被称为"当代的莫扎特"；美国22岁的大学生贾斯汀当选市长。

看到这一个个令人震撼的故事，你是否感到吃惊？真不可思议！

美国学者迪斯雷利说："死脑筋的人相信命运，活脑筋的人则相信机会。"

请看，一位出身普通农家的21岁的大专生，从全国数千名计算机高材生中脱颖而出，与四位同伴一起夺得了2007年微软院校IT课程"校园之星"大赛冠军，并获得前往美国西雅图微软总部免费参观学习的机会。他就是江苏南通农业职业技术学院信息工程系的学生王珍勇同学。

王珍勇 2006 年 10 月大学二年级时通过计算机程序员的考试。2007 年 5 月,他参加了微软院校 IT 课程校园之星大赛,在参赛的 3188 名学生中取得了全国第十二名的好成绩。同年 8 月在总决赛中,夺得大赛冠军。"到 IT 最强的企业学习将是一次非常珍贵的经历。"王珍勇兴奋地说。

　　年轻的朋友请记住:我们每个人身上都蕴藏着无可估量的潜在能力,我们要努力唤醒心中的巨人,积极开发、挖掘潜能,以拓展我们精彩的人生。

21 从现在做起
——开发你的潜能

在时间的大钟上只有两个字——现在。

——莎士比亚

生活中，有些中小学生表现出对自己现状不满，希望改变自己，苦思冥想产生种种计划、新构想，甚至信誓旦旦："从明天开始，我要……"然而第二天，一切依然如故。事实告诉我们：光有理想的计划是远远不够的，只有真正的身体力行，才会实现它的价值。

英国博物学家有句名言："人生事业的建立不在能知，乃至能行。""行"是扭转人生最有力的武器。成功者的足迹证明，改变是可以马上做到的。不管你想要怎么改变，最终只有你自己才是推动的主力。如何改变自己、激发内在潜力，使我们梦想成真呢？笔者就此有如下几点思考：

1. 请珍惜人生最初的财富——时间

时间是无价之宝，古人云："一寸光阴一寸金，寸金难买寸光阴。"青少年要有只争朝夕的精神，抓住每一个今天，才能有效地控制明天。如果浪费了今天，就失去了昨天的优势，同时也丧失了明天的主动。

据说，瑞士是世界上第一个实行电子户籍卡的国家。婴儿一降生，医院就会通过户籍网络查到他(她)是这个国家第几位成员，然后以此为编号开始在户籍卡中输入这个孩子的姓名、性别、出生年月及家庭住址，还有财产状况一栏。所有的瑞士人，在为孩子填写拥有财产时，写的都是"时间"。他们认为对一个人，尤其对一个孩子来说，他们拥有的财富，除了时间外，再不会有其他东西。

瑞士人对财富的理解,对我们或许有启迪。

有一首诗写道:"你知道,你爱惜,花儿努力地开;你不识,你厌恶,花儿努力地开。"是的,花儿努力地开,日子一天天流逝,当你以一种豁达、乐观向上的心态去构建未来时,眼前就会一片光明。反之,你的未来就会变得黯然失色。

昨天属于历史,明天是未解开的谜,而今天是赐予我们的礼物。伟大建筑学家贝聿铭先生说:"我从不缅怀过去,而是专注于现在。我把每个睡醒后的早晨都当成一件礼物。因为这表示还有一天可以工作。人生并不长,我的原则是,只做自己认为美丽的事,创造出有震撼的效果的美感。"讲得何等精彩!

朋友,请珍惜人生最初的财富——时间。记住:"每天都是起跑线!"在时间的大钟上,只有两个字——现在。

2. 今天就出发

有人说:"一颗钻石胜过一吨石头,抓住今天胜过所有的昨天。"目前纽约百老汇中最年轻、最负盛名之一的演员安东尼·吉娜,展示的成功之路对此作出了最有力的佐证。

吉娜曾经是大学艺术团的歌剧演员,那时她就有一个璀璨的梦想——毕业后去欧洲旅游一年,然后要在百老汇成为一位优秀的主角。

第二天,心理老师找到她,尖锐地问她:"你旅游后去百老汇和毕业后去百老汇有什么差别?"吉娜想了一下,决定一个月后去百老汇闯荡。接着老师又冷不丁地问她:"你现在去和一个月后去有什么不同?"吉娜想准备一下,下星期就出发。老师步步紧逼:"百老汇能买到所有的生活用品,为什么要到下周才动身呢?"吉娜终于说:"好,明天就去。"第二天,吉娜就飞赴百老汇。当时百老汇正在酝酿一部经典剧目,几百名各国演员前去应征主角。

吉娜到纽约后,以精心的准备出奇制胜,顺利进入了百老汇,穿上她演艺人生的第一双红舞鞋。

成功者的足迹告诉我们:无论你的理想多么美好,如何远大,只有付诸实施,马上行动,才能体现它的价值。

3. 给自己一个目标

拿破仑·希尔告诉我们:有了目标,才会成功。有了目标,内心的力量才会找到方向。目标使我们有能力把握现在,我们可在树立明确目标的基础上,制定切实可行的行动计划,为实现目标全心全力去执行计划。

1993 年,一个 14 岁的孩子在上海青年篮球队里打球。有一次,他在观看一场国外球队的比赛时发现,那些国外的球员竟然都穿着皮制的篮球鞋。这种球鞋不但美观,而且穿着舒适。于是,这个孩子梦想,能穿上一双皮制的篮球鞋。

一天,当他把这个梦想告诉教练后,教练笑着说:"努力吧,孩子。如果你能进入国家青年队,你就能穿这样的鞋。"从这一刻起,这个孩子就把进入国家青年队作为自己奋斗的目标。终于在 17 岁那年,他被选入国家青年队。穿上了梦想已久的皮制篮球鞋,他倍加珍惜。一位队友发现此事后告诉他:"如果你能进入国家队,这样的篮球鞋你想有多少就有多少!"这句极具诱惑力的话深深震撼着他。于是,他又有了新的奋斗目标:中国国家篮球队。

功夫不负有心人,经过一年的苦练,他真的穿上了国家队的队服。

2001 年,亚洲篮球锦标赛上,他为中国国家队夺得冠军作出了突出贡献。2002 年 6 月 26 日,美国 NBA 的选秀大会上,休斯敦火箭队选择了他。几年后,他成为中国篮球运动的标志性人物。他叫姚明。(摘自《百姓生活》第 2 期 作者感动)

成功是一个动态概念,它意味着两点:第一是达到目标,第二是走向那个目标的过程。从这个意义上说,人人可以成功。

美国心理学家威廉·詹姆士说:"播下一个行动,收获一种习惯;播下一种习惯,收获一种性格;播下一种性格,收获一种命运。"请记住:习惯可以决定人的命运。

4. 不要为打翻的牛奶而哭泣

对人生而言,随时都会有意想不到的事情发生。面对一些不幸或打击时,你能不能潇洒地挥一挥手,告别昨天,至关重要。

纽约中学教师保罗博士曾给学生上了一堂难忘的课。

这个班的多数学生为过去的成绩感到不安。一天,保罗上课时,突然一巴掌将放在桌上的一瓶牛奶打翻在水槽中,同时大喊一句:"不要为打翻的牛奶哭泣!"然后叫学生到水槽前仔细看一看:"我让你们记住这个道理,牛奶已淌光了,无论你怎样后悔抱怨,都无法收回。我们现在能做的就是把它忘记,然后注意下一件事。"

这则故事包含了丰富而深刻的哲理,过去的已经过去。我们为过去哀伤、遗憾,除了劳心费神,于事无补。

要想发挥自己的潜能,取得事业的成功,必须勇于忘却过去的失误和不幸,照着莎士比亚的诗去体会:"聪明的人永远不会坐在那里为他们的损失而悲伤,却会很高兴地去找出办法来弥补他们的创伤。"

当你开始为那些已经过去的事而忧愁的时候,请你记住:不要为打翻的牛奶而哭泣。

5. 持之以恒,脚踏实地

英国剧作家莎士比亚曾向世人发出忠告:"要想登上陡峭的山峰,从一开始就需要有坚实的步伐。"

古今中外不少的成功者,在实现自己理想的过程中,往往都不急于奢求远大目标的实现,而是通过实现每个具体的小目标来逐步趋近大目标。在此过程中,不断增强自信,持之以恒,脚踏实地朝着终生远大目标不懈努力、奋斗拼搏。

有一天富兰克林突然警觉到他经常失去朋友,这时他才开始注意到原来是他太爱争强好胜。因此,当年度计划定好后,他列出了一些清单,并且从自己最致命的缺点开始到不足挂齿的小毛病为止,重新依次排列一次。他下了极大的决心要一一改掉。每当彻底改掉一个毛病,他就在单子上把那条划去,直到全部删完为止。结果,他变成美国最得人心的人物之一,受到大家的尊敬和爱戴。

富兰克林的例子,被公认为个性自我改造最成功的事例之一。

持之以恒、脚踏实地是取得成功的关键。心理学名词中有个术语叫做"目标行动",这个术语的意思说,只有确定了目标,行动的动力和热情才会被激发出来。当然目标定得越具体、越明确,实现目标的行动就越直接,干劲就越大。每个小目标的实现,就是一次前进,尽管有时只是一点点的进步,但取得进步却能给人以极大的鼓舞。由此可见,将目标具体化,能使人斗志不衰,促人奋进。每个要努力实现的小目标都能成为产生自信的资源。

不管信不信,你都不妨试一试。

22 学习方法没有最好，只有最优

——发现你的"学习优势"

不要生搬硬套"尖子生"的学习经验，只有适合自己特点的方法，才是真正的好方法！

——题记

小宁是我朋友家的孩子，他的父母都是大学教师。这孩子非常活泼好动，喜欢养小动物和观察天象，聊起这些话题来就滔滔不绝。但他经常在语文、数学课上走来走去，老师一教育，他就认错，但过不了多长时间，又"故伎重演"。

为此，他的妈妈很焦虑。其实，小宁的发展很正常，他是一个动觉学习占优势的人，培养他的唯一方法是因材施教，而不是简单粗暴地批评。因此，妈妈没有让小宁走其他孩子的道路，而是让他去学习画画。果然很成功，现在他已成为南京艺术学院动画专业的一名学生。

所谓学习优势，是个体在学习吸收新知识时所采用的最适合自己的、最有效的学习方式。由于每一个同学在气质、性格等方面都有自己的特点，所以在获取知识的方式上也存在不同的优势。我们可以根据学习优势把同学们分为以下几类：

视觉学习者：这类同学获取知识的最好方式是用眼睛看，他们有很强的视觉记忆力、观察能力和出色的阅读能力，通常阅读速度很快，也容易留下印象。同样看一部电影，他们描述的内容和情节要比其他同学更完整、更准确。

听觉学习者：这类同学擅长于通过听觉来获取知识，凡是听过的内容都能比较准确而又迅速地记住。这类同学在听完讲解或故事后，常常会向老师或父母提出"再讲一遍"的要求。描绘事物时，他们情愿说而不是写，更喜欢打电话而不是写信。他们对音乐有很强的感受能力，但容易受噪音的影响。

动觉学习者：这类同学喜欢在实际操作过程中获取新的知识。他们多好奇心强，富有探索精神，什么事情都喜欢亲自动手做一做，只要一经动手，便会很快地掌握和理解。当他们的身体处于运动状态时，更容易记忆，比如，背诵诗词时他们喜欢来回走动。但由于这些同学有手脚不停的现象，有的老师认为他们不守纪律，甚至误以为他们有"多动症"。

综合学习者：这类同学虽然没有某一方面明显的优势，但能调动各种感觉器官，采用各种方式去获取、理解新知识。他们不仅专心致志地听、看，而且常常记笔记，可能的话还会动手去做。这类同学对知识的掌握与理解，一般都比较全面、深刻，有很强的接受能力。

每个同学的学习优势是有很大差异的，视觉学习者喜欢"看书"，听觉学习者喜欢"听课"，而动觉学习者则喜欢做实验、记笔记。学习优势理论在发达国家已有近百年的研究历史。研究表明，能充分发挥自身学习优势的学生，其学习效率和效果比其他同学至少高 1.75 倍。

学习方法没有最好，只有最优，不要生搬硬套"尖子生"的学习经验，只有适合自己特点的方法，才是真正的好方法！

23 细节决定成功
——如何巧妙提高学习效率

世界上只有一种英雄主义，那就是了解生命并且热爱生命的人。

——罗曼·罗兰

有个别学习有困难的同学，常常感到学习过累，念念不忘轻松的游戏。在他们看来，学习是一种沉重的负担。

学习果真是沉重的负担吗？不，只要稍作改变，学习就会变得非常轻松愉快。

我的一个朋友羽毛球一直打得很烂。但有一天，有人给他送了一套羽毛球拍，他一看颜色就很喜欢，马上拿出去打。结果，竟然打得异常的好，简直和以前判若两人。就因为这一契机，他又开始热衷于打羽毛球，球技渐臻成熟。

学习也是相同的道理。如果以一定的方式、固定的用具来学习，有可能陷入低潮。此时，试着改变一下方式，换上新的用具，调整一下学习气氛，可能会干劲倍增，效率也会相应提高，学习因此会变得有趣。

1. 更换新的文具

有位博士已经出了二十几本专著。一次参观他的书房，发现他至少有 200 支钢笔，照此推测，他一生攒个上千支笔应不成问题。据他介绍，每当要写新作品时，一定要换一支新的钢笔。乍看起来，也许太浪费了。但对他而言，却是转换心情的方法之一。

不爱学习的同学，经常会对笔记本或铅笔等文具用品存有"讨厌"印象，如果继续使用这些文具用品，讨厌的心情仍残留着，使之无法专注于学习。为了消除"讨厌"的心情,让自己在全新的气氛中重新面对学习,当学期告一段落时,不妨更换所有的文具。

2. 挑选"薄的"习题练习簿

做完一本练习簿,常常会产生一种成就感。为了经常给予自己成就感,应给自己准备"薄的"练习簿。与其一次给自己一本厚厚的练习簿,不如多买几本薄的练习簿。让自己享受多次成就感,相信这样做可以使你更快地成长。

3. 买可以马上找到答案的参考练习册

一位园艺家说过,现代人不论大人还是小孩,宁可买了盆栽回家培养,也不愿等待种子萌芽,但实际上种子萌芽前的培养才是最重要的。于是这位园艺家想了一个主意来帮大家改变这状况,就是在刚开始的几天,把播种的时间错开,当所有种子都播种完毕之后,最先埋下的种子已快发芽了,于是人们会不厌其烦地继续栽培。

对许多中小学生来说,如果刚做过的事没有立即产生结果,他们往往就会改变主意去关心其他的新事物,结果把刚做的事给忘了。所以,挑选能立即看到答案,能马上确知自己所得分数的参考练习册是有益的。

4. 分清学习与游戏的界限

孩子的事情就是读书和游戏。在校成绩好的同学大都也会玩,原因大概是这些孩子能将游戏时的专心发挥在学习方面吧!相反的,"一边游戏一边学习"或"一边学习一边游戏"的学生,因为不能专心,学习效果常常大打折扣。因此,我们提倡游戏时不要惦记学习,学习时必须忘记游戏!

24 学好功课其实很简单

——高考状元是如何轻松学习的

学习只能靠你自己，自己学习，自己消化。

——汪宁

在一年一度的高考中，人们最关心的恐怕就是状元了。2007 年，江苏省高考状元实在有些令人意外，他并非出身于那些赫赫有名的重点中学，而是来自于一所默默无闻的农村普通学校——海安县曲塘中学。他叫汪天一，以 709 分的总分力挫群雄，顺利跨进了清华的大门，实现了自己童年的梦想。

他的特点是全面发展，语文 130 分，数学 138 分，英语 146 分，物理 146 分，化学 149 分。固然，门门优秀是他取得骄人成绩的法宝，但在学习方法上，汪天一也有他的独特之处。

讲效率、讲速度是他一贯的作风。他做什么事情都特别快，上小学的时候，他就能够在父母下班前把作业全部做完。上中学的时候，别人解两道题的时间，他能解三道题。更重要的是，他的父母不会因为他解题快，而给他增加额外的负担。因此，一旦完成了任务，他就可以彻底轻松，做自己喜欢做的事情。

由于小学基础打得好，汪天一从初中到高中学习成绩都一路领先。对此，许多人认为他有什么"绝招"。然而，他告诉记者，学好功课其实很简单，首先要充分利用好课堂上的每一分钟，其次是不会的问题一定要及时弄懂，绝不让问题"过夜"。

他的爸爸汪宁原是曲塘中学的校长，妈妈是税务所的干部，两人都很忙，但他们很重视对孩子责任心的培养。

妈妈说，儿子从小就很懂事，上小学一年级时就能够自己收拾书包，有时老师叫家长检查作业，即使发现错了，父母也不告诉他，为的就是让他自己找出错误。

他的爸爸是英语特级教师，一开始，他遇到不懂的问题就去问爸爸，没想到爸爸竟然让他回校问老师。他不理解这种做法，爸爸告诉他："有几个家长是全才，能掌握从小学到高中的所有学科，小孩有问题时可以随时帮忙呢？学习只能靠你自己，自己学习，自己消化。"

因为有很强的学习责任心，又掌握了良好的学习方法，所以他学起来特别轻松，先后荣获全国高中英语能力竞赛一等奖、全国中学生奥林匹克化学竞赛二等奖、全国中学生奥林匹克物理竞赛二等奖，还被省教育厅评为"三好生"。

从汪天一的成长经历中，你得到了什么启迪呢？

25 "世界第一才女"的成长奥秘

——访国际奥赛金牌得主毛蔚的启蒙教练

> 毛蔚是一个难得的全面发展的人才,我是她的数学老师,知道她不仅数学成绩突出,而且语文、作文、体育、书法等各科成绩都相当好。
>
> ——周鑫

毛蔚是一个让人激动的名字。1995 年 7 月 7 日上午,在澳大利亚举行的第 26 届国际中学生物理奥林匹克竞赛上,她一鸣惊人,以总分第二的优异成绩夺得金牌,结束了该项赛事 26 年中没有女生获金牌的记录,被誉为"世界第一才女",成为了中央电视台、《人民日报》、《中国教育报》等众多媒体争相报道的新闻人物。

从澳洲载誉归来,毛蔚接到了清华大学的破格录取的通知书。一晃 12 年过去了,昔日的金牌得主已经成了美国加州大学伯克利分校的一名博士。我专程前往江苏省启东市南苑小学,访问了她的启蒙教练周鑫老师。

我让周老师概括一下毛蔚成才的主要经验。"全面发展",他脱口而出,"毛蔚是一个难得的全面发展的人才,我是她的数学老师,知道她不仅数学成绩突出,而且语文、作文、体育、书法等各科成绩都相当好。"上小学时,毛蔚不仅获得华东六省一市作文竞赛一等奖,而且获得过六省一市书法竞赛一等奖。她从四年级开始参加数学奥林匹克训练,第一次参加全国比赛就获得了一等奖。毛蔚的体育天赋也很高,曾被南通市少儿游泳队选中。

和其他同学比起来,毛蔚的学习负担并不大,寒暑假和星期天她也一样休息,如果有什么不同的话,就是她爱买奥林匹克竞赛书,喜欢做这些书上的题目,以此来拓宽自己的视野,训练自己的思维,碰到问题首先自己思考。

"有一天晚上,她遇到一道题目求解不出来,就打电话问我,直到我跟她说过以后,她才安了心。"周老师说。

我问:"那时大概是几点钟?"

"十一点左右,证明这道题卡住了她,她非要弄懂不可。"周老师说。

正是这种"问题不隔夜"的学习习惯,让毛蔚的学习没有了知识的"盲点",使她越学越扎实,越学越轻松。

毛蔚喜欢角逐第一,做什么事情都追求完美。

周老师为了激发学生的竞争,常常开玩笑地把那些反应慢一点的同学称为"小笨蛋"。

有一次,他出了一道难题让同学去解,结果只有毛蔚一个人解出来了,他就在班上表扬毛蔚是"大聪明",其他同学都是"小笨蛋"。

为了表示抗议,下午放学后,全班同学都拒绝打扫教室,毛蔚便不声不响地把教室打扫了一遍。这种不计个人劳苦的精神深深地感动了同学们,使大家对毛蔚更信任了。

其实,毛蔚的成长跟她父母的培养也有很大的关系。

周老师说:"她的家庭教育的最大特点是放手让孩子自己做自己的事。"

从三岁起,毛蔚的父母就开始培养她的动手操作能力,八岁时就教她烧菜煮饭,还放手让她搞些小修理,如果她的自行车坏了,便鼓励她自己修理,家里的台灯坏了,也让她一个人捣鼓。她不仅毫无怨言,而且乐在其中,从而培养了她出色的动手能力。

尽管我们未必都要去拿奥赛金牌,但毛蔚的成长启示我们,要着眼于综合能力的发展,注重创新精神和动手能力的训练,养成角逐第一的斗志和"问题不隔夜"的习惯。

只有今天播种希望,才有明天收获的快乐。

26 你最短的那块"板"在哪里？

——"木桶定律"教你巧妙规划学习

> 夫兵形象水，水之形避高而趋下，兵之形避实而击虚。
>
> ——《孙子兵法》

21年前，我参加高考，是以全校文科第2名的成绩考上大学的。当时，很多同学感到意外，连班主任也感到奇怪，因为我平时的排名大概在第5—8名，怎么一下子有这么大幅度的提高呢？

其实，这与我的总复习有着一定的关系。语文、政治向来是我的强项，所以我到最后阶段才复习了一下，而我的数学成绩当时仅仅处于中游水平，因而报了为期两个月的一个提高班。通过这个班的学习，我的数学突飞猛进，有了很大的进步。结果分数公布出来，我的各门功课成绩都很好，均衡让我胜人一筹。

现在想来，当时我的复习策略是正确的，提高一个人学习的综合实力，靠的不是最好的学科，相反，靠的却是最差的那一两门学科。这也符合经济学的"木桶定律"。

"木桶定律"是一个家喻户晓的理论，说的是一只木桶盛水的多少，并不取决于桶壁上最长的那块木板，而恰恰取决于桶壁上最短的那块木板。这一定律又称为"木桶理论"、"木桶效应"或"短板效应"。

这一定律还有三个推论：

第一个推论：只有构成木桶的所有木板都足够高，木桶才能盛满水。

第二个推论：所有木板比最短木板高出的部分都是没有意义的，高得越多，浪费越大。

第三个推论：要想增加木桶的容量，应该设法加高最短木板的高度，这是最有效也是最直接的途径。

你可以很容易发现木桶和人的综合素质的共同之处，对许多同学来说，构成综合素质的各门学科的成绩往往是参差不齐的，要提高一门原本成绩好的课程成绩是很困难的，而要提高一门原本成绩相对差点的课程成绩却往往容易得多。所以，最差的课程往往决定了一个人的综合实力。以此类推，一门课程是否学得好，也往往取决于你是否存在一些薄弱环节。只要你把这门课程的重点、难点、疑点、盲点解决了，这门课程你就学好了。

《孙子兵法》说："夫兵形象水，水之形避高而趋下，兵之形避实而击虚。"学习就像打仗一样，你的虚处（"短板"）一定是对方要攻击的目标。要提高薄弱课程的学习成绩，必须从薄弱环节抓起；要提高你的整体水平，必须从薄弱课程抓起。只有均衡发展，才能把你的"木桶"打造得坚不可摧。

27 咬定青山不放松

——从艾维·李"最有价值的建议"说起

清晨不起早，误一天的事；少年不勤学，误一生的事。

——谚语

美国伯利恒钢铁公司经理西韦伯深感自己公司效率不高，难以应付同行的激烈竞争，便问计于艾维·李。

艾维·李是"现代公关之父"，他认为只有计划好每天的工作，才能带来最大的经济效益。他说："好！我 10 分钟就教你一套至少可以提高效率 50％的方法。"

艾维·李要求西韦伯把明天必须要做的最重要的工作记下来，按重要程度编上号码。早上一上班，马上从第一项工作做起，一直做到完成为止。再检查一下你的安排次序，然后开始做第二项。如果有一项工作要做一整天，也没关系，只要它是最重要的工作，就坚持做下去。当西韦伯把这种方法作为每个工作日的习惯做法之后，公司的人就自然会照样去做了。

"你愿意试用多长时间都行，然后送支票给我，你认为这个办法值多少钱就给我多少。"艾维·李给了西韦伯一张纸说。两个月后，艾维·李收到了西韦伯的一张 25000 美元的支票和一封短信，信上说："你的建议是我得到的最有价值的建议，谢谢！"

后来，西韦伯坚持使用这个方法，在五年的时间里，伯利恒钢铁公司成为最大的不受外援的钢铁生产企业，而且多赚了几亿美元，他本人也成了世界有名的钢铁巨头。

后来，西韦伯的朋友问他为什么给这么一个简单的点子支付这么高的报酬，西韦伯笑着说："后来的事实证明，我不是给多了，而是给少了，它至少价值百万。这是我学过的各种高深复杂方法中最得益的一种，我和整个班子第一次拣最重要的事情先做，我认为这是公司多年来最有价值的一笔投资！"

实际上，艾维·李是要求西韦伯在工作前先规划一下，订个计划，然后按计划去管理。同样，对我们中小学生来说，自主规划学习也是获得成功的重要条件。许多政治家、文学家、科学家取得成功的一个奥秘，就是在中小学时代就确立了自己的人生目标。如著名的数学家陈景润，中学阶段就把研究数学作为自己终生追求的目标，从那时起就开始研读大学的数学教材，探索"哥德巴赫猜想"的奥秘。作家刘绍棠在中学读书时，就对文学产生了浓厚的兴趣，他写的作品被编入语文课本，他的人生坐标早就定位在文学创作上了。

如果没有学习的目标，也就没有学习的动力，极易自暴自弃。一个极具挑战性的目标，能有效地激发你的学习热情。有一位初中生，对写作非常感兴趣，老师鼓励他确定了"未来作家"的目标。这位同学坚持每天阅读课外文学作品不少于五千字，每天抽半小时写日记，每月写两篇作品投寄有关文学刊物，经过无数次失败，他的文章终于在《少年文艺》《语文周刊》等报刊上发表，还在全省中学生作文竞赛中获得了第一名。俗话说："日日行，不怕千万里；时时学，不怕千万卷。"只要胸中有一个追求的目标，再苦再累，你都能坚持。

远大的志向是确立正确学习目标的必要前提。有了远大的志向，才能确立正确的学习目标。高尔基认为："一个人追求的目标越高，他的才能就发展得越快，对社会就越有益。"唯有胸怀大志，才能克服千难万险，学有所成。

上进之心人皆有之，但要有恒久的上进心，不断进取，这就既要脚踏实地，又要目光远大。如果光有近期目标，而无远景规划，学习的动力就难以长久。有一位好强的女学生，学习成绩比同桌差，她不甘落后，发誓半年内赶上同桌。经过一段时间的努力，期中考试时果然赶上了同桌。然而，她的努力也就到此为止了，结果期末考试她的成绩又被同桌拉下了一大截。这种出于好强和妒嫉而制定的学习目标，所激发的能量是极为有限的。正确的做法应该是：先根据自身条件确定一个相对比较容易达到的近期目标，然后再制定一个在相当长时期内经过努力可以实现的远景目标。在此期间，也可设置适当的过渡目标（也称为中景目标)。

　　一个好的目标不是空中楼阁,不是水中望月,它必须明确具体,切实可行。所谓明确,是指要完成什么任务,达到什么标准,必须清楚而不含糊。比如,有一个初中生,他确定的远景目标是当一位生物学家,因此,他所制定的中景目标是考上北京大学生命科学学院,近景目标是在德、智、体全面发展的基础上,在生物上努力钻研,争取在省学科竞赛上获得一等奖。所谓具体,是指目标要条理化、周密化、有序化,便于逐条对照评价、自我约束、自我督促。所谓切实可行,指目标既要富于挑战性,又要切合自己的实际。目标过低,不利于开发自己的潜力;目标过高,又可能成为空中楼阁。只有经过自己的努力能达到的目标,才是切实可行的目标。

　　有一位同学订的学习计划曾被班主任在班上作为样板表扬,但他的学习成绩总是不见进步。这是为什么呢? 班主任经过调查后发现,原来是他执行计划时冷时热,以至所订的计划大部分落空了。因此,计划不是摆设,订计划不是形式,不是为了给父母、老师看的,也不是为了挂在墙上、压在台上装点门面的。如果光制定计划而不去执行,对学习进步也没有什么帮助。我们必须克服重重困难,不折不扣地实施计划,以"咬定青山不放松"的精神去实现学习目标。只有这样,学习目标才能成为学习的航标灯,才能"像太阳一样照耀着我们生活的每一个细节"。

28 磨刀不误砍柴工
——学会课前预习

凡事预则立,不预则废。

——《礼记》

有一位同学学习很认真,但总感到学起来比较吃力,老觉得老师讲得太快,自己跟不上。课后花了许多时间去补,还是难以见效。老师对他说:"你在学习上缺少一个重要环节——课前预习。所以,听课被动,只有招架之功,即使课后花大量时间去弥补,仍无济于事。"这位学生听了老师的话以后,坚持认真预习,学习成绩直线上升,不久成了班上名列前茅的优等生。

日本学习方法研究会会长石川勤先生说:"所谓预习,也就是在上课以前,要明白自己想学什么,想知道什么,然后带着问题去上课。这样一来,课堂学习就会充满活力,学习不再是别人的事,自己就会变成课堂的主人。"

俗话说:"磨刀不误砍柴工。"一般来说,每节课前预习10分钟可以节省一小时的复习时间。

预习不同于听课,预习的要求:

(1) 初步了解即将学习的基本内容,确定学习思路。

(2) 以旧带新,巩固旧知识,熟悉或初步理解新知识,能将新旧知识建立初步联系。

(3) 找出新学习内容的重点、难点和疑点,尤其对那些似是而非、似曾相识的知识要特别留心。

(4) 初步思考课文后面的练习,对于难度较大的问题可做上记号,准备课上与同学讨论,向老师请教。

(5) 做好预习笔记。勾划出学习内容中的重点,适当做些批注。

(6) 预习不求全懂。它不同于纯粹自学,仅是一种课前准备,并不要求把新内容全都弄懂弄通,否则,不仅会加重学业负担,而且会影响听课质量。

预习方法因人而异,因学科而异,因内容而异,因此必须根据不同情况,有的放矢地进行预习。

首先,根据老师的要求预习。各科任课老师一般都会要求学生预习,但要求各有不同。有的学科,每节新授课前都要求预习,如数学、物理、化学等;有的学科,老师要求对一篇文章进行预习,如语文;有的学科,老师会要求对课文中的某一部分进行预习,如政治、地理、历史等。有的老师依据教材,作较丰富的拓展,因此会要求我们预习时对教材在理解的基础上作一定的分析;有的老师讲课完全是教材的展开和延伸,一般会要求我们预习时了解教材,做好读书笔记。所以,我们必须依据老师的要求,具体安排好每天不同学科的预习范围,确定相应的预习方法。

其次,根据课程的特点预习。预习的方式是精细还是粗略?精细、粗略到何种程度?这些都要在预习前考虑好。如历史学科,事实多、理论少,只要理清提纲就可适应课堂学习,因此做些粗略预习即可;但是,数学这样的课程,逻辑性强,难度大,最好采用精细的方式预习,既要细读基本概念、定理、公式等,又要尝试做些习题;对于语文这门课程,预习时不光要多读课文,还要抓住关键词语、全文要点、文体特色。

第三,根据个人的学习情况预习。对于自己学习困难、基础较差的学科或内容,要多花点时间预习,预习就要精细一些;对于自己学得相对容易、轻松或成绩较好的学科、内容,可作粗略预习,但也要保证预习效果。

第四,根据时间和内容预习。自己可以支配的时间多,就多预习几门学科,也可钻得深一点;时间少,就少预习几门,也可适当浅一点。但预习不可与当天的学习任务相抵触,不能打乱正常的学习秩序。

29 向课堂 45 分钟要效率
——听课的"窍门"

学者的一天,比不学无术的人的一生还有价值。

——阿拉伯谚语

春节期间,我见到了一位留学归来的博士,谈到他的中小学生活,他说:"我不主张孩子刻苦学习,只要抓好课堂 45 分钟,每个人都能成才。"他从来没有请过家教,也没有参加过任何课外辅导,相反,他是学校篮球队和铜管乐队的主力,每年的训练都用去他大量的时间。

英国的一项研究曾经细致地鉴定出成功学生和失败学生之间的某些差异,结果列表如下:

平均每周上课时数	成功的学生 27 课时	失败的学生 18 课时
用于规定课程的全部时间 百分比	57	49
课堂笔记的充分性 (100 = 应写出的全部笔记)	64	47
当天整理笔记的学生百分比	21	8

很显然,失败的学生减少了上课次数,而成功的学生用于课堂上的时间较多,他们的课堂笔记较完整,而且喜欢在当天整理笔记。

课堂学习占据着一天中最多,也最重要的一段时间,这段时间内我们的注意力最能集中,脑功能最活跃,学习效果也最好。因此,最重要的就是向课堂

45分钟要效率。

那么,听好课有哪些"小窍门"呢?

1. 紧跟老师的思路

老师上课都有一定的思路,紧跟老师的思路就能取得良好的学习效果。那么,听课时如何抓住老师的思路呢?

你可以根据自己预习后理过的逻辑结构抓住老师的思路。教师讲课在多数情况下是以教材本身的知识结构展开的,若把自己预习时所理解过的知识逻辑结构与老师讲解过程进行比较,你就可以抓住老师的思路。

你可以根据老师的提示抓住老师的思路。老师在教学中经常有一些提示用语,如"请注意"、"我再重复一遍"、"这个问题的关键是……"等等,往往体现了他(她)的思路。

你可以跟紧老师的推导过程。老师在课堂上教学某一结论时,一般有一个推导过程,如数学的来龙去脉,物理概念抽象归纳,语文课的分析等。感悟和理解推导过程是一个投入思维、感悟方法的过程,这有助于理解记忆结论,也有助于提高分析问题和运用知识的能力。

你也可以根据课堂提问抓住老师的思路。老师在讲课过程中往往提出一些问题,有的则是要求回答,有的是自问自答。一般说来,老师在课堂上提出的问题都是关键,若能抓住老师提出的问题深入思考,就可以抓住老师的思路。

你还可以通过记笔记来抓住老师的思路。碰到自己还没有完全理解的内容时,最好是作个记号,把这个问题存下来不想,继续听老师讲后面的内容,以免顾此失彼。

2. 抓住关键

一位西方哲人说过,选择是听的艺术的金钥匙。这非常适用于课堂听讲,一般说来,老师讲的都要听,但有时老师为了照顾不同层次的学生,采取不同的方式讲不同层次的内容,这时学生就得根据自己的实际情况有选择地听,即抓住对于自己有重要意义的关键内容。一位中学生说过这样一席话,或许对同学们有一定的启迪。

她说:"课堂教学进度一般以中等学生的理解能力为主,顾及差生的能力所及。这样一来,基础比较好的学生会产生'吃不饱'之感。那么,听课方式大可不必'专心致志'。主要听课内容为：规律性的知识以及老师给的教学方法、解题思路等作为我们听课的核心内容。而对于那些常规的、纯属老师'炒剩饭'的部分，则无须一板一眼地听，这时，可以看一些与课堂有关的书籍，扩大知识面，增长见识。当然，这需要对自己的实力有正确的估计，切不可眼高手低，顾此失彼。"

一般而言，听讲的关键内容主要有：

（1）基本概念、基本原理、基本关系式等；

（2）教师补充的重要内容；

（3）教师点出的学生最容易混淆和出错的地方；

（4）预习时未完全弄明白的学习内容。

上课时要紧跟老师的思路，等老师讲到关键之处时，你要特别留心，紧抓不放。

3. 积极思维，学思结合

俗话说："读书不知义，等于嚼树皮。"古代教育家孔子也说："学而不思则罔，思而不学则殆。"可见，积极思维、学思结合多么重要。

那么，在课堂上如何进行思维呢？

你可以将自己预习时的理解与老师的讲解进行比较，加深对新内容的理解和记忆，纠正自己先前主观理解的错误。你也可以超前思考，上课不仅要跟着老师的思路走，还要力争走在老师思路的前头。譬如，老师刚提出一个问题，就应主动去寻找答案，然后和老师的答案对照。自己想对了，老师再一讲，就记得更扎实；想不出来，或和老师的答案不一样，再听老师的讲解，自己的理解也会更深刻。

中国有句俗话："边学边问，才有学问。"东非也有一句谚语："不问的人永远和愚昧在一起。"你可以大胆怀疑现有结论，注意对所学课题多问几个"为什么"或"怎么样"，有了问题，然后独立思考寻求答案，如果自己找不到满意的答案，就向老师和同学请教。

你可以从老师的讲解中舍弃那些非本质的表面材料，去粗取精，归纳出老师所讲内容的梗概，领会老师讲解的要点，并使这些内容与自己原有的知识结构融为一体。你也可以揣摩老师讲解的意图。弄清老师是在陈述一件事，还是在说明一种物；是在抒发某种感情，还是在发表某种议论；是在探讨某个问题，还是在提出某种疑问。

你应该积极参加课堂讨论。苏格拉底说过，讨论是达成真理的"助产术"。在讨论问题时，既认真倾听其他同学的发言，又积极思考，讲清自己的基本思路和观点，使智力从"常态"跃迁到"激发态"。你还应该体味老师在讲课过程中使用的学习方法，并寻找合适的机会灵活运用它，以提高自己的学习效果。

4. 适应不同老师的授课风格

不同的老师有不同的授课风格，有的口若悬河，但照本宣科；有的语言幽默，但好开无轨电车；有的逻辑严密，但语言缺乏艺术；有的讲得不多，但提问很有启发性……面对几位有不同授课风格的老师，有些你适应，你喜欢；有些你可能不适应，不喜欢。遇到自己最初不适应、不喜欢的老师，千万不要没完没了地埋怨、指责，那只能弄坏你自己的情绪，使你那门学科越学越糟。反过来，你应该千方百计适应老师，这样既能提高你的学业成绩，又能增强你容人的能力。

日本教育家多湖辉先生少年时代适应老师的办法也许能给你许多启示。

他说："我在少年时代，是一个无法无天的捣蛋鬼，学习时恶作剧的对象竟然还敢选到老师头上，其中之一就是挑老师的错误。但是这种恶作剧却生出了意外的副产品，第一是想挑老师的错误，就非得认真、聚精会神地听课不可。二是想质问老师，就要事先有相当的准备及预习功课。这样，竟获得了不曾预期的结果，对于功课竟然热衷起来了。"

遇到逻辑严谨，但语言缺乏艺术性的教师，你就紧跟他（她）们的思路，注意领会他（她）们的逻辑推理过程，这样，你或许还可以感受到一种逻辑推理的力量以及由此所带来的一种理性愉悦。

30 好记性不如烂笔头
——善于做课堂笔记

> 读书使人头脑充实，讨论使人明辨是非，做笔记则能使知识精确。
>
> ——培根

唐代著名诗人李贺骑驴游历在荒郊野外，常常背着锦囊早出晚归，触景生情得出的佳词妙句便立刻记在纸条上，投入锦囊之中。晚上回到家，再把纸条倒出来加以整理，连缀成篇。尽管李贺只活了 27 岁，但这位奇才却用这种方法留下了许多脍炙人口的诗篇。社会发展到今天，我们尽管不一定沿用李贺的锦囊，但笔记的独特作用应该引起我们的重视。

一位刚上高中的同学曾深有感触地说："初中阶段所学的知识都是重要的基础知识。这时除了上课要认真听讲、积极思考外，记好笔记也是一个关键。有些同学记笔记时马马虎虎，或干脆不记，这样是很不明智的。刚上初中时，我自恃记性好，高兴就在书上写几笔，不高兴就索性什么也不写，结果学了后面的知识，忘了前面的知识。单元测试时，又没有复习依据，吃了不少苦头。后来，张老师教会了我们记笔记的方法。她说：'记笔记并不意味着把老师黑板上写的、嘴里讲的一股脑儿搬到本子上完事。记笔记只是一个手段，目的还是要把它消化成自己的东西。'我按照张老师传授的方法一试，效果不错。"

研究结果表明，做笔记的人比那些不做笔记的人在考试中成绩要好得多。美国心理学家巴纳特以大学生为实验对象做了一个实验，研究了记笔记与不记笔记对听课学习的影响。给大学生们的学习材料是一篇 1800 个词的介绍美国公路发展史的文章，测试人以每分钟 120 个词的中等速度读给他们听。巴纳特把大学生分成三组,每组以不同的方式进行学习。甲组为做摘要组,要求他们一边听课,一边摘出要点;乙组为看摘要组,他们在听课的同时,看到已列好的要点,但自己不动手写;丙组为无摘要组,他们只是单纯听讲,既不动手写,也看不到有关的要点。学习之后,对所有学生进行回忆测验,检查对文章的记忆效果。结果,甲组——也就是自己动手写摘要的一组学习成绩最好,乙组——也就是在听课的同时看摘要,但自己不动手的一组学习成绩次之,丙组——也就是单纯听讲而不做笔记,也看不到摘要的一组成绩最差。

那么,记课堂笔记会影响听课的效率吗?

《走近第一——高考状元访谈实录》一书介绍了记者采访陕西省文科状元李雅娟时的一段对话:

> **记者**:听课时你记笔记吗?
>
> **李雅娟**:当然记笔记啦!
>
> **记者**:记笔记影响你集中注意力听讲吗?
>
> **李雅娟**:记笔记并不影响听课,它们是同步的。

上课时要以听课、思考为主,记笔记为辅。有的学生上课只顾抄记,忽视认真听课。结果,课没有听好,笔记成了课本的重复,自己成了老师的秘书,这就本末倒置,得不偿失了。课堂笔记的方式和详细程度要根据课程和自己的学习情况而定。接受能力强,听讲没有困难的学生可以适当多记;如果听课吃力,就应当少记,也可以暂时不记,留下空白处或作一记号,课后再去回忆、补充、整理。所以,只有讲究技巧,才能记好课堂笔记,使课堂笔记在我们的学习中发挥更大的作用。

1. 要熟悉笔记的格式

如果你把课堂笔记记在专用笔记本或活页纸上,开头要空一两页,留作以后整理目录,笔记可分为正页和副页两部分。正页是指笔记本每一页左面的大半页。在正页的右方,可用红笔划一竖线。竖线的左侧是正页,约占总面积的2/3,用来记课上的内容,为笔记的主体部分;右侧是副页,约占 1/3,记课前、课后补充的内容。你还要准备几种不同颜色的笔,以便通过颜色突出重点,区分不同的内容。

2. 要学会用自己的话记录

记课堂笔记要讲究实用，不要一字不漏地记，应省去老师讲课中的一些不重要的信息，训练自己浓缩信息的能力，杜绝每字必记的习惯。大多数情况下我们要通过思考，把老师的讲课内容融会贯通，重新组织，用自己的话写在笔记本上。这是因为自己的话是自己主动思考的载体，代表自己的思想认识水平，用自己已有的知识积极地整合新知识，有利于强化记忆和形成迁移。日后，通过对笔记的复习，更能唤起你对讲课内容的再认，巩固所学的内容，更好地体现笔记的价值。最初，你所记的内容可能与老师的原意有出入，不过，经过多次训练实践以后，就能达到要求了。当然，对老师所讲的有关基本概念、定理、公式、论点、论据等方面的关键问题，记录则要准确无误，照原话直录。

3. 要学会快速简略地书写

书写工整，常常是工作或学习中所需要的。然而，在记课堂笔记时提倡快速地书写，是有一定道理的。快速地书写，是为了跟上思维的进程。人的思维是复杂而迅捷的，有时灵感一来，真可谓神思泉涌，如不快速写下，有可能稍纵即逝。快速地书写，对追踪思路，训练思维的敏捷性、流畅性是大有好处的。快速书写，除了不必将每个字写得横平竖直外，还可以简化某些字词，建立一套适合自己的书写符号，形成自己常用的缩略语。比如：用"∵"代表"因为"，用"∴"代表"所以"，用"人大"代表"人民代表大会"，用"二定律"代表"牛顿第二运动定律"等等。有时为了跟踪思维，甚至可以用一个词或几个词代替一长串词句。但也要注意不要潦草，过于简略，连自己也看不清楚是什么。快速简略地书写的目的是提高笔记效率。

4. 经常整理课堂笔记

由于种种原因，你在课堂上所记的笔记可能比较凌乱，课后不太好用。为了巩固学习效果，确有必要学会整理课堂笔记，使之成为条理清晰、好看好用的参考资料。

对一堂课的笔记而言，整理笔记主要是把上课时未能记录的部分补起来；把记得不准确的地方更正过来；把次序颠倒逻辑不清的地方调整过来；把无关紧要的内容省略掉。总之，要尽量把课堂笔记整理得赏心悦目，使自己一拿起来就舍不得放下。这样，复习时有据可查，打开笔记本，应有尽有，只要检索就行了。

对一个阶段的笔记而言，整理笔记主要是用文字或符号、代号（最好用红笔）划分笔记内容的类别；用统一的序号，对笔记内容进行提纲式的、逻辑性的排列，注明页码，便于查找，在此基础上，在笔记本的最前面空页上整理出该笔记的目录；有时间的话还可把经过整理的笔记分类抄录在概念本、习题本等分类笔记上。一旦复习考试，花点时间翻翻这些笔记本，眉目清楚，中心突出，重点、难点、关键地方一目了然，大大省去了考前突击查找资料、重新思考、临时归纳总结所花的时间，可以取得事半功倍的效果。

蒋明谦是我国著名的有机化学、药物化学家，中科院院士，他在中学时代就非常善于记笔记。他曾说过："我认为要学好一门课，真正能掌握这门学科的内容，就需要把几种教材编写体系的异同和重点搞清楚，并选择一种教材的骨架为中心，把具体的事例穿插进去，摆到适当的地位，写出一套自己编制的笔记。在上初中的三年中，我就这样把物理、化学、生物等课程的笔记都修改过或重写了一遍，它花去了几乎所有的课余时间。这套笔记对我考取几个大学预科以及后来顺利地考入本科起了很大作用。"

整理笔记是将知识深化、简化、系统化的过程，带有浓厚的个人色彩和特点。经过整理的笔记，无疑是一份珍贵的复习资料，应该妥善保管，以备需要时使用。

31 智慧的涌流

——世界教育系统学会主席包国庆教授谈讨论

> 如果你有一个苹果，我也有一个苹果，彼此交换，那么每人只有一个苹果；如果你有一个思想，我有一个思想，彼此交换，我们每个人就有了两个思想，甚至多于两个思想。
>
> ——萧伯纳

　　课堂讨论就是在教师的指导下，让学生独立地阅读教材、收集资料，在课堂上由全班或小组成员相互交流个人的看法，相互启发、相互学习的一种方法。

　　新课改以后提倡合作学习，中小学的课堂讨论越来越多，气氛也越来越活跃，同学们参与的热情明显高了起来，但总有一部分同学存在抵触情绪，认为同学们之间吵吵嚷嚷，根本没有多少效果。

　　有一次，我陪同华东师范大学教育科学学院博士生导师熊川武教授到深圳市考察基础教育。在北大附中的走廊上，看到英国戏剧家萧伯纳的一段名言："如果你有一个苹果，我也有一个苹果，彼此交换，那么每人只有一个苹果；如果你有一个思想，我有一个思想，彼此交换，我们每个人就有了两个思想，甚至多于两个思想。"课堂讨论，它的一个优势就是相互交流信息，彼此分享思想，因而，并非一个可有可无的教学环节。

　　著名学者、世界教育系统学会主席包国庆教授认为，讨论对青少年的成长意义非凡，不可小觑：

　　（1）讨论课需要每个人都参与，每个人都唱主角，甚至学生可以提出与教材不同的观点、不同的公式推算方法。敢于在公众面前发表见解本身就是一种自尊和自信的表现。

　　（2）讨论可以引起争论，激发学生积极思维。在交换意见中相互质疑、相互启发、取长补短,加深对问题的理解。

(3) 讨论有利于学生自己发现错误,改正错误,并且是一些教师平时很难发现的错误,其效果远大于教师给他们指出错误,改正错误。这种改错过程渗透着学生自己的思维和劳动,所以,不容易重犯类似的错误。

(4) 讨论有利于留下深刻的印象,加深记忆。因为要将心中所想的用语言表述出来,还需要经过大脑的第二次加工。

(5) 有利于增强学生的竞争意识,促进优等生更优、后进生进步。

(6) 有利于培养相互合作的精神,学生中"英雄所见略同"者之间容易建立友谊。

(7) 有利于训练学生的口头表达能力、归纳能力、纠谬能力、逻辑思维能力和判断能力。

(8) 有利于激发学生对该门学科的学习兴趣。

(9) 有利于培养学生诚实、踏实刻苦的道德品质。

(10) 有利于相互激发想象力、创造力。讨论也是一种信息交流活动,只会双方都增加收获。信息的交换、智慧的碰撞,在某些时候可以走向创造。

(11) 在讨论中,还有利于教师发现学生的特长和优势,帮助学生发展优势。

(12) 讨论课这种形式还是一种学术交往的雏形。过去那种"独学而无友,则孤陋而寡闻"的做学问的方式早已被淘汰。学术交往是当今获取情报的首推手段,是科学技术工作者必备的基本功。

所以,讨论不是可有可无的,我们一定要积极参加课堂讨论,让大家的思想在讨论中碰撞,智慧在讨论中培养,创造力在讨论中发展。

32 怎么老是"溜号儿"

——上课要集中注意力

> 人做功课，若不专一，东看西看，则此心先已散漫了，如何看得出道理？
>
> ——朱熹

首先让我们来看一首诗：

粗心的小画家

许　浪

丁丁喜欢画图画，

红蓝铅笔一大把。

他对别人把口夸，

什么东西都会画。

画只螃蟹四条腿，

画只鸭子尖嘴巴，

画只小兔圆耳朵，

画只大马没尾巴。

哈哈哈，哈哈哈，

真是个粗心的小画家！

有的同学就像诗中的"小画家"一样，上课常常"溜号儿"，原因主要是注意力不能集中。

心理学理论告诉我们，注意是心理活动对一定事物的指向和集中，也是我们学习和记忆的前提。从是否自觉和有无付出意志努力的标准看，注意可以分成有意注意和无意注意。听课时同学们要依靠自己的意志努力，运用有意注意，提高专注水平。

许多大学问家治学都非常注意这一点。据说汉朝的董仲舒为了把精力集中到学习上，竟然达到了"三年不窥园"的地步。他的经验是："目不能二视，耳不能二听，手不能二事，一手画方，一手画圆，莫能成。"宋朝的朱熹说，注意力不集中，就读不懂书中的道理。他说："人做功课，若不专一，东看西看，则此心先已散漫了，如何看得出道理？"

一般来说，上课"溜号儿"涉及学习目的、身体、营养等方面。我们要切实做到明确学习目的，不能浑浑噩噩，漫无目标；不能带病学习，要坚持锻炼身体；要加强营养，不能早晨不吃饭就上学，不挑食、不偏食，注意均衡营养。

防止上课"溜号儿"，有以下几种方法：

一是自我提醒法。时常提醒自己，上课时间极其宝贵，机不可失，时不再来，强制自己思想集中，不开小差。

二是感官分工法。眼看老师的面部表情和板书，耳朵听老师的讲述，头脑想老师所讲的内容，记笔记也是集中注意力的有效方法。

三是紧跟思路法。努力使自己的思路与老师的教学思路保持一致，自己有新奇思路，可速记在笔记本上，下课后再斟酌。

33 彻夜难眠到天明

——失眠并不可怕

会休息的人，才会工作。

——列宁

　　初三学生星星来信说：我常常失眠。有时躺在床上一两个小时才能入睡；有时整夜恍恍惚惚，似睡非睡，模模糊糊，好像没有睡天就亮了。每逢考试比较紧张，入睡更加困难。上床时，我就担心，睡不着，睡不好，复习不好，考试就要砸锅。躺在床上一会儿，什么公式、原理、概念，什么单词、语法就在头脑里翻来翻去。真的很疲劳，想睡，就是睡不着，越急越睡不了。数数字，1、2、3……数100也不行，眼睁睁折腾到天明。白天到校可想而知，上课、做作业都打不起精神，哈欠连天，就是想睡。我十分担忧、心烦，我该怎么办？老师，帮帮我！

　　像星星这样失眠的同学不在少数，尤其毕业班的学生更为突出。有些学生说自己睡眠质量不高，特别在大考之前，躺在床上翻来覆去就是无法入睡。这样的情况出现多次，便认为自己得了失眠症，并为无法改变这种状况而烦躁不安，由此导致精神萎靡不振，注意力难以集中，情绪低落，还容易使人紧张、急躁、失去自信，从而影响学习、生活。

　　失眠是一种常见的睡眠障碍，是中枢神经系统机能失调的反映，主要表现为想睡觉的时候睡不着，或睡眠质量差，就是睡眠达不到正常人的生理睡眠时间。

　　失眠表现形式主要有如下几种类型：

（1）入睡困难型。这类人有一种恐惧心理，一到就寝时间就担心睡不着。一上床就感到头脑特别清醒，怎么也睡不着，而越是怕越不能入睡，焦虑不安，躺在床上感到太阳穴跳动带着枕头响，有时甚至感到心脏跳到胸外。有的采取数数，有的经过各种方法，甚至直到午夜12点凌晨三四点才可以入睡。次日起床感到头昏、头痛、精神疲乏等。

（2）早醒型。夜间睡醒后不能再入睡。一般在偶然的机会里，醒来一看表才两点，距天亮还有几小时，想再睡，可无论如何也睡不着，只有睁眼到天明。如果第二天仍然早醒而不能入睡，就会更加焦虑，越焦虑越难入睡。持久下去，机体代谢功能衰退，就会出现头昏、头痛、记忆力衰退等一系列症状。

（3）中途易醒型。有的人会在睡一两小时后即醒，醒后可以再入睡。另外还有彻底不眠型，即整夜不能入睡，眼睁睁地直至天明。

对大多数青少年来讲引起失眠的主要原因有如下几点：

（1）情绪干扰。焦虑、紧张、害怕、恐惧、抑郁、兴奋等异常情绪，是青少年失眠的主要原因。如有的人为考试而忧心忡忡，或为和老师、同学交往中发生的事情愤愤不平，有的人对自己取得的成绩欣喜若狂，继而为以后的发展想入非非。

（2）环境因素。主要指环境发生变化，如温度、光线、噪音、气味、床铺等条件以及蚊子、臭虫、老鼠等外界因素的干扰。

（3）睡眠习惯的改变，如每天作息时间基本上是固定的，一旦改变，总会不太适应，引起失眠。换地方、换房间，在一个陌生地方睡眠，都有失眠的可能。

（4）疾病因素。人的各种身体上的疾病都会影响睡眠，如头痛、牙痛、心绞痛、哮喘、咳嗽、关节炎、神经衰弱等常见病。

人睡多少时间才算够？

每个人维持健康所需要的睡眠时间是不一样的。"那要因人而异"，罗里克博士说道，"有些人要睡足8小时，有些人只要睡足6小时。"

美国加利福尼亚大学心理学教授列·普克以100万人为研究对象，进行跟踪调查，结果发现，每晚平均睡足7—8小时的人寿命最长，一般可达80岁。

维持身体健康要有足够的睡眠，不在于睡眠时间的长短，而在于各人的生活习惯以及睡眠质量，在于你睡得实在、深沉，睡醒后感到身心疲劳已经消失，精神比较愉快就行。由此,不要过分担心睡眠时间少。因睡眠少而产生的焦虑,对你的伤害,远远超过失眠的本身。如有的人在考试前夜就紧张得睡不着,并不影响人的智力和记忆水平。有些人考试失败,不在于他缺少睡眠,而在于他一直存在着强烈的心理暗示:"睡不好,肯定考不好!"事实上是由焦虑而导致失败。即使高考前真的失眠了,只要第二天振作精神,像平常一样进入考场,同样能以充沛的精力、清醒的头脑赢得理想的成绩。台湾著名心理学家张春兴教授曾介绍,在心理学家进行的睡眠实验中,时间最长的记录是 200 小时(8 天多),结果发现:受试者除了感到极度的疲劳、昏昏欲睡外,在其身心功能方面并无显著异常。这一实验结果明确地告诉了我们:即使出现短期的失眠状况,也无需为此而焦虑、紧张。

注意心理调适,不要为失眠而焦虑。失眠者要正确认识睡眠和维持人们身心健康的关系,尽量克服因失眠而带来的烦躁和焦虑。对一两次睡不着或多梦,不能视为失眠,不要为此大惊小怪。如不少学生晚上一上床情绪就莫名其妙地紧张起来,忧心忡忡、生怕自己睡不着,结果越怕睡不着就越睡不着。长此以往,便形成条件反射,造成恶性循环。因此,失眠固然有害,但对失眠的恐惧和忧虑更有害。

根据巴甫洛夫条件反射说,有人做了一个实验,他给一位失眠者用安眠药时说:这种安眠药,没有副作用,一片就够了,可是因为你总是睡不着,所以给你两片。然而给他服用的却是奶粉或面粉做的假安眠药,他却放心地入睡了,可见心理暗示对睡眠的作用。

事实上,一两次失眠并不可怕,即使没有睡,也会通过下次睡眠或其他方式得到补偿,不必为此而顾虑重重,更不要自行吃些安眠药,最好是注意改变一些不良习惯,泰然处之,情绪稳定后,就会自然入睡。

34 保持良好睡眠的秘密

——征服失眠

> 你应该自己决定怎么走你的路，不要使 21 世纪变成你不眠的世纪。

> ——德门特

为了引起人们对睡眠与健康的关注，世界卫生组织将每年的 3 月 21 日定为"世界睡眠日"。季节变换的周期性，睡眠的昼夜交替规律都与我们日常生活息息相关，此项活动的重点是引起全民对睡眠质量和睡眠重要性的关注。

失眠的现象非常普遍。研究表明，成人男性中有 6％的失眠者，成人女性中的比率则高达 14％。出席世界失眠研讨会第二次会议的 360 多位学者一致认为，地球上约有 10％—30％的人终年苦于失眠，无论男女老少各个年龄阶段都有可能失眠。有人说，失眠大概是一个古老的，但对现代人都是习以为常的困惑。在西方社会，要是问大多数人，除了钱财之外，他们最需要的是什么？你或许会听到异口同声的回答："睡眠。"

我们如何征服失眠，保持良好的睡眠呢？下面介绍几种治疗失眠的传统方法：

1. 养成有规律的起居习惯

定时起床、睡眠，使学习、休息、锻炼、饮食制度化。大部分人至今没有"睡眠也要讲卫生"的意识。长时间深更半夜入睡，节假日大睡懒觉。这种行为颠倒了睡眠周期，使生物钟节奏被打乱。改正方法，每天坚持在固定时间作息，节假日也不例外。按时睡眠的习惯一旦养成，就会在大脑形成动力定型，坚持下来，睡眠状况就会逐渐好转。

2. 睡前拥有一个良好的心境

情绪的变化会引起失眠。正如《黄帝内经》所言："怒则气上,喜则气缓,悲则气消,恐则气下,思则气结。"由此,在睡前我们要提前结束工作、学习,放松自己,排除种种焦虑、烦躁情绪。古人有"寝不语"之说,在睡时,注意不要多说话。睡前保持一个平静、轻松、愉快的心境,亦是防治失眠的重要前提。失眠者可以听听"助眠"乐曲,比如舒曼的小夜曲、绿岛小夜曲等。

3. 先睡心,后睡眼

如果一时睡不着,可以躺在床上从头脑开始层层放松,等情绪放松、稳定后就自然入睡。宋代学者蔡季通在《睡诀》中说："觉侧而屈,觉正而伸,早晚以时,先睡心,后睡眼。"睡前不要去想日间或过去所发生的事情,更不要对以后所要做的事想入非非,浮想联翩,思维活动如脱缰野马难以驾驭,这肯定对睡眠不利。

日本心理学家多湖辉认为,可采用暗示法治疗失眠,如对长期失眠者,可在磁带中反复灌上这样的内容："今天情绪很稳定,心情也好,肯定能睡个好觉,明天醒来时,一定会精神饱满,精力旺盛,进行工作的欲望也一定很高。"以后每天晚上在枕边放这个内容,坚持数周后,会大大提高睡眠质量。

4. 顺其自然

睡眠是人体的自然反应,不要人为地去控制它,既不能强迫自己熬夜,也不能强迫自己在没有睡意时入睡,应该采取顺其自然的态度。当你不控制情绪和思维时,一般20分钟后自然而然就会入睡了。

从森田的"顺应自然"治疗原理分析,森田疗法不失为治疗失眠的一种有效方法。

据说,有一位失眠症患者,连续六年服用药物,有一次出差忘了带药,所以他准备在外的两个晚上"睁眼熬到天亮"。然而没有想到,一躺下便睡着了。当时他没有为入睡作任何努力。他知道,即使睡不着,也比经过努力后仍然睡不着的疲劳程度轻得多。

森田疗法所主张的"顺应自然"其根本就在于让神经质患者认识并体验到,对超越自己控制能力的自然事物采取相协调的态度。老老实实接受症状,带着症状学习和工作,如痛苦时任其痛苦,毫无食欲或毫无睡意时顺其自然,这样定能有所转机,不得入睡者,终得入睡。

5. 讲究睡眠生理卫生

(1) 注意良好的饮食习惯。晚饭要定时定量。晚餐不能吃得过饱,少吃油腻食物,以免增加胃的负担。如果晚饭吃得过少,血糖下降也会影响睡眠。睡前不要喝有咖啡因之类的兴奋刺激性强的饮料。古人云:"胃不和者寝不安。"很有道理。

(2) 有规律地进行一些活动,如每天早晨或下午坚持进行一些力所能及的体育锻炼,睡前也可散散步。另外睡前要刷牙、洗脸、温水泡脚,如果有条件能洗澡更好。

(3) 卧室通风、空气清新、光线和温度要适当,环境清洁卫生、幽静的氛围更有助于充分睡眠。另外,注意采用适宜的卧具也是必要的。如床铺的硬度适中,枕头一般讲高9厘米左右为宜。古人有"长寿三寸,无忧四寸"的说法。

(4) 注意纠正不良的睡眠习惯。许多青少年存在着种种不良的睡眠习惯,如掩面而睡,张口睡觉,开灯睡觉,当风而眠等等。这些坏习惯不仅影响睡眠质量,而且会影响青少年的生长发育,伤害身体,由此应重视矫正不良的睡眠习惯。

美国《纽约时报》介绍了学生保持良好睡眠的6条秘诀。

(1) 每天运动。早晨和白天运动最佳,尽可能避免晚上剧烈运动。

(2) 远离咖啡、可乐、香烟,禁用兴奋剂。酒对睡眠也有妨碍,应回避。

(3) 不要在电视机打开的情况下入睡,闪跳的画面和有刺激的内容影响睡眠。如果习惯于在音乐中入睡,可听古典音乐或冥想曲。

(4) 因未完成作业而苦恼时,不妨早睡,明早再做。

(5) 白天睡觉或星期天睡懒觉不好,因为颠倒了睡眠周期。

(6) 与任课老师商议取消早晨补课。与其讲课时学生发呆,还不如让学生积极参与。

心理健康专家向人们提出"你应该学习睡眠知识"的要求,我们学一点这方面的知识加上经常保持乐观向上的积极情绪,注意纠正不良的睡眠习惯,讲究睡眠卫生。长此以往,失眠就会得到有效的防治,甚至完全可以征服失眠。"彻夜难眠到天明"的状况会得到明显的改观。

35 你有没有向老师提问
——像美国学生那样去学习

> 有教养的头脑的第一个标志就是善于提问。
>
> ——普列汉诺夫

记得有位哲人说过:"学问,学问,其实就是学习提问。"青少年求知欲强烈、好奇心大,爱提问是他们的天性。但由于各种原因,他们的问题却越来越少。

前几年,中央电视台有一个报道,说中美家庭教育的差异,中国的孩子回到家,父母往往问:"你今天在学校是否听话?"而美国的家长往往问:"你今天在学校问了老师几个问题?"可见,家庭教育方式是影响孩子提问的一个重要因素。

古人说:"师者,所以传道、受业、解惑也。"教师的一个很重要的责任就是"解惑",为什么我们总是强调孩子要"听话"呢?可能我们认为,孩子对老师言听计从就是"好孩子",殊不知却养成了孩子的机械死板和墨守成规,使他们丧失了创造力。

丁肇中是美国麻省理工学院的教授,因为发现 J 粒子而获得了诺贝尔物理学奖。他的青少年时代是在祖国大陆和台湾度过的,他所取得的科学成就,和他敢于质疑的习惯是分不开的。早在丰原中学的课堂上,他就常常是第一个举手提出问题的学生;为了得到正确的答案,他又往往要跟同学辩论到最后才肯罢休。

他思维活跃,敢于质疑,在美国密执安大学读书期间,曾因为经常向教授们提难题而成为"不受欢迎的学生",他提的问题往往要让教授们经过多番思考才能解答。由于善于提出问题和认真思考问题,丁肇中在发现抗氢同位素中初露锋芒,并在汉堡以修正并证实一项违反量子电动力学的实验,澄清了过去未澄清的问题,从而奠定了他在国际实验物理界的地位。

丁肇中是幸运的,他的质疑能力得到了充分发展。然而,并非人人都有这样的幸运,有些孩子就因为提一些稀奇古怪的问题而被老师另眼相待。

飞飞是个很有个性的孩子,他聪明活泼、爱动脑筋。一次语文课上,老师教完《东郭先生和狼》,问同学们:"小朋友,关于《东郭先生和狼》这一课,你们有什么问题要提吗?"

小朋友争先恐后地举起了手。这时,老师发现飞飞一只手高举着,一只手捂着嘴巴吃吃地笑。老师没有请他答题,但其他小朋友讲完后,飞飞还是固执地举着手。老师想:他平时就爱说怪话,提一些稀奇古怪、令人发笑的问题,这次不知会搞些什么花样,不能请他讲。但老师转念一想,这样做不太好,不应该剥夺学生发言的机会,说不定他会提一个很有价值的问题呢!于是,老师请他发言。

飞飞立刻站起来,提了个问题:"我觉得这只狼真是的,干吗追着东郭先生吃?驴也好吃的呀!"好家伙,给老师出难题了!

老师正盘算着如何回答他这棘手的问题。另外几只小手举了起来。有的小朋友说:"也许狼觉得东郭先生的肉比驴的肉嫩。"另一个小朋友说:"我想驴是东郭先生的,狼吃了东郭先生,吃驴还不方便?如果吃驴的话,就没有这则寓言故事了。作者是想通过这个寓言故事,让我们懂得一个道理……"

分析这个故事,我们可以看出,飞飞的思维属于创造性思维,他的逆反思维能力很强。而正因为他的逆反思维才打开了同学们的思路。

爱因斯坦认为:"提出一个问题往往比解决一个问题更重要,因为解决问题也许仅是一个数学上或实验上的技能而已,而提出新的问题,新的可能性,从新的角度去看旧的问题,却需要创造性的想象力,人们所提出的新问题常常始于对已有科学理论和科学实验的质疑。从这个意义上看,可以说科学研究发端于质疑,而这种基础又建立于中小学所形成的良好习惯上。"

两千多年前,孟子就说过:"尽信书,则不如无书。"要敢于质疑,敢于向老师挑战,敢于向书本挑战,敢于向权威挑战。请养成"每日一问"的习惯,并持之以恒,你就会成为一个观察敏锐的人,一个思维活跃的人,一个有思想深度的人。

36 速读赢得未来
——学会"一目十行"

在今天和明天之间,有一段很长的时间;趁你还有精神的
时候,学习迅速办事。

——歌德

玛丽·蒂斯是一位 15 岁的少女,出生于菲律宾的马尼拉市,她在美国芝加哥西北大学选修了速读课程,经过 5 个月的学习,结业考试中她用 35 秒钟读完了 40 页书,共 31350 个字符,每分钟达到了 53742 个字符,更令人惊讶的是她居然能详细说明文章的内容,并正确回答全部的测试题。

速读之所以这样得到了人们的关注,是因为我们进入了知识爆炸的时代。19 世纪末,人类知识还以每 50 年翻一番的速度增长;20 世纪初,这一速度就变成了每 10 年翻一番;而到了 20 世纪末,人类文明前 4900 年所积累的文献资料,还没有现在 1 年发表的多。现在全世界每年有 80 多万种不同的书籍问世,如果你每天读 1 本,就需要 2000 多年;要读完 1 年的刊物、报纸、网络信息等,可能需要耗费几千年!

我们进入了一个速读决定未来的时代。那么,怎样才能提高阅读速度呢?

1. 加快眼球运动

眼球的转动与阅读密切相关,阅读实际上就是眼睛一连串的转动与停止的动作结合。阅读专家用瞳孔测计器和摄影机观察那些阅读速度很快的人,发现他们的眼球是在迅速地随着文字而转动。所以,使眼球运动加快,可以加快阅读速度。

加快眼球运动的方法并不复杂,你可以让眼睛尽力向四周看,按顺时针方

向作 10 次 360 度的转动,然后闭目休息片刻,再按逆时针方向转动,如此反复数次即可。也可以假想眼睛的视线在空中写 8 字,可直写,也可横写,正反各 10 次,中间适当闭目休息。

2. 学会群读

除了阅读内容比较深奥的文章外,都可以用群读的方法,即在一瞬间看一组字(几个词汇),而不仅仅是看一个字。这样,既能加快阅读的速度,又不致影响对文章内容的理解。

群读不是眼睛的天然本能,需要不断地训练才能做到。一开始,你可以选一些较短的文章,在保证阅读质量的前提下,以你尽可能快的速度来阅读,力争一次"扫视"3 至 5 个字。然后,可以选一些稍长的文章进行训练。如果每天坚持这样的练习 15 分钟,一星期就能掌握群读方法。

3. 学会浏览

对于内容比较简单的读物,浏览能节省一半的时间。它既适用于阅读不那么重要的材料,也适用于复习过去已读过的文章。

浏览的方法也很简单,就是将书放到你眼睛能看到整页文字的地方,试着用你的一个食指或一支圆珠笔沿着书页中间很快地下行,你的眼睛只看着你的手指或笔尖的上方,沿着手指或笔尖下移,直到结束。你会惊奇地发现,原来你也能如此迅速地阅读。

写到这里,我忽然想起了一个故事。故事中,一个小男孩问上帝:"一万年对你来说有多长?"上帝回答说:"像一分钟。"男孩又问上帝:"100 万元对你来说有多少?"上帝回答说:"像一元。"然后,男孩向上帝说:"那你可以给我 100 万元吗?"上帝回答说:"当然可以,只要你给我一分钟。"天底下没有免费的午餐,时间是非常宝贵的,趁早进行速读训练吧,我相信你一定能够"一目十行"!

37 让你的学习如虎添翼

——记忆力超群的 11 种方法

书卷多情似故人，晨昏忧乐每相亲。

——于谦

孔子曰："学而时习之，不亦悦乎？"复习是学习的必要环节，复习得好，可以让你的学习如虎添翼。

22 年前，我也面临着高考。那时我读文科，记忆量特别大。比如历史课，有厚厚的六册书，我的一个同学采取的是"全盘记忆法"，他每星期背一册，大概一个半月可以背完一轮，高考之前一共背了四轮，是公认的"复习最用功的人"。而我采取的是"选择记忆法"，首先把自己记不得的内容全部摘抄到笔记本上，然后，每复习一轮再整理一次，考前就剩下不到十张纸了。结果，我的历史比他多考了 30 多分。

从表面看，他的记忆方法是全面的，可以确保万无一失，但他没有抓住重点，对记忆的材料没有取舍。我们完全没有必要将已经记得的内容一遍又一遍地重复，既浪费时间，又减少了自信，最后得不偿失。而我的"选择记忆法"，看上去有些偷懒，但对材料主次、轻重分得非常清楚，负担越来越少，人也越来越轻松，反而取得了"事半功倍"的好效果。

实际上，无论是复习，还是平时的学习，都离不开记忆，只有掌握了科学的记忆方法，才能更好地发挥出你的实力，切实提高学习效率。

如果你想记忆超群，请先掌握以下 11 种方法。

方法一：只有限定时间，才能克服大脑的惰性

我有这样的体会，有些材料，老师让课上背诵，很快就会背出来。但如果老师说，作为课外作业背诵，下周一检查，可能检查的时候还有不少同学背不出来。为什么课上几分钟就可以完成的任务，几天都完成不了呢？

原因很简单，每个人的大脑都有惰性，在没有时间限制的情况下，往往紧张不起来。弄清了大脑这一特性，在背诵一些材料时，我们就应该给自己设限，限定自己在一定时间内完成。只有这样，才能让大脑紧张起来。

当然，仅仅给自己设置时限还不够，还要有明确的目标。比如每天背诵10个单词，晚上睡觉前自我检查，假如完成得好，就会增强信心。倘若我们笼统地确立一个目标，说本学期把英语成绩提高到全班第一，看上去有时限，但目标不明确，难免会感到无处下手。因此，目标要细化，要便于自我检查。这样，每实现一个目标，都会让你获取成功的喜悦，自信心也会随之增加。

方法二：在遗忘最快的时候迅速复习

对学过的内容要及时进行强化，以巩固头脑中刚刚形成的印象，这种方法称为"及时记忆"。这是一种最简单，也是最有效的方法，而同学们却重视不够。比如，对语文、历史、政治等学科，许多学生认为只要考前强化一番即可，平时不去及时复习，结果考试前花费大量的时间去背诵，搞得头昏脑涨。

德国著名心理学家艾宾浩斯曾对记忆进行过大量的研究，他发现，人们在学习中的遗忘是有规律的，在记忆的最初阶段遗忘速度最快，后来逐渐减慢，到了相当长的时间后，几乎就不再遗忘了，也就是说遗忘存在着"先快后慢"的规律。

艾宾浩斯发现，学过的知识如不抓紧复习，当天就只剩下25％。有人做过一个实验，让两组学生学习一段课文，甲组在学习后不久进行一次复习，乙组则不予复习，一天后甲组还记得98％，而乙组仅记得56％；一周后甲组还记得83％，而乙组仅记得33％。显而易见，乙组的遗忘平均值比甲组要高得多。

所以，千万不要懒惰，要在遗忘最快的时候及时复习，这会极大地提高你的学习效率。

方法三：在理解的基础上记忆

艾宾浩斯在做记忆的实验中发现，为了记住12个无意义音节，平均需要重复 5 次;为了记住 36 个无意义音节,需要重复 54 次;而记忆六首诗中的 480 个音节,平均仅需要重复 8 次!

这个实验告诉我们:只有理解了的知识,才能记得迅速,记得牢固。

记得有位哲人说过:"感觉到了的东西,我们不能立刻理解它,只有理解了的东西才能更深刻地感觉它。"有些内容,如科学概念、范畴、定理、法则和规律、历史事件、文艺作品等,都是有意义的。人们记忆这类材料时,一般都不逐字逐句地机械背诵,而是首先理解其基本含义,然后才进行记忆,这样记忆的效果才最好。

那么,什么是理解呢?苏联著名生理学家巴甫洛夫认为:"利用知识,利用获得的联系,就是理解。"也就是说,把新的知识经验纳入已有的知识经验的系统中,即在已有的暂时神经联系的基础上去建立新的神经,并且把新旧联系组成一个新系统。一个人理解能力的强弱,取决于他的知识量,头脑中已有的知识结构就好像一张渔网,这张渔网越细密,捕到的鱼越多;若是漏洞无数,那很多鱼儿就会溜掉。因此,头脑中知识结构越复杂、越系统化的人,记忆就越全面、越迅速、越牢固。

方法四:一边背诵,一边尝试回忆

有些同学学习很勤奋,他们会一遍又一遍地背,但考试结果未必理想。而另一些同学会一边背诵,一边尝试回忆,效果却往往好得惊人。

这是为什么呢?

心理学研究表明,复习时,如果你主动尝试回忆,就能提高你的记忆效率。而如果将尝试回忆与反复诵读结合起来,效果则更佳(见表 1)。

表 1

时间分配	16 个无意义音节重现百分数		5 段传记文章重现百分数	
	立刻	4 小时后	立刻	4 小时后
全部时间朗读	35	15	35	16
20%用于试图重现	50	26	37	19
40%用于试图重现	54	28	41	25
60%用于试图重现	57	37	42	26
80%用于试图重现	74	48	42	26

分析上表，可以很清楚地看出，如果把全部时间用于朗读，记忆效果最差；如果把20％的时间用于尝试回忆，记忆效果就会明显提高；如果把60％—80％的时间用于尝试回忆，记忆效果最佳。

因而，我们提倡一边背诵，一边尝试回忆，要把更多的时间用于尝试回忆上。

方法五：全面调动眼、耳、鼻、口、手复习，多通道协同记忆

记忆方法因人而异，有人擅长看，有人擅长听，有人擅长写，而将看、听、写结合起来记忆的话，效果最佳。

有位心理学家曾经用这三种方法让三组来自不同家庭的儿童记住10张画的内容。

对第一组儿童，他只告诉他们画上画了些什么，并不给看画。

对第二组儿童正好相反。只给他们看画，可是不再给他们讲每张画画了些什么。

对第三组儿童是又让听又让看，心理学家不但给他们讲画的内容，同时给他们看那些画。

隔一段时间以后，心理学家测量三组儿童分别记住了多少内容。结果第一组记住的最少，只有60％；第二组稍多，记住了70％；第三组记得最多，达到86％！

这就充分说明只听不看的孩子记得最少，只看不听的孩子记得稍多一点，又听又看的孩子记得最多。

现代科学研究表明，人从听觉获得的知识只能记住15％，从视觉获得的知识只能记住25％，倘若把视觉与听觉结合起来，则能够记住65％。

学习科学专家把用眼看、耳听、手写、心想将多种器官协同起来一同参与复习与记忆的方法称为"多通道协同记忆法"（或"多器官协同记忆法"）。用这种方法学习语文、外语等课程，效果最为显著。

研究证明，单调频繁的刺激反复作用于人脑，会使人的脑神经细胞很快从兴奋状态转入抑制状态，从而产生疲劳感。而多种器官协同工作能不断变换记忆运作的机制，使视觉细胞、听力细胞、嗅觉细胞等交替得到使用与休息，从而消除单个感官不断受到刺激会很快疲劳的弊端，提高复习效率。

有学者建议：

（1）多写。很多同学还在复习时往往偏重于读，而很少拿起笔来写。俗话说："眼过千遍不如手写一遍。"即使是最淡的笔迹也胜过最强的记忆。例如英语单词的背诵，往往只念不行，只有和手写结合起来（至少一个单词要写3遍）才能增强记忆。

上课记笔记也是这个道理。记笔记并非要求把老师说的每句话都记下来，如果逐字逐句去记，不但记不下来，而且还会影响听讲，达不到记笔记的目的。正确的做法是，以听懂为第一，边听边积极思维，总结出老师讲课内容的要点，记下几个关键的字或句子。

（2）多动。在小学的科学和中学的理科考试中，常常会出现写实验步骤、化学反应现象这种题目。这类题目仅靠机械的背诵往往会出现写错，如果复习时能动手去做一做，在考试中就不会被难倒了。

（3）多放声地读。有些同学在学习外语时，往往光看不读，结果只能学成"哑巴"英语，对以后的英语听力、会话能力会产生极大的负面影响。所以，复习文科的课程内容时，不仅要看，而且要写，还要放声地读。

方法六：画图制表，减轻记忆负担

美国学者哈拉里说过："千言万语不及一张图。"我们已经进入了读图时代，那些附有漫画、插图、图表之类的书报，学习起来印象特别深刻。反之，阅读那些没有漫画、插图或图表的书报，印象就没有那么深刻。

直观形象的材料比枯燥抽象的材料容易记住，大量的实验都证明了这一点。例如，老师向同学们分别出示10个实物和语词，请他们当场回忆。结果，平均能回忆出实物8个，而语词只能记得7个。几天后，实物能回忆出6个，语词却只能回忆出2个。

为什么图表容易记忆呢？因为认识词语用的是人的大脑左半球，认识实物或图表用的是大脑右半球，而如果通过图表来记忆知识，则同时在使用大脑的左右两半球。

这就告诉我们，记忆复杂的学习材料，应该善于利用图表，这样不仅可以由繁化简，而且可以使记忆更深刻。比如历史年代不太容易记忆，就可以通过自制的历史年代表来帮助记忆。自制图表的过程，实际上是在头脑中对材料进行反复加工的过程,就会在头脑中留下深刻的印象。

列表是把材料分别集中起来,放在表中适当的位置上。往往是一张表整理出来了,条理也清楚了,脑子也记住了。列表记忆,运用范围广,类型多种多样,常用的有:

一览表:站在统观全局的角度,对复习材料进行鸟瞰,掌握其相互关系。

系统表:使复习材料系统化,便于通盘掌握和整体记忆。

比较表:对复习材料进行比较、分类,从特征上掌握知识材料。

统计表:将带有数据的复习资料制成表格。

网络图:用图示来突出知识各方面的关系。

示意图:将记忆的材料用自己明白的方式画出示意图,注意示意图线条要简洁,立意要新颖,如果采用水彩笔效果会更好。

方法七:通过分段,将大幅的材料化整为零

俗话说:"一口吞不下一头大象。"面对几十甚至成百个乒乓球,你越想一下子把它们抓起来放进盒子里,越抓不住。你想抓得越多,反倒抓得越少,常常抓了这个,掉了那个。而如果你一次只抓一个,很快一个个都放到盒子里去了。

把要背的课文分成若干段,每一大段里又可分若干小段。如此这般,一大篇课文就变成了若干小篇,若干小篇又可分成若干小段。一小段一小段记起来就不困难了。采用分段记忆的好处是:化整为零,增强记忆的信心;化难为易,在记住一段后会获得成功的喜悦,调动记忆的积极性。如果要背历史年代、外语单词等,最好也把它们分成七八个为一组,记忆效率更高。

方法八:通过比较,厘清知识的异同

比较是确定客观事物彼此之间差异点与共同点的思维方法。有比较才有鉴别,不经比较,就难以辨别事物的特征,难以认定事物的本质和事物之间的关系,难以区别事物的异同之点。

所谓比较记忆,就是对相似而又不同的记忆材料进行对比分析,弄清以至把握住它们的差异点与相同点,再进行记忆的方法。

比较的方法很多,主要有以下几种:

(1)对立比较。记忆时,把相互对立的事物放在一起,形成鲜明的对比,容易在大脑中留下清晰的印象。

（2）类似比较。很多知识在表面上极其相似，但本质上却有很大差别。复习时，应该通过比较，既找出相似点，又找出不同点。

（3）新旧比较。即新旧知识之间的比较，一般在接触新知识时，把它与学过的知识进行比较，比较它们之间的相同与不同之处。

比较的方法，形式不拘一格，概言之，就是"同中求异"和"异中求同"。世界上的事物纷繁复杂，从表面上看千差万别，在本质上却是相同或相似的，如果我们能找出它们之间的异同点，就会记得更牢固。

方法九：首先进行分类，然后进行记忆

有些材料，看上去乱七八糟，但如果按一定标准进行分类的话，记忆起来就要容易得多。实际上，分类过程就是一个理解的过程，我们一边在分类，一边就在理解，在记忆了。

如果要记忆下列 10 种物品：猫、帽子、狗、挂钟、桌子、衣柜、眼镜、鹦鹉、鞋子和戒指。如果使用反复背诵的方法也可以，但往往要花较多的时间，并且过不了多久还会忘记。

如果我们把上述的十种物品加以分类，比如：猫、狗、鹦鹉是动物，帽子、眼镜、鞋子、戒指是穿戴在身上的东西，挂钟、桌子、衣柜是家里的摆设。把这些物品分成三类以后，就容易记忆多了。

方法十：让讨论使知识更精确

记忆中遇到的最大的难题是，背着背着，自己都不知道背的是什么了，背诵成了一种纯粹机械的学习。

出现这种情况不是偶然的，与你对知识的理解有关。也就是说，你本身并没有理解这些材料，上来就背诵，最后必然晕头转向。

和同学一起讨论复习的知识，是克服这种现象的最有效的办法之一。那些尚未扎根的知识，如果经过讨论，就会变成精确的知识。即使是记忆相同的材料，因为各人的理解能力不同，也有可能会出现不同的情况，有人理解得很清晰，有人理解得模糊不清，有人甚至会出现误读、误解。因此，同学之间的讨论能够彼此取长补短。

因此，对那些你本身就不理解的知识需要讨论，对似是而非的知识更需要讨论，即使是那些你很自信地认为确信无疑的知识也需要讨论。

如果没有合适的讨论对象,请将你宿舍的墙面或者墙上挂的人物作为你讨论的对象。无论如何,这些讨论,都可以使你复习的知识精确化。

方法十一:交替复习,巧妙安排时间

我很同情一些同学,他们不了解大脑活动的规律,到了复习迎考阶段,常常足不出户,拼命背书做习题,从表面上看似乎是抓紧了分分秒秒,但时间一长,精力就不那么充沛了。有些学生在考前埋头苦读,死揪一门,弄得疲惫不堪,连站起来活动一下都舍不得,结果时间好像是充分利用了,效果却不理想。

车尔尼夫斯基早就说过:"变换工作就等于休息。"实验证明,长时间单纯记忆一门学科知识的效果并不好,因为具有相同性质的材料刺激脑神经过于单调,时间一长,大脑相应区域就很容易出现疲劳。

为了避免这种现象的发生,学习一个小时左右,最好放松一下,比如站起来走走,到室外转转,然后换另一门学科学习,这样有助于"转换大脑的兴奋中心",能消除抑制,增进大脑工作效率。

古今中外很多成功之士都善于利用这种方法。居里夫人在谈到自己学习方法时说:"我同时读几种书,因为专门研究一种东西会使我宝贵的头脑疲倦,它已经太辛苦了!"

所以,交替复习,既能合理安排时间,又能提高复习效率。

38 打开记忆的门户
——提高注意力

真正的记忆术，就是注意术。

——萨缪尔·约翰逊

让我们来看一个有趣的实验。

一次，心理学家们正聚集一堂。突然，门被撞开了。一个农民从门外跑了进来，身后一个黑人拿枪紧追其后。两人在屋里扭打成一团。农民倒了下去，黑人骑到他身上，扣动了扳机。接着两人冲向屋外。整个事件前后持续了只有20秒钟。

其实，整个事件都是事先安排好的，并拍了照片。要求在场的心理学家们马上将该事件发生的过程写出一份完整的报告。结果，40份报告中，错误在20％以内的只有1篇，有10篇完全写错了，另有10篇则全凭想象杜撰而成。40份报告中仅有6篇正确地描述了整个事件的发生过程。

为什么这些具有很高专业水准的心理学家，描写突发事件会出现这么多错误？因为他们预先没有目标，忙乱中没有对这个突发事件的细节加以注意。

注意是心理活动对一定对象的指向和集中。俄国教育家乌申斯基说过："注意是一个唯一的门户，外在世界的印象或者较为挨近的神经机体的状况，才能在心理引起感觉来。如果印象不把我们的注意集中在它身上，那么虽然它们可能影响我们的机体，但我们是不会意识到这些影响的。"古今中外名人的成功经验也说明了谁能驾驭自己的注意，谁就是记忆的主人，谁驾驭不了自己的注意，谁就必然记忆平平。

萨缪尔·约翰逊说："真正的记忆术，就是注意术。"

那么，怎样培养注意力以提高复习效率呢？

一个人复习效率的高低，与注意力集中的程度密不可分，而注意力怎样，很大程度上又取决于注意的内容，任务明确与否。对于任务的实际意义理解得越清楚，越深刻，完成任务的愿望越强烈，注意的效率就越高。很多人都有这样的体会，迎考前的紧张复习比起平时的学习来，记忆的效果要好得多。主要原因还是你怀有一种想通过考试取得好成绩的强烈动机。

德国大诗人歌德说："哪里没有兴趣，哪里就没有记忆。"兴趣引导人们不断进取，也帮助人们加强记忆。没有兴趣时，脑神经处于迟钝状态，对输入的信息态度必然"冷淡"，对学习材料不感兴趣，本身就留下了遗忘的"基因"。

兴趣会使我们集中注意力并且挖掘出你的内在潜力，据心理学实验表明，不同年龄的学生保持高度注意的时间是：3—10 岁为 20 分钟，10—12 岁为 25 分钟，12 岁以上为 30 分钟。如果对学习材料产生浓厚兴趣，保持注意力的时间会大大延长，并且兴趣还能引起我们对内容的认真观察和积极思考。另外，兴趣能够挖掘出人们的内在潜力。德国神童的例子就证明了此点。那是在一个多世纪前，德国牧师卡尔·威特有一个公认天赋很低的孩子。但牧师通过诱导孩子的兴趣来启迪孩子的记忆和思维，使他变为早慧的"天才"。

美国哈佛大学心理学家威廉·詹姆士发现：一个没有受激励的人，仅能发挥其能力的 20%—30%，而当受激励时，能力可发挥 80%—90%，是没被激励人的 3—4 倍。

学习外语时，我们都有这样的体会，英语单词太多。然而，兴趣会使你的学习事半功倍。例如，要记单词 smile，可以用拆词法将它拆为 s 和 mile，我们说"一英里长的 s"就非常形象生动，很容易记住。

良好的注意，还要排除干扰的因素。心理学对遗忘现象的研究表明：人们对记忆内容产生遗忘，其重要的原因之一是由于"记""忆"的过程中受到了内部和外界的干扰。因此，无论是学习，还是复习，一定要强调环境的整洁和安静，以减少分心的影响。

39 心专才能绣得花，心静才能织得麻
——赶走瞌睡有妙法

> 读书要三到，谓心到、眼到、口到。心不在此，则眼看不仔细。心眼既不专一，决不能记，记亦不能久也。三到之中，心到最急，心既到矣，眼、口岂不到乎？
>
> ——朱熹

有一天，我在一所中学听课，发现有一个学生趴在桌子上，便问他是否身体欠佳，他说："不是，就是想睡。"经过仔细询问，我才知道，上课打瞌睡的还不止一人。有的同学明明知道专心上课很重要，但犯起困来连自己都控制不住，眼皮直打架，注意力不能集中，感到异常苦恼。

其实，上课打瞌睡古代就有，最出名的瞌睡虫大概可以远溯到孔子的学生宰予，因为经常上课打瞌睡，曾经被孔子斥责为"朽木不可雕也"。这证明，即使是万世师表的孔子，也控制不了学生打瞌睡。

分析上课打瞌睡的原因，一般不外乎长期睡眠不足、空气不流通、室内缺氧、生活作息晚，也可能是身体正发出警示讯号，因为中医认为经常打瞌睡可能表示脾胃功能不好。台湾手足健康会创会人吴长新教授说："宰予不懒，只是脾功能差些，该替宰予平反了。"所以，假如你打瞌睡的频率很高，条件许可的话可以找医生看看。

睡眠专家建议，调整作息饮食或多运动可以改善打瞌睡，还有一些行之有效的方法，可以帮你赶走瞌睡虫。

（1）按摩脑部反射区，以减轻疲劳引起的头痛不舒服，有助于醒脑提神。具体做法很简单，就是用右手大拇指与食指轻轻夹住左手大拇指指甲两侧的凹陷处，以垂直方式轻轻揉捏此穴位，主要按摩点在食指。注意慢慢出力揉捏，不

要用蛮力,按完左手,再按右手。

(2) 按摩脾的反射区,以增强脾胃功能,避免昏沉欲睡。具体做法也很简单,就是用右手大拇指按压左手大拇指骨下掌面,即隆起像鸡腿肉的这块区域,也称为"大鱼际",是脾的反射区。先按左手再按右手。注意拇指按下去后,轻揉每个地方,感觉痛的地方可多揉。中医认为疼痛可能是反射区的经脉有淤结,古书说"百病皆起于淤",多按压痛点能使淤结处冲散,促进身体代谢循环。

上述两种,属于手部按摩,简单易学,人人能做,很适合平时保健。但是,不论自己按或别人帮忙按摩,都不能过度用力,以免因疼痛导致全身紧绷,长久下来反而气血不通畅,甚至局部部位僵硬,造成肌肉纤维化。另外,按摩结束以后不要用冷水洗手,以免因毛细血管张大后,寒气乘虚而入。按摩过程中也可以适量喝点常温水,以帮助气血活化。

(3) 左右高甩法。具体步骤为:①两脚平行与肩同宽,站稳地面。②吸气,往左转腰,两手同步甩高。③吐气,两手下甩,往右转腰,两手甩高吸气。如此左右交替来回甩,每次甩 10 分钟。在你精神不佳时练左右高甩,也能在短时间内甩走瞌睡虫,让心情轻松愉快。

俗话说:"心专才能绣得花,心静才能织得麻。"只有集中注意力,才能提高上课效率。

40 成功的神奇之钥
——学习专心致志

> 注意是一扇门，凡是从外界进入心灵的东西，都要通过它。
>
> ——乌申斯基

小英是初一的学生，她上课总是心不在焉，不是随便说话，就是做小动作。在家做作业也是漫不经心的，边做边玩，结果差错不少，学习成绩可想而知。如何克服上课、做作业常走神的坏习惯？这是小英和家长急于寻求的答案。

同一班级中，有的学生听课专心致志，从不受任何干扰，认认真真学好各门功课。有的学生则相反，常走神，思想开小差。一个人在注意上的特点，往往与他们心理成熟和心理发展水平是密切相关的。

随着年龄的增长，意志力的提高，大部分人能够通过自身的毅力排除来自内外的干扰，从而将注意力集中。但为什么有些学生往往注意力无法集中，甚至出现注意力障碍呢？原因是比较复杂的，许多较严重的心理障碍都能引起注意力障碍。对于学生而言，主要原因有如下几点：

（1）学习负担太重，心理压力过大，高度紧张和焦虑；

（2）对所学科目的目的、意义认识不足；

（3）不善于集中自己的注意力；

（4）内外环境的干扰；

（5）家长教养方式不当。

中小学生注意力不集中，较为普遍的原因是学生对某些学科不感兴趣，甚至厌恶这门学科或这门课的老师。也有的因睡眠不足，大脑得不到充分休息，出现注意力涣散。

当今社会，"专注决定孩子做事的能力"。专注确实是一种高贵品质。我们只有学会集中注意力，才能打开自己的智慧之窗，让知识的阳光照射进来。

注意是心理活动对一定事物的指向与集中，注意是儿童青少年进行智力活动的基本条件。如果没有注意，那么我们就会视而不见，听而不闻。我国古代思想家、教育家荀子说："心不使焉，则黑白在前目不见，擂鼓在侧耳不闻。"一旦离开注意，我们的认识过程就无法进行。注意的功能诚如苏联教育家乌申斯基所说，注意是"一扇门，凡是从外界进入心灵的东西，都要通过它"。当然，门开得越大，学习的东西越多。一旦注意力涣散，难以集中，心灵的门户就关闭了，一切有用的知识信息就无法进入。

现代认知心理学研究认为注意有三种相互联系的功能：一是选择功能，二是保持功能，三是调节功能。由此，良好的注意力可提高我们的工作、学习效率。法国生物学家乔治·居维叶说："天才，首先是注意力。"据对一些天才儿童的研究，其中有一个很突出的个性特点，就是注意力集中保持的时间长，这种长久的专心致志是成才极重要的因素。

当今世界首富比尔·盖茨，1955 年 10 月出生于美国的西雅图市，他先后就读于里奇景小学和湖滨中学。全力专注于某事的天赋在比尔身上表现十分突出。

1968 年秋，正读中学的比尔·盖茨第一次接触计算机，他就开始疯狂地痴迷上计算机。他们老师所知道的所有计算机知识，比尔·盖茨一星期时间就超过了。

聪明好学的比尔·盖茨总是不断地寻找甚至创造机会去上机编程序。常常是一边吃着面包，一边忙着编程工作。为了一个问题的困扰，费尽心机苦苦思索。在他的房间里到处都是成卷成叠的电传纸和计算机纸。在哈佛大学里，比尔·盖茨以极大的精力投入到计算机中，为了赶一个程序，他一干就是 36 个小时以上。有时太投入，以致他熟睡时，梦中还想着计算机的事。

目标专一，坚持不懈，倾斜的手掌也能飞翔。你听说过吗？

1889 年一位叫西科斯基的男婴在俄国基辅降生。年仅 4 岁的西科斯基独自在火炉边玩耍时，双手被滚烫的开水严重烫伤，那一双向一边倾斜的手掌，成了他羞于见人的耻辱。此后，西科斯基变得脆弱自卑。

一天，西科斯基的母亲买了一个中国制造的竹蜻蜓，高兴地带回家送给儿子。西科斯基双手用力搓着竹蜻蜓的尾巴，随着它的翅膀飞速旋转，竹蜻蜓嗡嗡作响地飞了起来——追赶着飞舞的竹蜻蜓，西科斯基终于开心地笑了。

母亲搂住西科斯基，鼓励他说："你看，竹蜻蜓的翅膀多像你的双手啊，也向一边倾斜，但是它照样飞了起来，飞得那么欢快！"西科斯基将竹蜻蜓拿在手上仔细观察，心想，竹蜻蜓能够用倾斜的翅膀飞翔，他为什么不能用那双倾斜的手，也高高飞翔呢？

从此，西科斯基迷上了飞翔事业，要亲手制造这种"会飞的机器"。1909年，他开始研制直升机。

这个梦想，持续了整整 30 年。

1939 年 9 月 14 日，西科斯基爬进了一架崭新的直升机座舱，轻松升空。经过反复试飞，该机具有良好的操纵性能，已经具备现代直升机的基本特点。世界上第一架真正的直升机诞生，他成为世界上第一架实用直升机的发明者！

但他并没有止步于此。西科斯基又解决了直升机在空中打转的毛病，终于使直升机趋向完美。戈尔·伊万诺维奇·西科斯基，成为世界著名飞机设计师及航空制造创造人之一。

只要心中有梦，坚持向着一个方向飞翔，即使命运只给了你一双倾斜的手，那双手也能成长为最有力量的翅膀。你说呢？

以上两个小故事，告诉我们一个极为深刻的道理：专注是成功的神奇之钥。只有牢牢抓住它，我们才会走向成功。

41 让注意为我们导航

——培养专注力

天才，首先是注意力。

——乔治·居维叶

爱迪生说："一心向着自己目标前进的人，整个世界都会为他让路。"可见专注力对于我们每个人的成功起着极为重要的作用，我们要培养专注力，首先就必须充分肯定专注力在我们成长过程中不可替代的重要性。

1. 让注意为我们领航、护航

比尔·盖茨的童年给我们深刻的启示，一个人的成功离不开对学业和事业的专注。古今中外凡有成就的人，对自己所从事的学习或专业常常是专心致志，甚至到了痴迷的程度。

曾创建哥德巴赫猜想研究的里程碑，被誉为摘下数学王冠上一颗明珠的数学家陈景润，废寝忘食地钻研数学难题。有一次因走路看书撞在一棵树上，竟不知撞了谁人，而连连道歉。昆虫学家法布尔观察昆虫习性，从早到晚俯伏在一块大石头旁看蚂蚁搬家，农妇们迷惑不解，称他是笨人。

我们要充分认识到注意力的培养对我们成长的重要作用，才能提高培养自身专注力的积极性、主动性、自觉性。

2. 激发自我提高内驱力，调整志向水平

许多心理学家指出，动机在学习中是很有效能的一个因素，如果学生缺少良好的学习动机，势必造成他在学习过程中难以具有高度集中的注意力，稳定愉快的情绪和优秀的意志品质，这就给完成学习任务带来一定的困难。

自我提高的内驱力是成就动机中具有决定性的部分。自我提高的动机既是学生在学习期间力图用学业成绩来取得名次或等第的一种手段,又是他们在未来的学术生活或职业生活中谋求作出贡献、取得成就的一种手段。

我们在学习、生活中如何提高效能?美国效益专家提出一个金点子:每天都做重要的事。值得我们参考。

美国伯利恒钢铁公司,曾经只是一个鲜为人知的小钢铁厂,短短 5 年的时间,便一跃成为世界上最大的独立钢铁厂。

那么,是什么魔力促使了伯利恒钢铁公司超常规的发展呢?这全得益于美国效益专家艾维·李的一个金点子,他对公司总裁舒瓦普说:"在一张纸片上写下你明天要做的最重要的事,然后用数字标明每件事对你和你公司重要性的次序。第二天早上,你首先要做的,就是把纸片拿出来,做第一项最重要的事,不要做其他的,全力办第一件事,直至办完为止。然后用同样的方法对待第二项,第三项,直到你下班为止。如果只做完第一件事,那不要紧,因为你总是在做最重要的事!"

当你还在为小事斤斤计较、患得患失、烦恼不已时,是不是该提醒提醒自己:每天都做重要的事。因为人的时间和精力是有限的,过分在小事上劳心费神,就会荒废了大事,从而荒废了整个人生。

志向水平是指一个人在已有经验的基础上,对自己的奋斗目标所持有的较稳定的抱负与期望。我们为了学习上的进步、成就,适当地激励自己提出一定的奋斗目标,这是必要的,但每个人要实事求是地提出相应的志向水平,"跳一跳,摘桃子!"这样我们就会提高自觉性,加强责任感,集中注意力,克服学习上的坏毛病。

3. 培养学习兴趣,提高专注力

注意和兴趣是孪生姐妹,有了浓厚的兴趣,才能在大脑皮层上形成兴奋中心,使注意力高度集中。

兴趣和成功关系密切,兴趣对成才的影响和作用是不可低估的,大量事实都充分地证实了这一点。

丁肇中博士,诺贝尔奖得主,是举世闻名的科学家。他的治学观点就是:兴趣重于天才。他 12 岁前,甚至还没上过学,他的父母只是给他讲那些伟大的科学家,如爱因斯坦、牛顿等的故事,使他对科学产生了兴趣。他成功了,目前他正带领着600多名世界各地的科学家进行一项试图揭开宇宙构造之谜的宏大试验。他告诫人们:"兴趣比天才更重要。"

美国有一个被誉为"美国文坛小巨人"的10岁的孩子邹奇奇。邹奇奇成名的时候只有8岁,她出版的故事集《飞扬的手指》轰动全美。这本296页的童话书甚至被亚马逊网站作为五星级的作品推荐。这个聪明的小姑娘立即引起媒体高度关注,她飞到伦敦推广新书;应邀在纽约的大学里演讲;上过美国著名"脱口秀"主持人奥普拉主持的"奥普拉秀";还在美国广播公司的"早安美国"一个小时的现场直播节目中,当场用计算机写出上万字的文章,让主持人迪安·索耶尔赞叹不已,连称她是美国"文坛小巨人"……

邹奇奇成功的秘诀是什么? 其实,答案很简单,就是一个词——兴趣。

现在,奇奇生活的每一天都是从写作开始的。早晨起床之后,穿上衣服,跟妈妈打声招呼,然后就去书房,把自己的计算机打开,创作她的小说。

奇奇的成功,再一次证明"兴趣比天才更重要"。

4. 排除干扰,培养良好的习惯

养成良好的生活习惯和学习习惯也是培养注意力的一个重要方面。

培养良好习惯,要学会和干扰作斗争。初中和高中的学习内容比较抽象,学习过程也比较单调,往往不能直接引起学生的兴趣。因此,在维持注意的过程中,常常要付出一定的意志代价。要求我们自觉克服来自自身和外界的干扰。如要停止无关的活动,不要一边做作业一边吃零食。如要创设安静合适的学习环境,"拿开"一切与当前学习无关的物品。遵循"眼不见心不乱"的原则,把需要你集中注意力的事物之外的一切东西都挪到视线之外,这样传入大脑的信息就相对集中,注意力自然而然会集中到应注意的事物上来了。

培养良好的行为习惯,对我们是至关重要的。朋友,别忘了!

42 天下大事，必作于细
——从马虎故事谈起

小事成就大事，细节成就完美。

——戴维·帕卡德

相传宋代有一位画家，擅长画虎。有一次，画家刚画一只虎头，就有人请他画马，他在虎头后面画了匹马的身子。别人问是马，还是虎？画家回答说："管它叫什么，马马虎虎吧！"后来画家的两个儿子受《马虎图》的影响，去野外打猎，遇见虎和马，视虎为马，视马为虎，结果双双死于马蹄下、虎口中。于是人们把画家称之为马虎先生。从此人们便把办事不认真、粗心大意的人称为马虎先生。

初二的学生小刚，聪明好学，反应敏捷，小刚理解能力比较强，往往对老师课上讲的知识接受比较快，用他的话讲，就是"一听就懂"。但在练习作业时常常"一做就错"，不是公式写错，就是出现不该错的错误，如"10－5＝15"。英语练习常出现错写、漏写字母，将句式要求看错。更可气的是在重要考试时，出现类似的差错，有时有的科目痛失十几分，大家都为小刚可惜。

现在小刚这样粗枝大叶，以后中考、高考能行吗？小刚粗心的毛病可以纠正吗？小刚爸爸带着一系列问题和小刚一起走进了心理咨询室。

现在中小学生粗心的现象很普遍。如语文学习中将形近字混写、混认，数学解题时常将符号写错、计算失误，考试时看错题目或者答串题，结果影响学业成绩，带来很大的损失。老师感到可惜，家长为此心痛、烦恼。孩子自己也十分懊恼、烦躁。

粗心是指自己理解且会做的事情,由于不仔细而出现的差错。值得注意的是,如果粗心马虎形成习惯,根深蒂固,作为一种性格缺陷,其危害是极大的。如在毕业、升学等重大考试中,由于粗心,学习成绩深受影响,痛失良机,不能升入理想的高一级学校。如果由学习马虎,发展到无论做什么事都是这样,成年走上工作岗位后,陋习难改,其结果必然会给集体、国家造成一定的损失,自己也会得到相应的惩罚,这是谁都不愿意看到的结果。

一个有责任感的人,往往在学习、工作中表现出极大的热忱,精益求精,出色地表现自己,获得成功。

为什么我们容易出现粗心大意呢?有的学者将学生的粗心分为两种类型,这对我们分析产生粗心的原因提供了一定的依据。

一般来讲,学生的粗心可分为真性粗心和假性粗心两种类型。真性粗心是指学生本来已经理解和掌握的知识,对于其中的有关问题完全能够解决,但由于做时不仔细,马虎大意从而造成错误。假性粗心是指对某些问题,从表现上来看已经理解和明白,但真正做起来却感到困难,做不完全和做不准确。这种粗心实际上不是粗心,而对问题没有真正理解,或者是一知半解,似懂非懂。而学生知道,老师和家长对孩子所说的粗心造成的错误比孩子说不会的理由更容易宽恕,于是就用粗心的理由回答老师和家长。

我们出现粗心大意的主要原因,有以下几个方面:

1. 人的气质类型所产生的影响

气质就是通常所讲的"性情"、"脾气"。

人的气质特征制约着人的心理活动方式。在儿童早期活动中就表现出来了,并较为稳定。年龄越小的孩子,气质对心理活动方式的制约作用越大。但在环境和教育影响下也会发生一定的变化。

一般而言,多血质的人活泼、好动、敏感、反应迅速、注意容易转移、兴趣容易变换。如注意差别在出生后就有所表现,气质属于多血质的孩子比较灵活,学习中接受能力强、反应快,但是他们情绪不稳,满足于一知半解,注意力不集中,容易分心,常常出现粗心的错误。

胆汁质的人直率、热情、精力旺盛,但情绪易冲动,心境变换剧烈。气质属于胆汁质的学生学习精力充沛、性情比较急躁,易冲动,缺少耐心和细心,急于求成,遇事缺少冷静分析、也容易出现丢三落四的毛病。

现实生活中,纯属于一种气质类型的人很少见,多数人是以某一种类型为主兼有其他类型的特点或同时具有两种以上类型特点的混合型。

2. 缺少学习责任心,注意力分散

有的同学出现粗心马虎的毛病,主要原因在于缺少良好的学习动机及应有的责任感。造成他无论上课还是作业、复习都容易受外界刺激的干扰。如上课听不进,作业或复习时一心两用,甚至一心三用。长久以往,学习不专心,注意力分散成为习惯,出现差错是必然的。

有些粗心的学生缺少学习责任心,最明显的表现是在考试时,往往在一些比较容易的问题上出差错,而对有些较难的问题反而做得很好。为什么这样反常? 这和学生持有不同的心态是有关的。对较难的问题心理上比较重视,大脑皮层形成较强烈的兴奋灶,结果做得很出色。相反对比较简单的问题,心理上不重视,缺少认真审题和思考,结果不该错的地方都出现差错。诚如古人云:"泾溪石险人意慎,终岁不闻倾覆人。却是平流无石处,时时闻说有沉沦。"

3. 基本知识技能不熟练

有的学生作业或考试中常出现差错,表面上看是粗心所致,如有的人提及某学科某些方面的知识,似乎都懂,但一做题就出现差错。有的可能不属粗心所造成的,而是对具体学科的基本概念、原理、公式等知识的基本结构没有真正理解,对各学科最主要、常用的技能,语文、外语的阅读,写作技能、数学的运算技能等没有真正掌握。如果学生缺少应有的基础知识的掌握及基本技能的训练,在其学习的过程中就会常出差错,影响学习成绩。

4. 橡皮"擦出"的粗心

时下,经常有家长反映:有的孩子将好端端的橡皮用小刀切成一小块一小块;不少小学生还喜欢不停地用橡皮擦,直到将作业本擦破为止;还有的孩子离开橡皮就无法做作业。上述表现就是目前小学低年级学生中较为普遍的不良心理行为——"橡皮综合征"。

调查表明:当前 30% 以上的小学低年级学生患有不同程度的"橡皮综合征"。"橡皮综合征"并不是一种病,而是独生子女的不良行为。患有"橡皮综合征"的孩子,往往精力过剩,做事不专心,经常写错别字,需要多次用橡皮擦掉重

写。久而久之，便形成了一种顽固的坏习惯。

5. 粗心是一种不良习惯

有的学生对学习缺乏热情，用心不专，学习计划性差，常跟着感觉走，整个学习过程比较消极被动。作业粗心马虎、残缺不全的种种表现，往往和他平时生活懒散、杂乱无章、得过且过的不良习惯密切相关。以至于学习环境也是乱糟糟的，学习用品和生活用品乱放，造成想要的找不到，不用的随处可见。一旦坐下来想学习，但又为四处翻找所需学习用品而心烦意乱。学生不良的生活习惯都会直接或间接地造成不良学习习惯的形成，生活上的得过且过、杂乱无序，必然导致学习上的马马虎虎、敷衍了事。

另外，也有学者提出，粗心反映了思维的不连续性和要求休息的惰性。有时人在思维"疲劳"时，也容易产生思维不连贯，产生错漏的地方。这种观点，也为我们分析粗心产生的原因提出了一个新的视点，对开拓思路颇有启发。

本杰明·富兰克林说："假如春天忘了播种，夏天又蒙混过去，到了秋天才想努力赶上，翻土、播种、浇水、灌溉，但你能预期一夜之间就满园丰收吗？"你说呢？我们可不能忘了春天播种！

43 粗心，不是挡箭牌

——告别粗心

好好学习最重要。

——比尔·盖茨

古人提倡："天下大事，必作于细；天下难事，必成于易。"告诫后人：无论做人做事，都要注重细节，从小事做起。

"泰山不拒细壤，故能成其高；江海不择细流，故能就其深。"在中国，想做成大事的人很多，但愿意把小事做细的人很少；我们不缺少雄韬伟略的战略家，缺少的是精益求精的执行者；决不缺少各类管理规章制度，缺少的是对规章条款不折不扣地执行，我们必须提倡注重细节、把小事做细。

粗心作为一种性格缺陷，可以影响学生整个智力活动的效果，影响学习质量和学习成绩，有碍于学生的身心发展。由此，我们要从小克服粗心大意的毛病。笔者认为，可根据实际情况，从以下几个方面着手：

1. 培养对学习充满热忱，不断增强责任感

有关调查和研究表明，学习上的粗心大意，大多数发生在学习成绩不良的学生身上。这些学生学习上没有明确的学习目的，更没有强烈的学习欲望，甚至对学习无兴趣、厌学。粗心大意无疑常和他对学习缺少热情、用心不专相关。培养对学习的热忱，增强责任感，是克服粗心大意毛病的重要前提。

热忱和立志、兴趣是紧密联系的。古人云："志不立，天下无可成之事。"由此，我们可根据自己的智力、兴趣、特长、气质等主观条件，立足于 21 世纪社会发展对人才的要求，确立志向和抱负。只有从小就学会以最大的热情投身到自

己所追求的目标中去，懂得如何认真、正确地做好身边事，才能在未来的社会生活中，为实现自我价值作出最大的努力。

世界首富比尔·盖茨网上发出忠告："好好学习最重要。"我们以一种特有的责任感，满腔的热忱战胜自己，克服自身粗心的弱点，深信会走向成功的。因为"若你能保有一颗热忱之心，那是会给你带来奇迹的"（拿破仑·希尔语）。

2. 重视基本知识、技能的学习和训练

学生常在学习中粗心出差错，实际上反映了他们对基本知识没有真正掌握，基本技能缺少应有的训练。

对学习中的薄弱环节要集中时间进行补课，强化训练。大量地连续地运算，让脑、眼、手在运算中逐渐灵活起来，熟必能生巧。据说，我国著名数学家杨乐，从小爱数学，高中时花了大量时间，读了许多中外数学书籍，演算了一万多道数学题。在北京大学学习时，和张广厚一起每天坚持演算 12 小时，苦练基本功。这种锲而不舍的精神，值得我们学习。对于文化功底比较差的学生来讲，需要加倍努力弥补自身的不足。古人云："骐骥一跃，不能十步，驽马十驾，功在不舍。"我们可借此为训。

在学习中遇到困难，我们要消除畏惧心理，增强自信心，同时多向教师、同学请教，逐步对所学各科知识的重点、难点及时弄懂、求通、求化。当对基本知识、技能掌握程度有所提高，学习中的粗心及差错就会明显减少。

3. 勇于纠正缺点，培养良好行为习惯

粗心是一种习惯。要克服粗心的毛病，就必须正视现实，勇于全力以赴，纠正自己的缺点。在学习过程中，始终不忘戒除粗心大意的坏习惯。

矫治不良习惯的方法首先是要培养坚持注意和认真细致的好习惯。一方面以顽强意志抑制坏习惯的产生、发展，同时重视良好习惯的培养，就可在大脑皮层通过负诱导机制对原来坏习惯形成的条件反射起破坏作用，其效果比较好，且消耗心理能量比较少。

一个良好的学习习惯是学好知识过程的良性循环。那么常常粗心出差错的孩子就是缺乏专心听讲、书写工整、按时完成作业、认真自觉等良好习惯。因此，要培养他们的良好习惯就要注意从小事做起，持之以恒。诸葛亮说过："勿以善小而不为，勿以恶小而为之。"好习惯的形成必须从点滴小事开始，如上课集中注意力,当堂弄懂,认真笔记。作业要力争做到及时、准确、工整、快速、独立。如果做错、写错题就要及时返工,重做、重写、改正。长期坚持就会"习惯成自然"。

4. 掌握考试技巧,学会调节紧张情绪

心理学家唐森研究指出,当情绪过分紧张或丝毫不紧张时,智力操作效果都是最差的;当情绪在中等强度紧张时,智力操作效率往往是最好的。

学生出现粗心往往和不善于调节自己的紧张情绪有关,比较突出的表现在考试之中。学生不善于调节自己紧张情绪的两种表现:一是有的学生对于比较容易做的考题,放松警觉,常在没有审清题意的情况下急忙做题,结果由于疏漏或遗忘题中的条件而答错题,或者解题时,粗枝大叶,出现不该有的失误,走出考场后悔不已。二是有的学生看到难题,一下子卡住了,特别紧张,心理负担特重,甚至发生思维紊乱,看错题,写错答案,这是由过度紧张造成的粗心。

由上可见,掌握考试技巧,学会调节紧张情绪亦是防止和克服粗心毛病的有效方法。

5. 进行心理训练

有的心理学专家提出青少年认真仔细的品质可以通过心理训练来培养。

心理训练的方法有以下几种:

(1) 辨认错误图形练习。根据给出的正确图形,在许多图形中找出错误图形来,并指出错在何处(正确图形与错误要相似,易混淆,但不能一样)。

(2) 文字、符号校对训练。要求对左右两边的文字、符号进行校对,并连线,如左右不一样,数一数有几处不一样,将错误记下来。

(3) 改病句、错字、错题训练。要注意搜集自己的错误(专门订一个错误本),针对错误,进行改病句、错字、错题训练。

年轻的朋友:我们介绍了一系列克服粗心的办法,你不妨试试看,深信只要你持之以恒,终有一天,会告别粗心大意的!

44 由微软公司的招聘所想起的
——高效考试从审题开始

> 良好的方法能使我们更好地发挥天赋的才能,而拙劣的方法则可能阻碍才能的发挥。
>
> ——贝尔纳

据报道,微软公司在中国要招聘一名总经理助理,广告刊登后,应聘材料像雪片一样飞来。经过认真挑选,50个人有幸被通知笔试。

考试那天,在临时考场——公司会议室里,众考生个个踌躇满志,胸有成竹,都显出志在必得的信心。很快,考试就开始了,考官把试卷发给每一位考生,试卷上题目如下(如果你感兴趣,也不妨试一试):

综合测试题(限时3分钟)

姓名:

(1) 请把试卷认真读完;

(2) 请在试卷的左上角,写上尊姓大名;

(3) 在你的姓名下面写上汉语拼音;

(4) 请写出五种动物的名称;

(5) 写出五种植物的名称;

(6) 请写出五种水果的名称;

(7) 请写出五座中国城市;

(8) 请写出五座外国城市;

(9) 请写出五位中国科学家姓名;

(10) 请写出五位外国科学家姓名;

（11）请列举出五本中国古典名著；

（12）请列举出五本外国文学名著；

（13）请写出五个成语；

（14）请写出五句歇后语；

……

（19）请写出五个"认真"的同义词；

（20）如果你已经看完了题目，请只做第2题。

不少考生匆匆扫了扫试卷，马上就拿起笔，"沙沙沙"地在试卷上写了起来，考场上的空气因紧张而有些凝固。1分钟、2分钟、3分钟，时间很快就到了，除了有两三个人在规定的时间三分钟之内交卷外，其他人都还忙着在试卷上答写。

考官宣布考试结束，未按时交的试卷一律作废时，考场上像炸开了的锅，未交卷的考生纷纷抱怨："时间这么短，题目又那么多，怎么可能按时交卷呢？""对！题目又很偏！"

只见考官面带微笑着说："很遗憾！虽然各位不能进入微软公司的下一轮考试，但不妨把自己手上的试卷带走，做个纪念。再认真看看，或许会对你们今后有所帮助。"说完，他很有礼貌地告辞了。

听完考官的话，不少人拿起手中的试卷继续往下看，才发现其实只需要做第2题。

尽管我们的考试不太可能像微软这种考试一样，绕这么多弯子，耍这么多花样，但如果不注意题目的要求，提起笔就写，类似微软考试中出现的现象，很难说不会在同学们中重演。

考试一定要审好题，审题是考好试的第一步。审题不准，第一步弄错了，就有可能造成"一步错，步步错"的结果。

所以，高效率的解题，必须从审题开始。

45 每次考试都进步1名
——湖人队夺冠给我们的启示

不积跬步,无以至千里;不积小流,无以成江海。

——荀子

春节期间,堂弟请我们一家吃饭。说是吃饭,其实是为了交流子女教育的经验。

他的女儿正在读高二,成绩不错,在全校一千多名学生中排名在200名左右,但她自己并不满意,因为她的梦想是成为复旦学子。

按照以往的经验,考取复旦大学,通常排名要在该校前30名。因此,堂弟认为,这不太现实,建议她降低自己的期望值,想听听我的意见。

我说每个人的潜能都是很大的,只要充分发挥她的潜能,她完全可能实现自己的梦想。我给他讲了一个故事。

相传,古代蒙古人在训练大力士时,他们让小孩子每天抱着出生不久的小牛犊上山吃草,小牛犊不过10多斤重,孩子们完全可以轻松胜任。随着牛犊一天天长大,孩子们的力气也就越来越大。最后,当牛犊长成几百斤的大牛时,孩子们也就练出了力能举鼎的神力!

试想一下,你能轻松举起一头几百斤的大牛吗?古蒙古人却巧妙利用了"循序渐进"的原则,让孩子抱着10多斤的小牛犊上山吃草,孩子是没有任何畏难心理的。小牛犊的体重每天都在增加,他们每天都去抱,似乎也发现不了小牛犊的体重增加,就这样在不知不觉中发挥这些孩子的潜能,训练出世界上最强壮的大力士。如果我们在学习上也能借鉴训练大力士的方法,学习就不应该是一件痛苦的事情,只要每天都有进步,跨进复旦的校门应该没有太大的问题。

听完我的分析,堂弟很高兴,但又提出了另一个问题。他说:"我过去确实忽视了孩子的学习潜能,问题的关键是,怎样才能做到每天都有进步呢?"

于是,我给他们讲了另一个故事。

美国职业篮球联赛开始之初,洛杉矶湖人队面临着许多困难和挑战。教练派特告诉大家:"今年我们只要每人比去年进步1%就好,有没有问题?"

球员们一听:"才1%,太容易了!"于是,在罚球、抢篮板、助攻、抄截、防守一共五方面都各自进步了1%。在后来的比赛中,大部分球员进步还不止5%,有的甚至进步了50%以上。

这一年,湖人队出人意料地获得了冠军,有记者问教练:"你认为湖人队为什么能够轻而易举地夺冠?"

派特微微一笑,说:"我们每个队员在五个方面各自进步1%,总进步就是5%,全队12人也就进步了60%。一支球队一年就能进步60%,你说能不得冠军吗?"

毫无疑问,湖人队的夺冠是球队整体进步的结果,但球队的进步又离不开每名队员的进步。派特的精明之处在于,他将每名队员的进步分解为五项技术,只要在这五项技术上做全员改进,就能提高球队的运动水准。

应该说,派特的做法对于改进我们的学习也是颇具启发意义的。如果我们将高考的总目标分解到每门学科上,提出每门学科的具体目标,就可以一步一个脚印地不断努力,最终实现自己的梦想。

古人说:"做事没计划,盲人骑瞎马。"一个学生如果没有明确的学习目标,也像盲人骑瞎马一样,是十分危险的。我认识这么一个同学,他以全县第51名的成绩考进当地最好的重点中学,但由于贪玩,一年以后变成了全校172名,一年半后更是下降到275名。对此,他的父亲焦急万分,想了无数办法都未能阻止儿子成绩一落千丈的噩运,百般无奈之中才找到了我。于是,我专程去了一趟学校,跟教导主任和班主任进行了认真交流,一致认为他的潜能很大,只要能够端正学习态度,运用行之有效的学习方法,应该可以赶上来。因而,我给他提出了一个再简单不过的要求,就是每门课程每次考试都在全班进步一个名次。所幸的是,非常自负的他竟然听进了我的建议。学习有了目标,学习起来自然就不敢懈怠,最后他走进了南京大学的大门,几乎让所有的老师和同学都瞠目结舌。现在看来,"每次考试都进步1名"或许是一个微不足道的目标,做到这一点并不需要付出太多的努力,但一次次进步累积起来,可能就是一个很大的飞跃。这名同学原本排名第275名,通过这种方法,一年半以后就上升到第50名,这也是我始料未及的。或许,这是一种能够创造奇迹的方法。

最后,我还要提醒大家注意的是,进步确实不易,但退步却轻而易举。对学生而言,退步恐怕可以分为两种类型:一种类型是客观原因引起的,比如说别人进步很快,而你的进步却较慢,所谓"学如逆水行舟,不进则退"就是这个道理;另一种类型是主观原因引起的,比如你明明有好的学习条件,却不想好好学习。《格林童话》中有一个意味深长的故事,说罕斯得到了一块金子,在回家的路上发现一匹马比一块金子要强得多,因为骑马是何等快活的一件事呀,他就用金子换了一匹马。而后罕斯被马摔了一跤,于是,他就用马换了一头奶牛,接下去又用奶牛换了一头猪,用猪换了一只烤鹅,最后用烤鹅换了一块磨刀石。从一块金子换一匹马开始,罕斯就不停地换东西,最后换成了一块值不了多少钱的磨刀石。最可怕的是,罕斯每换一样东西,他都心甘情愿,自得其乐。在学校里,我们也会发现,有的学生在学习上有点退步,就想方设法进行弥补,成绩很快就追了上来。但也有个别同学不以为然,甚至为此而自鸣得意,这些同学的成绩常常会一滑到底。因此,我们最应该提防的就是这种"心甘情愿的退步"。

荀子说过:"不积跬步,无以至千里;不积小流,无以成江海。"每次考试都往前进步1名,看上去微不足道,却需要清醒的头脑和锲而不舍的毅力。无数事实证明,学业有成和碌碌无为的根本差别,并不在于有没有远大志向,而在于能否认准目标坚持不懈,只要每天都有进步,就一定能够积小胜成大胜,化平庸为神奇,实现你的人生梦想!

46 神奇的"调整教育"
——一个中学教师的传奇家教

> 一个埋头脑力劳动的人,如果不经常活动四肢,那是一件极其痛苦的事情。
>
> ——列夫·托尔斯泰

江苏宝应县有位老师叫葛正明,他的儿子在初中就先后荣获江苏省奥林匹克数学和物理竞赛一等奖,中考又以 700 多分的高分被南京最好的中学录取。消息传开,认识葛老师的人纷纷把孩子送给他教育。

葛老师对这些孩子实施的正是他自己发明的"调整教育"。

葛老师的"调教"可谓神奇,他不搞功课的补习和辅导,而是着眼于调整这些孩子的吃、睡、玩,强调"吃好、睡好、玩好",把营养、保健、运动与学习心理的调整、学习习惯的养成结合起来,从而最大限度挖掘孩子的潜能。令人惊奇的是,20 多名孩子经葛老师的调教后,学习成绩提高了 50—100 分。

由于《扬子晚报》《新民晚报》的报道,葛正明的"调教法"风靡一时,引起了不少家长和学校的关注。

调整吃:多吃碱性食品

不少家长认为,现在孩子学习负担很重,身体消耗太大,我们所能做的是把他们的饮食搞好。孩子也认为,自己"起得比鸡早,睡得比狗晚,干得比牛累",多吃点也心安理得。

实际上,这是一个认识误区。

葛老师介绍说:"我有两位熟人的孩子以相同的分数考入高中,三年后高考成绩相差 100 多分,其中一个重要原因是两个孩子饮食差别很大。高三下学期,条件比较好的家庭专门为孩子请了保姆做饭,每天一桌非常丰富的高脂肪、高蛋白、高热量饮食,导致孩子体内的血液呈酸性,影响了记忆力。而另外一个孩子的家长采纳我的建议,一日三餐合理搭配,以碱性食品为主,每顿饭不吃太饱,结果他的孩子成绩要好很多。"

葛老师还举例说,有一位孩子的成绩总是全班倒数。被家长送到他家的时候,他观察孩子吃饭,别人还没动筷子,这孩子面前已堆了一堆鸡骨头。吃完饭一会儿就开始打瞌睡。葛老师看出孩子的饮食问题,便限制他吃大鱼大肉和油性食品,多吃豆制品、海产品、乳制品以及蔬菜、水果,吃完饭还要活动一会儿。每天在规定时间内完成作业。经过四个月的"调教",孩子从全班第56名上升到24名,学校还给他发了"特别进步奖"。

每年中高考,菜场最繁忙,家长总是尽可能给孩子大包小包地买那些最补、最贵、最好吃的菜,结果事与愿违,因为难以消化的食物吃多了,就加重了孩子的肠胃负担,造成孩子大脑供血不足,连大脑的正常功能都发挥不出来。

从营养学的角度看,酸性食物和碱性食物的合理搭配是身体健康的保障。酸性的食物有鱼类、肉类、蛋类、植物油、碳水化合物(大米、面粉)、油炸食物或奶油类、花生等;碱性食物有水果、新鲜蔬菜、发过芽的谷类、豆类、豆浆、牛奶、海藻类等。大鱼大肉吃多了,血液往往会呈酸性,情绪上表现为敏感、焦虑,睡眠质量差,注意力不易集中,容易感到疲劳,易患头疼、胃病等。但人体血液呈碱性时,记忆力处于最佳状态。也就是说,多吃水果少吃肉有助于头脑清醒。

食物本无好坏之分,我们吃的任何食物都有优缺点,关键是一个量的问题。不能简单地认定某类食物是好还是坏,应该通过酸性食物和碱性食物的合理搭配,做到酸碱平衡。当人体达到酸碱平衡时,身体就会处于最佳状态,学习才能达到最好的效果。

调整睡:要让孩子睡足

近年来,"睡眠剥夺"一词引起了人们的广泛注意。所谓"睡眠剥夺",就是减少受试的睡眠时间。严重的"睡眠剥夺"会引发受试的不良情绪,学习记忆受损、思维紊乱、疲劳乃至免疫力下降。

我曾看到上海市社科院青少所公布的一项关于中国、日本和韩国三国高中生健康状况的调查报告,结果显示,中国高中生在三国同龄人中体质相对较差,平均每天睡眠不到 6 小时的中国高中生的比例高达 30%。这就证明，我国有不少的高中生存在着严重的"睡眠剥夺"问题。在竞争激烈的现实生活中，老师、家长为了让学生取得好成绩，普遍用减少睡眠时间来应对繁重的学习负担，结果却严重损害了儿童的注意力、记忆力、理解力和创造力。

有年寒假，一位家长将自己的孩子送到葛老师家里。由于长期熬夜，这名孩子两眼布满了血丝。在不少县城，很多中学生都是早上 7 点上课，晚上自习到 10 点才能回家，做完作业都过午夜 12 点了，平均睡眠只有 6 小时。葛老师对那位家长说，先让孩子睡觉，等睡醒了再辅导。结果孩子一倒头睡了 13 个小时。葛老师的不少家教学生调整作息时间后，学习效率都有了很大提高。

葛老师的"调教法"告诉我们，如果以牺牲正常睡眠时间的方式来换取学习时间，牺牲的将是学生的身体健康和学习效率，最终必将得不偿失。

调整运动：放学后打球、跑步

国家规定，每个学生每天要有一小时的体育活动时间。实际情况如何呢？

国家体育总局曾对全国学生参加课外体育活动现状进行过调查，结果表明，双休日从不参加体育活动的学生比例，小学生为 15%、中学生为 27%、大学生为 32%；星期一至星期五从不参加课外体育活动的学生比例，小学生为 13%、中学生为 25%、大学生为 23%；所有日子从不参加课外体育活动的学生比例，小学生为 9%、中学生为 17%、大学生为 18%。因而，无论是中小学生，还是大学生，体育锻炼的强度和时间都明显不足，迫切需要提高。

尽管如此，还是有不少家长不希望自己的孩子参加体育锻炼。葛老师说，大多数家长看到孩子坐在书桌前就高兴，但是久坐不一定对学习就有帮助。长时间静坐，大量血液向腹腔、内脏、下肢聚集，造成大脑供氧不足，人容易产生疲劳感，反应迟钝，导致记忆力下降。他辅导的孩子每天都要搞体育运动，或跑步，或打球。有的家长一看就不乐意了：孩子成绩不好，不多做试题，却带他们玩，不是开玩笑吗？于是，就把孩子领回去了。但留下来坚持锻炼的孩子，学习思路却越来越清晰，学习效率明显提高，成绩也有了很大进步。

列夫·托尔斯泰说过："一个埋头脑力劳动的人，如果不经常活动四肢，那是一件极其痛苦的事情。"如果你还整日埋头于功课，请你暂时离开教室和书房，到室外去散散步、打打球、踢踢毽子，呼吸呼吸新鲜空气，生命在于运动，你一定会在锻炼中享受到生活乐趣,缓解大脑疲劳,提高大脑效率。

　　总之,在葛老师的"调教法"中,"调"是大刀阔斧的,"教"并没有根本的变化,但如果没有对这些孩子吃、睡、玩的调整,就没有他们学习潜能最大限度的挖掘。因而,"调"是核心,"教"是结果,他主要是通过"调"的方法来提升"教"的成效。这就是葛老师"调教法"的奥秘之所在。

47 请不要为打碎的油瓶操心

——考完不要立刻对答案

> 请不要为打碎的油瓶操心，洒了就洒了，又拣不起来，我还得赶路呢。
>
> ——阿凡提

小于是一个非常聪明的男生，平时考试都在年级前十名。去年参加中考，第一门是数学，题目出得有点难，特别是最后一题需要脑筋转个弯，他没有太大的把握，出了考场，就跟同学对答案，发现自己确实做错了。第二门是语文，他考完又与同学讨论，发现两个很常用的字没有写对，心里一着急，结果这次中考就考砸了，重点中学没有考上。

为什么小于平时成绩优秀，大考却发挥失常呢？

原因就在于考完以后对答案，发现第一门考得不好，就开始暗暗地担心，生怕后面也考不好。但他发现第二门也考得不好的时候，便开始焦虑，慢慢地对自我失去信心。因此，小于中考失常，并非学习态度问题，也不是平时的基础问题，而是考试方法问题。

我曾经听过阿凡提的一个故事。

有一次，阿凡提到街上去买油，回来的路上，不小心碰到了路边的一块石头，油瓶给砸坏了。路边的人看见了，对他说："你的油洒了。"他骑着毛驴径直往前走，头也不回，好像没有听见一样。

说话的人见他这样，很纳闷，就赶上前问："说你的油洒了，难道你没听见吗？"

阿凡提说："不要为打碎的油瓶操心，洒了就洒了，又拣不起来，我还得赶路呢。"

　　阿凡提给我们上了生动的一课。"不要为打碎的油瓶操心"包含了一条深刻的哲理,油已经淌光了,无论你怎样后悔,都无法挽回。我们现在能做到的就是把它忘掉,然后做好下一件事。过去的已经过去,历史不能改写,为过去叹气,为过去惋惜,为过去懊恼,除了让你劳心费神以外,还能有什么好处呢?

　　浙江高考状元楼坚同学说:"高考时,我第一门语文考下来,觉得作文有点跑题,没敢多想,笑眯眯地走出考场,老师问:'考得不错吧!''不错,不错。'"他就这样自己"骗"自己,结果越考水平发挥得越好。

　　所以,考完任何一门课程,千万不要立刻对答案!

48 学习的"检修站"
——学习总结

学习的实际经验表明，做好学习小结有诸多好处，这正像我们堆放麻绳，如果不定期清理，它就容易乱结在一起，如果经常顺一顺，理一理，找起来就方便，用起来就顺当，学习功课也是这样。

——黎世法

F1比赛中，我们看到飞驰的赛车常常会到维修站检修、换零部件，这种检修保证了车手能取得好成绩。我们的学习也是这样，当我们朝着预定目标前进时，就必须经常到"检修站"检修检修，看看有没有什么"部件"磨损了，要不要更换。这个"检修站"就是总结。经过不断总结，学习之车就会载着我们到达预定的目标，取得应有的成绩。

有一个同学，原来成绩平平，在班上66名同学中，曾经排名41名，由于学习用总结方法，解决了不少实际问题，成绩上升为班级第9名。她说："在一周的学习中，我把自身存在的缺点或是学习方法需要改进的地方都记在每周小结中，平时按上面所提醒的去做。举个例子，在一周语文课上，发现自己发言次数越来越少，似乎有些怕举手，而且思维也不很积极，我就在周结中记上：上周课发言不踊跃。总结出这方面的缺点，经常提醒自己，这样不仅对自己是一种促动，而且明确了自己存在着什么问题需要解决。"

总结是把某阶段学习情况加以分析研究的过程，它是学习过程中一个重要环节。总结的最大作用在于能帮助我们及时发现学习过程中出现的问题，并针对这些问题采取适当措施加以解决，以便更好地进行下一阶段学习。

阶段性总结可以分为课后总结、一日总结、一周总结等。

所谓课后总结，顾名思义就是每堂课后，尤其新授课后，对本课所学内容进行的巩固。这种总结尤为适合理科,当老师课上通过例题讲析概念时,同学们往往因为内容"新"而容易记,但也由于"新"容易忘。一位姓钱的同学这么说:"课后立即总结,即利用课间10分钟的时间,散步走走的时候,大略地回忆一下这堂课老师讲了什么内容,有什么难点,需要注意什么,以便让知识在自己脑子里留下较深刻的印象。"

一日总结,即当晚把一天所学的各科知识回顾一下,看看有没有什么问题未弄明白,自己能不能解决,如不能解决则记下来,第二天请教老师。这种总结最大作用就在于发现问题及时,解决问题也及时,对知识的掌握不会有缺失。

有些同学每周总结一下,写在周记本上,把一周以来校内外学习、生活作一个较为系统的分析总结,找出其共性的问题,在下一周学习中,有针对性地加以解决。这种总结的方法称为"周结",它可与一周计划同时运用,并写在专门的本子上,随时对照。

除以上阶段性总结外,还可以一月总结、期中总结等,不过,时间间隔过长,则要总结的问题也就比较多,解决起来就不容易,效果也就不太好了。

除了阶段性总结,还有一些同学非常注重专题总结(包括单科总结、错题总结和考试总结)。

有些同学喜欢做单科总结。这种总结好处在于针对性强,有利于在学习上建立"制高点"——让一门功课先好起来,以树立信心,来带动其他功课成绩的提高。

还有些同学喜欢做错题总结。学习过程中,难免做错题,如果一错再错,听之任之,无疑会使学习更加困难,所以对错题进行总结是很必要的。通过总结,可分析造成出错的原因,归纳出错题类型,以免同类错误再犯。错题总结应注明原来错误的答案、思维错误的原因以及推及到其他题目中的注意点,必要时可写一些自己的见解。

考试是学习过程中的最后一个环节,凡是学习领先的同学都善于做考试总结。通常每次考试后,同学们都要订正错题,但回回总结,次次不见效。其实,各人情况不同,考试结果也不同,考得好与不好的原因也不同,有人是复习问题,有人是考试心理问题,也有人可能是考试方法问题,比如不仔细审题。各人应根据实际情况采用适当方法进行分析总结,才有针对性。

有的同学采用图表法进行总结,请看例图:

图1是一份期中语文试卷分析曲线图,通过分析,各题失分情况非常清楚,自己在哪些方面存在问题也一目了然。

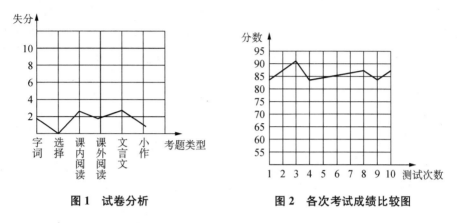

图1 试卷分析　　　　　**图2 各次考试成绩比较图**

通过图2曲线分析,每次成绩情况一目了然,这样就清楚反映了自己对知识掌握情况。

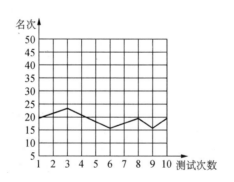

图3 各次考试班级名次图

而图3的曲线清楚地表明了自己在班级处于什么位置,也为自己提供了努力的动力。

值得注意的是我们在总结中要注重实际,能解决具体问题,不能把总结当作写"检查",存在问题要总结,取得成绩同样也要总结。既要对自己的缺点进行总结,也要实事求是地指出自己的优点。这样对自己才有一个较全面的正确的认识。

如果你是一个爱学习的学生,就经常"检修"你的学习之车吧!

49 拐弯的地方就是太阳
——善待学业暂时落后

> 对于那些表现杰出的同学，我要说，你真棒！对于那些丙等生，我要说，你们将来也可以成为美国总统。
>
> ——乔治·沃克·布什

陶行知先生说："你这糊涂先生！你的教鞭下有瓦特，你的冷眼里有牛顿，你的讥笑中有爱迪生。你别忙着把他们赶跑。你不要等到坐火轮、点电灯、学微积分，才认他们是你当年的学生。"这就告诉了我们一个真理，世上没有坏孩子，每个孩子都有天赋。

1. "留级生"黄永玉

他从小学习成绩不好，据说，小学到初中，曾留级五次。

他喜欢上了涂鸦，喜欢上木刻，雕塑，还有读他喜爱的书。他初中也没有读完，15岁就有一幅《下场》发表在《大众木刻》上，也成了一颗"快乐丸子"，他到哪里快乐就到哪里。他叫黄永玉，后来，无论是木刻、绘画还是雕塑都成了名家，还成了中央美院教授。有人说他的画要卖到每平方尺6万元，但他自己说，我是文学第一、雕塑第二、木刻第三、绘画第四。毫无疑问，文学也是家。

2. "背榜生"苏步青

数学家苏步青说，读小学时我是很调皮的。有一天老师当众宣布了一条"禁令"：不准苏步青出校门！学习不用心，哪里有好成绩？那学期，我得了"背榜"，也就是全班最后一名。第二学期，又得了"背榜"。第三学期，"背榜"依然与我结伴。

五年级下学期，小学里新来了陈玉峰老师。陈老师对我进行了耐心的教育,他给我讲了牛顿小时候的故事。我心里非常激动,奋发向上的信心一下子增强了许多,此后学习有所长进。后来我的作业本上,"优"越来越多。三个学期都考了"头榜",再也没有人看不起我了。这一切使我对陈老师更加崇敬,他的一席话,可以说是我人生的一个转折点。1931年,我在日本获得理学博士学位后回乡探亲。

我对着周围的人说:"没有恩师当年教诲,学生不敢奢望有今日。"临走时,我特地雇了一乘轿子,请陈老师上轿,自己跟在后面,步行30里地,把老师送回家去。

3. 不可用分数一把尺子衡量学生

每个孩子都是一座冰山,看见的只是浮着的八分之一,其余沉着的都是潜在的能耐。

在中小学,我们可经常发现被称为"差生"的学生,由于在学习上的经常失败,成绩比较差,常受到老师的批评、家长的责骂、同学的冷落,使他们逐渐丧失了自尊心、自信心。长此以往,他们自身的价值遭到了否定,甚至丧失了对生活应有的信念。

从心理学角度分析,我们决不可简单地以学生的学业成绩高低评判学生智力发展水平,更不能以分数一把尺子来衡量学生的才能。

人的智力和人的面貌、个性、性格一样是有个别差异的。这些差异主要表现在智力水平、智力类型和智力表现迟早三个方面。

(1) 智力水平的差异。日常生活中可以看到,有的人聪明一些,有的人比较一般,有的人反应迟钝一些。心理学家可用智力测验进行智力测定,用智商表示智力水平。

$$智商 = \frac{心理年龄}{实际年龄} \times 100$$

一般认为,智商低于90的人,属于愚钝或低能,智商在90—110之间为常态,智商在110—120为优秀,智商在120—140为最优秀。

(2) 智力类型的差异。智力类型的差异表现在知觉、记忆、思维等方面的不同。如在记忆方面,有人视觉形象特别鲜明;有人听觉记忆突出;有人运动记忆较强;有人则情绪记忆强;有人则擅长于机械记忆。又如思维方面,有人形象思维比较活跃,有人抽象思维能力强,青少年的智力特点各有所长,各有所短,注意根据自己的特点去从事活动是很重要的。

霍华德·加德纳——美国哈佛大学教授、"零点计划"研究所所长——被《纽约时报》称为"美国当今最有影响力的心理学家和教育学家",他认为我们的智能不是单一的,而是多元的,各人的智能结构存在着很大的差异。加德纳告诉我们,人类至少有七种不同类型的智能,如音乐智能、身体运动智能、数学逻辑智能、语言智能、空间智能、人际关系智能、自我认识智能。

霍华德·加德纳教授不仅让我们感受到惊喜,更让我们看到了希望。他说:我们每个人都具备所有这8种(或许更多)智力,但我们每个人处理事情却有着迥然不同的风格和结果,这是因为各类智力综合起来的比例和方法不一样。虽然这与遗传因素有关,但也会受到教育和个人从外部环境中所接收到刺激的很大影响。

至于如何判断你的智力倾向,那就是兴趣所在。用霍华德·加德纳教授的话说:"看你的好奇心更侧重哪一块。如果你还是不能确定,不妨问问周围的人,或许他们比你更了解你自己一些。"

年轻的美国演唱家、作曲家丹尼·迪尔道夫最近写的一首歌,题为《每个人都各有才能》。歌词如下:

> 人人都各有禀赋,/人人都各有能力。/人人都各有禀赋,使他们的生命历程迥异。/你可能靠轮椅四处游走。/或者用手说出无言的词语。/有人爱跳舞,/有人喜欢唱歌,/皆因做事情有着难以穷尽的方式。/现在,你能靠导盲犬来帮你认路,/用你的嘴或脚绘画、作诗,/你所能选择的有无数种不同方式。/确实,我们所有生命互相依存,/我将不会因自身缺陷而受到限制,/相对地发挥我的潜能。/我们能够回应人们的需求,/最佳能力正是回应的能力。

这首歌与加德纳的多元智力理论非常一致,真是有意思,你说呢?

想一想,你还担心自己笨,自己无能吗?最重要的是发现自己,挖掘潜能、发展优势做最好的自己。

(3)智力表现迟早的差异。有的学生在某些方面的优异才能的萌芽在童年时期甚至在入学之前就表现出来了,即所谓的"早慧"。我国历史上所说的"神童"就是指某些才能发展较快,表现较早的儿童。与此相反,有些人优异的才能或天才表现较晚,甚至到晚年时期才表现出来,正如常人所言"大器晚成",古今中外不乏其例。请看下面的实例,它向我们提示了人类奇妙的差异性:

3 岁　莫扎特弹奏拨弦古钢琴,并能记住只听过一遍的乐段。

7 岁　波兰钢琴家肖邦创作了"G 小调波罗乃兹舞曲"。

10 岁　爱迪生在他父亲的地下室建立起一个实验室,开始了历史上最伟大的发明事业。

21 岁　珍尼·奥斯汀开始写她的第一部名著《傲慢与偏见》。

22 岁　海仑·凯勒出版了她的自传。

43 岁　约翰·肯尼迪当选为美国最年轻的总统。

53 岁　玛格丽特·撒切尔成为英国第一任女首相。

65 岁　丘吉尔首次成为英国首相,开始与希特勒作划时代的斗争。

80 岁　摩西奶奶(安娜·玛丽·罗伯逊)在她 75 岁以后开始作画,80 岁举办了首次个人画展。

可以说,没有不成功的孩子。在学校学习成绩差的学生,不一定都是低能,都属于智力发展差。其中有的后来表现很有才能,在社会上成为卓有成就的人。

据《中国青年报》报道,一个平时连两位数加减法都不会做的差生,在谈起"养鸟经"时却口若悬河;一个六门功课不及格的后进生,居然能心灵手巧拆装多种规格的电视机;在学校被视为"差生"的韩寒,居然成了一针见血的名作家。你信不信? 但不可否认,这是事实。

香港行政长官曾荫权少年时期的故事,对我们颇有启发。

1957 年,曾荫权通过小学会考升入华仁书院读书。这所名校富家子弟云集,而曾荫权兄弟则要靠到夜校教课和当家教赚取学费。贫富差距往往带给穷孩子很大的心理压力,身体矮小、成绩平平的曾荫权尝尽了遭受冷落、羞辱的滋味,也使他养成受挫后不服输的性格。

中四时,英语老师在课堂上点名宣读曾荫权的作文,狠狠批评他的语法错误,还把作文簿丢到地上,吐了口唾沫。曾荫权认为,这是对自己影响最大的中学老师。此后,他不断自我提醒作风要严谨。

那年,由于中文不合格,他被从 B 班降到 D 班,这被他视之为"奇耻大辱"。于是奋发图强,在中五时升至 A 班,体会到了"只要努力便会进步"的道理。

中学时期曾荫权曾帮人补习赚取生活费,成绩只能算是普通。会考的十一科中还曾经有中国文学及历史不及格的成绩。因此,他仕途亨通之后和青少年学生对话时,也鼓励他们不要因为一次考试就丧失信心。

此外,如著名的植物学家林奈,生物学家达尔文,哲学家黑格尔,大文学家巴尔扎克、大仲马,还有美国大发明家爱迪生等都有过这样的经历。所以对于学习成绩差的学生,决不可歧视,本人也不要失去信心。实践告诉我们,不能用僵死、片面、形而上学的观点对待学生的智能问题。

柳斌同志曾经指出,应力求避免把学生分成"优生"和"差生"而且要取消"差生"这种称谓。柳斌认为,6 岁—15 岁就确定一个学生是可以培养还是不可以培养,是"差生"还是"优生",为时过早。讲得何等精彩!

"一切成就,一切财富,都始于一个意念,就是自我意识。"正确认识自己,悦纳自己,自我意识的确是十分重要的。其正或负的倾向,是我们走向成功或失败的方向盘、指南针。

我们不能因为"我考试失败了"而认为"我是一个失败者";不能因为"我一门不及格",而认为"我是一个不及格的学生"。暂时的失败,不能视为永久的失败。每一个人各自都是一个完全特殊的独一无二的世界。我们都必须珍惜自己,爱护自己。别人可以不爱你,但自己决不可不爱自己;别人可以抛弃你,但自己决不可抛弃自己。

拿破仑·希尔告诫人们:人与人之间是有很小的差异,但这种很小的差异却往往造成了巨大的差异! 很小的差异就是所具备的心态是积极的,还是消极的;巨大的差异就是成功与失败。

谁都有成功的机会,但拥有目标很重要,目标就是希望。

锦鲤俗称日本鲤鱼,是很多养鱼爱好者最爱的观赏鱼。日本鲤鱼的神奇之处在于,如果你在小鱼缸里饲养它,它只会长到两三寸长;如果你把它放入大鱼缸或者小池塘中,它就能长至六寸到一尺长;放进大一点的池塘,它能长到一尺半长；如果把它放进大湖之中，让它不受限制地充分成长，有朝一日它可能会长达三尺。日本鲤鱼能长到多大，与池塘的大小有直接关系。

人的成长与日本鲤鱼非常相似。不过，对于人类而言，限制我们成长的不是外部世界，而是我们内心的世界。只有不断扩展我们的内心，我们才能不断地成长。

请记住：千万不要随意给自己贴上失败者的标签。我们只要以顽强的毅力、勇敢和乐观的精神，走过泥潭、沼泽。柳暗花明又一村，拐弯的地方就是太阳！

50 别在"拐点"上拐了脚

——预防学习分化

盛年不重来,一日难再晨,及时当勉励,岁月不待人。

——陶渊明

有一名家长来到心理咨询门诊,提出了这样一个疑惑:"我家孩子在小学的时候成绩很不错,为什么到了初中就掉下来了呢?"

经过询问,得知他的儿子从小聪明伶俐,成绩优秀,语文、数学经常得高分,是一个令家长放心和自豪的孩子。哪知道,进入初中,成绩开始滑坡,很快初二就滑到了下游。为此,父母非常担心。

其实,这就是我们所说的"学习分化现象",这样的学生远非一人,有不少同学到了小学五年级和初二年级(也有些同学在初一年级)就出现了成绩分化的现象。如果不加以注意,完全可能持续滑坡下去,以致成为"差生"。

学习分化的原因是多方面的:有内在的,也有外在的;有的是方法问题,也有的是学习品质问题。

为防止学习分化,在这里给同学们提几点建议。

1. 打好基础,步步为营

小学五年级和初二年级的学习内容有质的变化,不仅学科门类明显增多,而且内容也不断加深。因此,面对新学段,要坚实地走好第一步,打好知识基础。比如初中阶段初一第二学期开设了几何课,进入初二时开设了物理课,初三又开设了化学课。这些课程对逻辑思维、推理思维要求较高,对基础知识、概念的理清尤其重要,绝不能马虎了事,一滑而过。只有一步一个脚印,不放过每一个知识点，不放过任何一道难题，才能步步为营。

2. 不要追求"廉价的成功"

老师在课堂上所讲的内容，所举的例题，解题的思路都会有难也有易。这时，我们要适时调整学习任务，使学习内容尽量处在自己能力范围内。有些同学可能会选择非常简单的学习任务，遇到难题就去问别人，他们轻而易举地获取了"廉价的成功"。但这种成功经不住时间的考验，久而久之，就会被别人拉开距离。

3. 善于从错题和难题中吸取教训

学习过程中要重视错题的订正，如果不善于从错误中走出来，缺陷和漏洞集聚起来就会越来越多。要降低学习中的错误率，除了及时订正外，还可以分科建立错题集。把每次所错题目订正在一起，定期翻阅错题，对各种错题及错误原因进行分类整理，对那些反复错误的问题再正确地做一遍，以绝"后患"。

对难题绝不能有畏难情绪，更不能夸大困难。遇到困难，只要认真对待就有可能由"难"转"易"。明明英语学习的经验值得借鉴。明明初一学英语时，词汇量少，语法较简单，学得还算可以，后来渐渐产生了骄傲情绪。进入初二后，英语学习难度不断加大，语法逐渐复杂，明明一下子掉到全班后列。这时他感到学英语太枯燥太困难，开始厌恶英语。在老师的指点下，明明认真分析自己面临的困难，改变学习方法，换成大声朗读，多读课外短文，一天读十几遍，甚至几十遍。尽管并不是有意识地记单词，然而单词和词组很快记住了。日子长了，奇迹也就出现了，语感大大增强，试题做得又快又准。初三中考时，英语得了高分。明明后来深有感慨地说："自从心理上消除对英语的恐惧后，就感到英语不难学了。"其他课程也与英语一样，如果你先入为主，把某一门课程看得很难，那么你就有可能因此产生退缩行为，不敢尝试，不去努力。因此，我们在面对难题时，首先要战胜心理上的这种"预期恐惧"，才能化难为易，最终战胜困难。

小学五年级和初二是学习的"拐点"。预防学习分化，别在"拐点"上拐了脚！

51 越想赢　越赢不了
——避免出现"努力逆转法则"

有的人经常遭到失败，每次做事之前他都会想，"这次不要失败"，但越这样反而越会导致失败。

——千叶康则

人类存在一些几乎不可思议的现象，令我们尴尬不已。比如，把一块长8米、宽1米的厚木板放在地上，人们可以轻而易举地从上面走过去。但是，如果把这块木板搁到两幢六层楼的顶层，人在上面恐怕连一米也迈不出去。为什么呢？奥运会上，有的运动员眼看就要夺冠，他非常镇静，心里暗暗地提醒自己："好好打，就最后两次了。"但往往失败就失败在这最后一两次冲击上。

日本学者千叶康则在《自我暗示术——用潜意识的奇功开发脑力》一书中说：有不少人在舞台上有"怯场"的毛病，有的人不仅在舞台上，就是在人多的地方，甚至在一个人面前，也会紧张得不得了，话也不知该怎么说，身子也不知该往哪里站，无所措手足。这样的人几乎每次上台前都在想"别紧张"。但是，越是这样想却越是紧张。也就是说，他虽然在努力做到"不紧张"，但是在他的下意识中却强烈地担心着"会紧张"。有的人经常遭到失败，每次做事之前他都想"这次不要失败"，但越这样反而越会导致失败。失败的次数越多，失败的阴影就越鲜明地留在想象之中，并在想象中蠢动。这种现象称为"努力逆转法则"，简单地说，越拼命努力，事情却越向相反的方向发展。

"努力逆转法则"在我国中小学学生身上也大量存在，有的人越是想努力学好某些"瘸腿"功课，这些功课成绩越差。有的人上课注意力不集中，越是努力集中，越是集中不起来。有的人晚上失眠，越是想睡，越睡不着，相反，有的同学越是想早些起床，也越是起不来。有的人考试紧张，越是努力控制不怯场，就越是怯场。那么，到底，这类现象是如何产生的呢？

"努力逆转法则"之产生，可以从深层心理学分析上得到启示：

首先是自我暗示的作用。就怯场来说，当你不懂得什么是"紧张"的时候，你既不会想到"不紧张"，也不会想到"也许会紧张"。这时暗示处于零状态，即"无暗示状态"。但是，经过第一次紧张以后，就会记住"紧张"；在下一次遇到同样的状况时，就会想到"也许会紧张"。如果想到了"千万别紧张"，那么，就更加容易紧张。一旦紧张真的发生了，就会放弃"不紧张"的努力，紧张又会加倍发生。这里"不紧张"、"别紧张"等内心语言就是自我暗示，通过这种暗示，唤醒了自己紧张的体验。

其次是下意识的作用。主流心理学把心理看作为"自我感觉或意识到的东西"，是"自己所明了的精神世界"，实际上在人类的内心世界中还存在着"下意识"部分，这部分尽管我们意识不到，但实际存在，并影响着我们的语言与行为。正因为此部分人类意识不到，有时它就像野马一般，无法驾驭，用"努力不紧张"这样的意识当然是控制不了的了。就怯场而言，怯场后就产生了对怯场的深刻体验，形成了对生理心理的强烈冲击力，多次重复这些体验后就会为下意识地接受。当我们面临新的任务，告诫自己"努力不紧张"时，恰恰启动了下意识，导致了紧张和随之而来的再失败，甚至从领先走向失败。研究说明，表达本人愿望的"努力不紧张"的意愿越强烈，越会带来严重的怯场。

第三是条件反射的作用。越是尝试失败的滋味，失败在脑海中的印象就越深刻，这就是条件反射。在学习过程中，如果在某一阶段遇到挫折，由于着急烦躁，或者多次受到教师批评、指责，或者受到同学的取笑，就会造成大脑功能的混乱。当再次遇到相似情形时，脑的机理就会混乱，同样的反应就会条件反射般地出现。

如何避免上述情况的出现，现介绍一些方法供读者参考：

1. 非主动的积极暗示

中国人不会天生就能说英语，一个从没学过英语的学生，即使他在心里一个劲地想"我会讲英语"，或鼓励他"天生就是说英语的料"，也不可能一开始就掌握英语，学习英语的关键在于实践。在学习中，有的人对自己充满信心，相信自己"很快就会学会"，有的人则缺乏信心，怀疑自己"根本学不会"。两种心态不同，学习效果就大相径庭。前者属于非主动的积极暗示，即使遭遇失败，也不当一回事，只把学得好的印象深深印在脑子里，结果很快就入门了。后者属于非主动的消极暗示，往往把失败的印象留在脑海中。

2. 从消极暗示到积极暗示

抱有消极暗示的人，如果不气馁不放弃，继续练习，英语入门只是迟早问题。一旦入门了，你就会产生自信，转而具有了非主动的积极暗示。这时，学习就会到达一个新的境界，因而说"自信"是一个门槛，能否产生自信是衡量学习主动性和被动性的一个有效指标。

但是，如果一个人失败的次数过多，也会同时产生消极暗示，如果中途自暴自弃，就更使消极暗示强烈起来。因而，"主动自我暗示"的必要性就凸现出来了。这种暗示认为应该消除"我根本不行"这种消极暗示，而代之以积极暗示。也就是说，努力做到"绝对不失败"，反而会由于"努力逆转法则"而遭到失败。正确的想法应该是"我很快就能学会英语"这类暗示。这里"很快"这个词表达的是一种感觉，并不是指很短的时间，时间过短，达不到目标，到时又会心慌意乱，"努力逆转法则"会再次起作用。最好抛掉"很快"这个词，而使用"总有一天……"、"我一点一点地学，一定会学会的"这样的语言。这种暗示需要反反复复地默读，一点点地练习，肯定会一点一点地有所长进，直至进入理想的心理状态。

3. 自信＋积极暗示

在考场上，是否真的有不紧张的人？这种人确实有，但多数的人都可能紧张，即使老师也是如此。许多运动员也指出，在比赛中，有时看上去似乎不紧张，但就是赢不了。因此，这里就不再是紧张不紧张的问题，而是在多大程度上紧张的问题。在这种情况下，"我会慢慢地变得不怯场"就是积极的暗示。

比如，有个同学在准备全校同学大会发言时就想："全校发言不是什么大不了的场合，我一定会毫不怯场地在会议上发言。"他甚至在无人的场合模拟讲了两遍，但越是勉强地强迫自己这样想，越会由于"努力逆转法则"而失败，成为消极的暗示。关键在于，如果没有积极的暗示，就会出现"又会紧张吧"这样的消极暗示，结果比从前更紧张，甚至在没必要怯场的场合也会紧张。如果换一种想法,比如"在这种场合紧张是必然的,但镇定下来,我会慢慢变得不紧张"这样的暗示,大脑就会处于一种良好的准备状态。

4. 不要想"一定取胜"

有些同学自我预期很高,诸如"我的学习成绩一定要在全班拿第一"、"我一定要考取某某重点中学"等。这里涉及竞争因素,能够如愿以偿的只是极少一部分人,正如国内外一些体育重大赛事一样,比赛双方都在想"我一定要赢",但总有一方会输。在这场大赛中拿金牌,在另外一场大赛中被淘汰出局也是常事,因为这是与别人的竞争。

因此,我们最好不要抱有"我要成为全班第一"、"我一定能考上某某重点中学"之类的愿望,而应该想"我只要努力,能力就一定会提高"这样的自我暗示。"我的学习能力会一天天提高"(注意:不是成绩,是能力)这样的话是最适当的,为什么? 因为任何人都能够做到这一点。如果有的同学认为"我无论怎么努力成绩也不会上去",这些人在实际生活中,思想就会越来越僵化,导致彻底放弃努力。就结果而言,在施加"我的学习能力会一天天提高"这个暗示时,不能以成绩的名次,或是否考上某某学校作为衡量的标准,因为这一切都是相对的。一般来说,学习能力提高了,学习成绩也会提高,这时就是积极的暗示。

你目前是否正碰到"努力逆转"问题? 如果碰到的话,请运用我介绍的方法试一试,看看是否有效。

52 课外阅读改变命运
——爱因斯坦、钱钟书和于丹的成长故事

虽不能至，然心向往之。

——司马迁

读书之于学生的重要性，是不言而喻的。所谓"读书改变命运"，早已广泛流传，但一般讲的"读书"是广义的，主要指接受学校教育，实际上说的是"教育改变命运"。换句话说，一个人日后的收入多少是与受教育的时间成正比的，所以现在学生接受教育的时间越来越长，高中读完了读大学，大学读完了读研究生，研究生读完了读博士。我这里讲的"读书"是从狭义上理解的，主要是家庭读书、课外读书，而不是读教科书。

有人要问课外阅读真的能够改变命运吗？我的回答是能够，一定能够！让我们从爱因斯坦、钱钟书和于丹的读书故事开始聊起。

课外阅读让你发现潜能

众所周知，爱因斯坦是现代物理学的开创者和奠基人。1905 年，爱因斯坦创造了一个史无前例的奇迹。在这年的 3 月到 9 月的半年里，他利用八小时工作以外的业余时间写了 6 篇论文，其中 4 篇具有划时代的意义（包括著名的狭义相对论、光量子说、分子大小测定法、布朗运动理论）。1921 年，爱因斯坦因为"光电效应定律的发现"而获得诺贝尔物理学奖。

能够获得如此巨大的成就，我们几乎可以肯定，爱因斯坦是一个天才，其实不然。爱因斯坦出生在德国，父母都是犹太人，他的父亲和叔叔合开了一家电器设备制造小厂。爱因斯坦小时候并不活泼，甚至三岁大了还不会讲话，父母

担心他是哑巴，就带他去做检查，结果发现他的声带发育是正常的，但直到八九岁他的讲话还是不很通畅。爱因斯坦终生都是一个"结巴"，以致他讲的每一句话都要经过预先的思考。他的同伴都喜欢玩打仗的游戏，他却一点儿也不喜欢。因此，童年时代的爱因斯坦是非常孤单的，常常受到别人的歧视和嘲笑。上学以后，因为举止缓慢，不爱同人交往，老师和同学们都不喜欢他，教他希腊文和拉丁文的老师非常讨厌他，曾经公开骂他："爱因斯坦，你长大后肯定不会成器。"因为怕他影响其他学生，训导主任居然把他赶出了中学校门。按照今天的研究，爱因斯坦还是天才吗？绝对不是，开口说迟，学会走路迟，举止缓慢，孤独，他是一个典型的弱智。

幸亏爱因斯坦遇到了他人生中的两个大恩人，这两个人彻底改变了他的人生。一个是他的叔叔雅各布，一个是年轻的大学生麦克斯。

叔叔雅各布和爱因斯坦的父亲合开了一家小厂，专门负责技术事务，而爱因斯坦的父亲则负责商业的往来。雅各布是个工程师，非常喜爱数学。当爱因斯坦问他问题的时候，他总是能够用通俗易通的方式将数学知识介绍给他，使爱因斯坦在数学上开了窍。后来，叔叔送给了他一本有代数问题的小册子，就成为了爱因斯坦童年时代最心爱的礼物，因为他在这本书中发现了数学学习的乐趣。

爱因斯坦的父亲不太会做生意，但他心地非常善良，每个星期他都有一个晚上要请几个慕尼黑大学的穷学生来家里吃饭，他以这样一种独特的方式接济经济困难的学生。其中有一个来自立陶宛的犹太人麦克斯，和爱因斯坦交上了朋友。他从学校图书馆里借了许多通俗的自然科学普及读物给爱因斯坦看，更为重要的是，遇到不懂的地方他就和爱因斯坦展开讨论，直到爱因斯坦弄懂为止。

12岁那年，在爱因斯坦的成长过程中发生了一个重大事件。这一年，麦克斯借给他一本《平面几何》教科书，他居然花了整整三个星期独自证明了书中提到的毕达哥拉斯定理。从古希腊开始，西方各国的许多著名数学家一直在做毕达哥拉斯定理的各种证明，现在居然被一个12岁的孩子在短短的时间内证明出来，充分体现出爱因斯坦的数学天赋，他也第一次体会到科学发现所带来的巨大喜悦。

爱因斯坦的勤奋自学，加之麦克斯的有针对性的辅导，使得爱因斯坦的数学学习突飞猛进，不久他就开始自学高等数学，13岁他就自学微积分了。很快，爱因斯坦的数学程度就超过了麦克斯，比他大11岁的大学生再也跟不上这个13岁的孩子了。为了寻找共同的话题，麦克斯开始借哲学、物理学书给他看。换句话说，爱因斯坦13岁就开始并能够看懂康德的《纯粹理性批判》了，而这本书对许多成年人而言都是一本难啃的哲学名著。

对此，麦克斯非常高兴，他知道自己发现了一个神童，他说："一个伟大的科学家或哲学家，将从爱因斯坦身上成长起来。"

从爱因斯坦的读书故事中，我们可以得到什么启示呢？对我个人而言，至少有三点：

首先，每个人都有巨大的潜能，即使智商很低、成绩很差的学生也不例外。

其次，尽管潜能是埋伏在我们身上的一种巨大能量，但往往我们自己和父母并不知道，老师也不知道。因为始终没有人去发现，许多人才就给埋没了。

最后，课外阅读可以发现人的潜能，那些你最爱看、读得最有收获乃至爱不释手的书往往就是你的潜能之所在，而这类书读得越多，潜能可能发挥得就越多，成为人才乃至杰出人才的可能性就越大。

课外阅读让你知识渊博

钱钟书，是我国现当代著名的学问家、文学家。他的长篇小说《围城》在国内外产生了很大的影响。

为什么他的学问如此渊博，是因为他在当代中国是少有的爱读书、会读书的人。

钱钟书，是无锡人，和著名科学家、中国"导弹之父"钱学森出自同一家族。据说，周岁抓周时他抓到了一本书，因而父亲给他取名"钱钟书"。也许是天意吧，他一辈子"钟情于书"，从小就博览群书，不仅读中文，而且读外文，中学时代他居然就读了英国生物学家赫胥黎写的《天演论》，而且是英文原版。

1929年，19岁的钱钟书参加高考，英语和语文考得特别好，英语还是满分，但数学只考了15分。面对着这样一个风华绝代的学生，清华大学校长罗家伦说了八个字："此为奇才，破格录取。"就这样，钱钟书进了清华大学外文系。

钱钟书到清华以后，最惊人的举动莫过于"横扫清华图书馆"，他终日泡在图书馆,博览各种书籍。由于他读书太多,很快就将他的同学扔在了后面,以至"国学大师"吴宓教授举荐他代课,因为课上所涉及的文学作品他全都精读过。而吴宓教授曾经留学美国的哈佛大学,因为学贯中西而与陈寅恪、汤用彤并称为"哈佛三杰"。能够得到吴宓教授的赏识,可见钱钟书的才华横溢。

至今清华津津乐道的还有一件事情,就是钱钟书上学期间经常挑那些名教授的刺。那时,清华大学人才济济,在文史方面更是聚集了国内最著名的教授,如大家熟识的文学家朱自清、哲学家冯友兰,都是饱读诗书的一代大家。但,钱钟书却并不屈服于这些权威,他时常批评和纠正他们的一些失误,其见解之独到,论断之深刻竟然使这些学术名流对他刮目相看。这能说明什么呢,我的感受只有一条,这就是"艺高人胆大"。

还有一件事颇能说明问题。北大教授温源宁那时在清华兼课,对钱钟书格外赏识,逢人就说钱钟书怎么怎么好,在钱钟书刚刚读大学三年级时,他就主动介绍钱钟书到英国伦敦大学东方语文学院去教中国语文,但不知为什么钱钟书并没有去。

从钱钟书的读书故事中,我们又可以得到什么启示呢?

第一,天才不能自持天才,天才在于勤奋。

第二,读书面要宽,既要读现代文,又要读古文,既要读人文社会科学,又要读自然科学,既要读中文,又要读外文。只有博古通今、学贯中西,才能成为有大成就的杰出人才。

第三,不要死读书,读书要讲方法,既要"读进去",又要"走出来",注意知识的运用和批判,要提倡"活学活用"和"批判性继承"。

课外阅读让你变得更优雅

2012年正月初一到初八,北京师范大学著名学者于丹教授在央视三套开讲《丹韵词音》,成了龙年的第一场文化盛宴。她仪态优雅,出口成章,中国古代的诗词曲赋信手拈来,让人大呼过瘾。

那么,她的这般功夫是如何炼成的呢?

于丹自己讲:"我是在戏曲、诗词,在风花雪月的流光下酝酿大的一个孩子。"

于丹出生在文革之中,家住北京的一个旧四合院,因为父母都下放了,她就和姥姥住在一起。她连一天的幼儿园都没有上过,但在六岁半上小学之前,姥姥却教她背了数不尽的诗词。我听说过这样一个故事,说于丹小时候感情非常细腻,很喜欢李商隐和李煜的词,李煜的词有83首,她就把这83首词抄了一遍,然后自己还装订起来,并设计了一个蓝色的封面。可见她童年时代就很有品味。

《人民日报》的记者曾经问于丹:"您父亲于廉曾经是中华书局副总经理,国学基础深厚,有的资料说你四五岁接触《论语》,五岁半读《红楼梦》,是不是和父亲有关?"

于丹回答说,我爸爸的国学底子确实很好,这对我影响很大,之所以看那么多的书,和我爸爸的影响是分不开的。但说我四岁读《论语》,是媒体的放大,我四岁的时候没有读过论语,而是爸爸开始给我解释和讲论语。比如说,爸爸带我到一个地方玩儿,他可能就会说"三人行,必有我师",你看这么多的叔叔阿姨,这里应该有多少个老师? 然后我就会折算3.5个老师啊,2.8个老师啊。然后发现有个阿姨特别善解人意,照顾完老的照顾小的,我就觉得她肯定就是老师。"爸爸教我的方式其实是我一直感激的,我觉得我们家的教育,最重要的就是不在于内容而在于方式,不在于让我记住了多少东西,而在于让我从来没有反感过。"这对我们做家长的应该值得借鉴,因为现在的孩子读古典诗词,并没有古代的那种社会环境,语言方式也不同,审美观的差异悬殊,所以不喜欢读,如何让他们"不反感",必须讲究方式方法。

就这样,于丹在古典诗词、在书堆里长大成人了,中学毕业便自然而然地选择了北师大的中文系,开始系统地学习古典文学。于丹说:"说得不好听点,除了上中文系,我想不出我还能学别的什么了。"所以,我们能够想象,如果没有童年和少女时代的风花雪月,没有北师大中文系,就不可能有今天的于丹,更没有她的风雅和淡定。

于丹的读书故事给我们的启示是全方位的:

首先,所谓"腹有诗书气自华",一个人高雅的气质和风度与读书有关,但不能急功近利,因为气质和风度不能速成,必须慢慢熏陶,这就要求我们长期坚持阅读文史哲方面的书。

其次,我们不能因为文史哲今天受到某些孩子的抵触而否定它们的人文价值，相反，在市场经济和科技文化日益兴旺的今天更应该提倡，关键在于用心寻找适合当今青少年实际的方式方法。

最后，一个人是否高雅，与学校有关，但更与家庭有关，我们不能总是说"龙生龙，凤生凤，老鼠的儿子会打洞"，家庭的人文环境是可以营造的。所以，加强"书香家庭"建设迫在眉睫。

以上是我根据三个故事做出的九条发现，这九条发现可以凝练成为一个结论，那就是：如果通过课外阅读，发现了你的核心竞争力，形成了宽阔的知识面和高雅的气质，那么，读书就能并一定能改变你的命运！

如果说宽阔的知识面是你成才的宽度，那么，核心竞争力就是你成才的高度，高雅的气质就是你成才的附加值；如果你具有了成才的宽度和高度，同时又具备气质的高附加值，那么，你就一定可以成为集钱钟书、于丹和爱因斯坦的所有优点于一身的拔尖创新人才！

最后，我想和大家一起分享司马迁的一句经典名言："虽不能至，然心向往之。"这是司马迁谈到孔子时发出的一种感慨，也可以理解为他的一种学习态度。或许我们成不了钱钟书、于丹，更成不了爱因斯坦，但我们必须"心向往之"，趁着自己年少气盛，不断努力！

53 问渠那得清如许，为有源头活水来

——课外阅读

发奋识遍天下字，立志读尽人间书。

——苏轼

朱永新教授在全国人大提出过设立国家读书节的议案，引起了社会的广泛关注。尽管这项提案至今还未得到实现，但朱教授的想法得到了许多中小学的积极响应，甚至一些学校还设立了"读书节"。

针对我国中小学生课业负担过重问题，教育部明确提出了"减负"的要求。但是，在减负的过程中也产生了一些问题，比如有人认为既然"减负"就不应该提倡课外阅读，否则，课内的负担减轻了，而课外的负担变重了，减负就成了一场无用功。我们应该如何看待这个问题呢？

我国著名的教育家、中国教育学会会长顾明远先生曾说过："减负不是不要学生读书，而是要让学生从无用的作业堆里解放出来，读他们喜欢读的书，读更多的书。"他在小学四年级就读《西游记》，五年级就读《三国演义》，觉得这些古典文学名著对他个人的成长有很大的好处。等他的女儿上小学三年级时，他就引导女儿读《西游记》，觉得《西游记》对他女儿的想象力、思维能力的培养很有帮助。因此，他要求广大老师和家长们"要承担一些责任，引导孩子参加有益的活动，读有益的书"。新的国家课程标准也提出，要"培养学生广泛的阅读兴趣，扩大阅读面，增加阅读量，提倡少做题，多读书，好读书，读好书，读整本书"。

书，历来有好有坏。清代学者陆世仪说过："凡读书须识货，方不错用工夫。""识货"就是对图书要有选择。那么，到底如何选择课外阅读书籍呢？

选择课外读物，首先要考虑自己的兴趣。课外阅读不同于课堂学习，其动力很大程度上来自阅读过程中产生的直接兴趣。如果所选择的阅读内容不符合自己的兴趣，自然也就读不好。所以，课外阅读内容一般根据自己个人的喜好来选择。

选择课外读物，还要注意针对性。学生时代充满新奇的幻想，有许多未知领域需要探求，对书的嗜好可想而知，而书海浩瀚，不可能一下子把所有的书都拿来读，这里就有针对性问题，要考虑你所选择的书是否切合自己的实际需要。如果你的思想比较单纯，那么不妨找些思辨色彩较浓、说理透彻的著作来读；如果你在某个方面比较贫乏，那么不妨找些有关这方面的精辟论著来读；如果你觉得课堂上难以学到人际交往的学问，那么也可以找些交际方面的书先来读读。总之，缺啥补啥。

选择课外读物，务须注意思想性。一本坏书，可以引导你走上不健康的道路甚至邪路。而一本好书，则可以引导你走向成熟的彼岸。思想性好的读物，读后能使人的思想升华到一个新的境界。

现在不少同学读课外书，采取"走马观花"的方式，比如一个五年级的学生星期六买了一本秦文君写的《男生贾里》（作家出版社），一个晚上就看完了，星期天又去买了一本《女生贾梅》，当天晚上又看完了。隔了几天，他爸爸问："这两本书分别描写的是什么人？故事的主要情节是什么？秦文君在这两本书中想表达什么思想？它们在人物描写、景物描写上有什么特色？又存在什么不足？"这个孩子除了清楚这两本书分别描写的是"贾里""贾梅"之外，其他的就模糊得很。请问这名同学的读书方法高明吗？他的读书法是否科学呢？

与这名同学相反，有的同学看书十分细致，读书效果也截然不同。我曾在报纸上看过一篇报道，说有一名同学，在学校图书馆借了一本法布尔写的《昆虫记》（世界文学名著），看着看着，就入迷了，因为法布尔所描写的昆虫世界充满着温情，荡漾着一种令人神往的生命活力。他把这本书至少看了二十遍，并做了大量的读书卡片，以致书皮掉了，内页破了，最后给图书馆罚了钱。但就是这本书引导他从此走入了神秘而诱人的动物世界，高中毕业以后，他考取了北京大学生物系，后来成了动物学博士，现在美国一所大学当教授。这是一个成功的课外阅读者，那么，我们是否必须步这位同学的后尘呢？

英国哲学家培根说过："有些书可供一尝,有些书可以吞下,有不多的几部书则应当咀嚼消化。"这就是说,有些书只要大体翻翻,略读一下就够了;有些书可以全读,但不必过于细心地读;还有少数的书则应当精读,勤读,用心地读。如果那个五年级的学生把《男生贾里》《女生贾梅》当成一种消遣,完全可以像他那样"走马观花"地略读、速读甚至跳读,只要知道故事的大致情节就够了。如果他是一名文学爱好者,想以后在文学方面发展,或者想通过课外阅读提高作文写作水平,那么,他可以采取精读的方法。同样,如果你的兴趣不在生物学上,你也不必像上述那名同学那样刻意研读和反复消化《昆虫记》,对卡通读物、武侠小说、言情小说等也完全可以用"走马观花"方式。总之,读书的方法要服从于你的志向和理想,服从于你的个人爱好和兴趣。所以,我个人认为,我们一定要区分清楚我们读书的范围:有的书是消遣型的;有的书是学习型的;有的书既是消遣型的,又是学习型的。

接着就产生了新的问题。既然对"消遣型"一类的书,我们可以采取随意的个性化阅读方式,那么对于"学习型"的书,我们应当提倡什么读书方式呢?

我个人认为,回答这个问题很简单,就是古人所说的"四个到",即眼到、口到、心到和手到。其中"眼到""口到"就不必详细讲了,这里重点谈谈"心到""手到"。

"心到"是指我们在阅读中要善于筹划。有的同学读书东一榔头西一棒,甚至三天打鱼两天晒网;有的同学为了了解故事的结局,只看书尾巴,很少能耐心地读全一本书。其实,什么事都不会一蹴而就,读课外书首先要为自己制定一个阅读计划。有了具体的读书计划,自己心里有了底,就能循序渐进地读书了。我们计算过,如果一个人每天能花上半个小时、一个小时进行课外阅读,一个月就有 15—30 个小时的阅读时间,一年下来,就能读数百万字的书籍。

"心到"还指我们在阅读中要善于思考。孔子曾说过:"学而不思则罔,思而不学则殆。"只有通过思考,我们才能正确地理解书的原义,提出同作者不同的看法乃至相反的观点。这里我想引用通师二附六(5)班图书角中的一本书,题目是《生命的风铃》。其中有一篇文章《余秋雨的文章》,作者是一名学生叫"武梦如",显然他系统地读过余秋雨的文章,但他说:"我不喜欢余秋雨其人其文",原因就是他认为余秋雨"不真诚"。他说:"我们读到他大气磅礴、融会古今,读到他思绪万千、感慨系之，就是读不到他的肺腑之言。肺腑之言是能品味出来的，冰心的纯粹，鲁迅的尖利，龙应台的恳切，陈村的随意，都是肺腑之言，殊途同归呀。但是余先生没有这些。读者感受不到——而不是读不到——他的思想是怎样流动的，情绪是如何涨落的，他盼望什么，珍惜什么，悦纳什么。透过纸张只能看到一个学者模样的踱步，顾盼一会，又沉思一会，只能听见他说一些顺畅漂亮的句子。句子是漂亮，但读者想要共鸣的愿望可不过分啊。读余先生的作品可养文字、可发深思、可长见识，唯独难得的是引起共鸣。因为他写文章的态度不真诚、不平易呀！"显然，这个学生读书不是看看就万事大吉的，他有感受，有思考，而且乐于表达出来。这才是好的读书精神。

"心到"指我们在阅读中要善于质疑。宋代哲学家朱熹认为，大凡读书，"无疑者须教有疑"、"有疑者须教无疑"。他认为应当"开篇有疑"。读书善于提出疑问的人，往往思维敏捷，思路开阔，勇于创新。谁善于质疑，谁就能够掌握读书的主动权。善于提出疑问也就是多思多问，深入其内，出乎其中，达到去粗取精、去伪存真，由此及彼、由表及里的目的。这样久而久之就能达到"小疑则小进，大疑则大进"的效果。

"不动笔墨不读书"是徐特立的名言。读书仅仅加强思考还是不够的，还要动笔去记、去做实验，去应用知识。这就是我们所说的"手到"。假如你正在读文学的课外书，你不妨试试把书中的名人名言、警句、歇后语、谚语、格言、优美的词句、精彩的片段摘抄下来，再按照写人、记事、写景、状物归类整理。平时多读多记，写作文时就可以把它们从"词语宝库"中搬出来，你肯定会有"得心应手"的感觉。

宋代著名教育家朱熹曾写过一首脍炙人口的诗："半亩方塘一鉴开，天光云影共徘徊。问渠那得清如许，为有源头活水来。"如果你想拥有"源头活水"，那就热爱读书吧！

54 自知，人生的第一步
——自我定位

认识自己难，认识自己的不足更难。

——泰勒斯

你认识你自己吗？这个问题似乎不该成为一个问题。人们常说："别人不了解，我还不了解自己吗？"事实正如法国诗人拉封丹所言："有些人了解全世界，但不懂得自己。"古人云："人贵有自知之明。"

可见，一个人要有自知之明，不仅是难能可贵的，而且也不是一件轻而易举的事情。

有人问古希腊哲学家泰勒斯："你认为人活在这个世界上，什么事情是最困难的？""认识自己难，认识自己的不足更难。"

德国哲学家叔本华早晨去公园散步，有一天，他正在溜达沉思时，迎面走来一个小孩子。小孩好奇地望着他，然后问他："你是谁？"叔本华从沉思中抬起头来，愣了一会儿，对小孩说："我也正在想这个问题，如果你能告诉我，我是谁，我将无比感激，受用不尽。"

这两则小故事，生动地告诉我们：哲学大师长期以来被"我是谁"这一问题所困扰。举世闻名的印度大诗人泰戈尔也曾向人们发出凝重的感叹："在大浪滔滔的既往与未来合流之中，在永恒与现实之中，我总看到一个'我'像奇迹似的孤苦伶仃地四下巡行。"诗人在寻觅，寻觅属于自己的天空。人的一生都在寻觅，"我是谁？"是千百年来人们不断追寻的一个古老的话题。

今天，对于涉世不深，正在成长的青少年来讲，正确认识自己，悦纳自己，更不是一件轻而易举的事情。在一项关于"我是否感到忧郁和寂寞"的问卷中,有85％以上的青少年答案为"是",另有10％的人回答"曾经有过"。风华正茂的青春时期,为什么本该朝气蓬勃的青少年,却一个个"老气横秋",一副"曾经沧海"的模样?主要问题在于自我意识。

早在2000多年前,伟大的苏格拉底在他创办的学校门匾上书写了一个永恒的誓言:"认识你自己。"直至如今,这句誓言仍镌刻在标志着古希腊文明的戴尔菲神庙。此古老的神喻,成为人类认识自身的一个永恒的命题。

什么是自我意识?自我意识是一个人对自己存在的认识以及对个体的身体、心理、社会特征等方面的认识。自我意识表现在三个方面:即自我认识、自我体验、自我控制。自我认识包括了个人对以下问题的回答:"我是一个什么样的人?""我有什么样的个性,有什么样的优缺点?""我有什么价值和潜力?"等;"我是否满意自己?""我能否悦纳自己?"等表现出个人对自己的态度及他人评价中评价自己的问题统称"自我体验";自我控制则涉及个人对自己活动、自己态度的调节等,如:"我如何控制自己?""我怎样成为那样一个人?"等。

人最大的敌人是自我。俄国克雷洛夫说:"只有了解自己,才能认识整个世界。"一个人失败的关键在于不认识自我。

美国心理学家普来斯特·雷奇认为,在几千名学生因改变自我意识,进而改变成绩的实验中,引导学生改变他们的自我定义,他的学习能力也会改变,这种理论得到证实。

其中①一个学生在100个单词中拼错55个,而且很多课程都不及格,以致丧失了一年的学分。但第二年各科成绩平均91分,成了全校最优秀的学生。②一个男孩因成绩太差,被迫退学,进入哥伦比亚大学后,却成了全优生。③一个男生被考核机构断定为"英语能力欠缺者",却在第二年荣获学校文学奖的提名。

这些学生以前的问题不在于他们智力迟钝或基本能力的缺乏,而在于他们自我意识不恰当。他们"确认"自己的错误和失败,不是说:"我这门课不及格。"而是说:"我是个不及格的学生。"

自我意识的进一步发展,是中学生个性走向稳定的一个重要表现。中学生不仅对周围的人,而且对自己也能做出相应的评价,但是由于他们受知识和生活经验的限制,带着理想和现实的自我分裂危机,仍然出现对人、对己认识、评价的片面甚至偏激。

青少年处于不能认识自己的苦恼中,主要有两种倾向,一是自我扩大的倾向。自我评价过高,夸大。他们总是心比天高,缺乏自知之明,所定的目标和理想不合实际,主观和客观相距甚远,总是自责、自怨,以至自卑。结果自己的心理状态永远无法平衡,这样就永远无法摆脱自己面临的心理危机。

另一种是自我萎缩的倾向。主要表现为,把自己看得比实际低,认为自己无用,无能。有的产生"低人一等"的自卑感,长期心情压抑,悲观消沉。对外界评价敏感,缺乏自信,郁郁寡欢,甚至沮丧轻生,或暴力伤人。

自我扩大与自我萎缩的交替,使处于心理急剧变化,半成熟、半幼稚时期的青少年,在自我认识方面出现肯定与否定方面的矛盾、动摇。有时觉得自己了不起,甚至飘飘然;有时认为自己很差劲,自卑自怜。

以上种种自我认识的不良倾向,有时会导致行为的偏差,作出错误的选择,陷入错误的泥潭。这就需要帮助,启发他们从种种自我认识的误区走出来,养成对人对己客观公正的态度,还他们以轻松、自信、自尊和自爱。

创造性建立全新成功学的拿破仑·希尔博士说:"一切成就,一切财富,都始于一个意念,就是自我意识。"可见自我意识的确立是十分重要的。其正或负的倾向是我们生命走向成功或失败的方向盘、指南针。

我们可以采取自省、比较、他人评价和回顾经历等方法获得正确的自我认识,形成积极的自我意识。

(1) 自省。古人云:"内省不疚,夫何忧何惧。""吾日三省吾身:与人谋而不忠乎? 与朋友交而不信乎? 传不习乎?"可见自省在个人修身中的重要性。

人们往往可在实际生活、学习中通过反思、自我检查来认识自己,发现自己的个性特长、潜在能力以及优缺点。实质上也是一个正视自己、反思自己、认识新我、发现新我促进自身发展的过程。

(2) 比较。即以人为镜,从比较中认识自己。古人云:"见贤思齐,见不贤而内自省也。"我们可以通过与同龄伙伴在个性、能力、与人交往的态度、情感表示方式等方面进行比较,找出自己的特点,确定自己在同龄群体中的位置,进一步认识自己。比较中要注意比较对象的选择。要寻找适合自己的实际情况和自己多方面条件相近的人进行比较,才能比较客观、公正地评价自己,认识自己。

(3) 他人评价。我们可以通过他人的评价来认识自己。他人的评价比主观自省具有更大的客观性。青少年常通过同龄伙伴的评价来认识评价自己,也在乎周围人对自己的认识、评价。常易犯的错误是根据心理需要,接受某些方面的评价,甚至有的是听得赞美的话,听不得不同的评议。由此,对他人的评价要注意兼听则明,偏听则暗。只有这样才能恰如其分地认识自己。

(4) 回顾经历。通过回顾童年、少年期的经历,总结成功与失败的经验教训来发现自己的个性特点。因为成功与挫折最能反映个人的性格、能力等方面的优点和劣势,这样就能更好地把握自己,扬长避短,在人生路上迈向一个新台阶。

一个人可以喜欢、尊重某一位作家、艺术家或者喜欢、尊重某一个人,但决不能只是一味地模仿别人。人生最重要的是通过自己的思考判断,找到自己的位置和方向,发现自己的优势、兴趣。尊重自己的天分和选择,走自己的路。

人的一生只是尽情地做自己。认识自己、扮演自己、实践自己就是天堂;不认识自己,总是想或一直在扮演别人,就是地狱。人一旦懂得自己,就能明察自己、正视自己、充分体现自身价值,为走向成功奠定坚实的基础。

别忘了:自知是人生的第一步! 学会认识你自己!

55 是就读北清，还是出国深造

——给一名杰出高中生的邮件

决定你是什么的，不是你拥有的能力，而是你的选择。

——杨澜

《高效能学习的78个金点子》出版以后，我意外收到了许多读者的邮件和来信，大多数是咨询学习问题，我都一一作了答复。有一次，我收到了浙江一名杰出中学生的邮件，他每门功课都出类拔萃，但他一直纠结于是出国深造还是在国内就读，如果在国内就读，应该是选择香港大学和香港中文大学，还是选择北京大学和清华大学。我觉得这样的同学数量虽少，却很有潜质，引导得好，可望成为一个对祖国、对人类做出重大贡献的人才。

于是，我诚恳地给他写了第一个邮件。

××同学：

你好！

收到你的邮件，我非常高兴！看得出来，你是一个有抱负、有实力、有思想的人，你的纠结是一般同学所没有的，在这个阶段能够独立思考这种问题的同学一定非同凡响！我仔细阅读了你的邮件，现就你的邮件内容探讨有关问题，供你参考：

1. 到底去哪里就读，主要应该参考你的经济实力。如果经济上没问题，可以考虑去美英名校就读。当然，如果去美英名校，你也应该设法申请奖学金。

2. 港大和香港中文大学每年有200个左右的奖学金发放给各省市的

优秀学生，完全可以满足四年的学习费用。所以，如果经济上有一定困难，也可以走这条路。

3. 就港大和香港中文而言，与北清相比各有优势，科研、教学的基本实力相当，甚至后者更强一些；前者最大的优势可能是语言，对出国读研究生更有利一些。

总结起来说，你说的这些学校都很好，都值得去读。如果要选择的话，一看经济，二看你的未来规划，你应该据此来做决定。

4. 至于说到创新、方法问题，国内大多数高校确实存在许多问题，但北大、清华这样的学校已经非常重视。请别忘记，扎实的基础训练对创新是好事，并没有坏处，对读研而言更是如此。因此，如果你可以考上北清（可能清华更适合你），亦无需担心。

5. 至于交大的密西根学院我不太了解，应该是一个新的中外联合办学，到底情况如何，建议登录该校网站了解清楚后再做决定。

6. 如果拿定主意出国，就不要再犹豫，赶紧考托福、GRE，等到大二出国是浪费，与其在高考上花许多时间和精力，不如早点出去适应，早点就业。

这是我的几个想法，供你参考！建议你与父母再做进一步的讨论，以得到他们的认同与支持。总之，早做决断。祝你如愿以偿！

邮件发出的当晚，他就来了回复，彬彬有礼地感谢我给他的建议，并提出了两个新的问题，一是希望我直接帮助他做出决断，二是担忧假如就读国内高校的话，自己的创新能力能不能得到提高。显然他对拔尖创新人才是有概念的，而且自己想往这个方向上培养。在他的身上，我看出了新一代青年对于人生的理解和追求，这恰恰就是我们现代化建设所迫切需要的。因而，我又高兴地给他写了第二个邮件。

××同学：

你好！

再次收到你的邮件，非常高兴，你很会思考，也善于提问，有那种打破砂锅问到底的气势，我非常欣赏！

其实，我的意见在上一个邮件中已经说得很清楚了，你可能对"选择"

还不太理解。其实，无论是选择出国，还是选择北清，都是你和你的家庭的选择，我不可能替代。我个人认为，无论国外一流大学，还是北清等国内名校都很好，都是值得选择的。究竟如何选择，应该由你和你的父母一起决定。

至于讲到国内外顶尖大学在本科阶段培养学生创新、思维能力上的差距，从整体上讲还是有的，尽管北清这几年飞速进步，但毕竟还没有进入"世界一流大学"。但任何一个学生除了选择学校以外，主要是选择专业。因为世界各国大学都有一个专业排行榜，哪怕是哈佛大学也并非每个专业都是世界一流的；相反，有许多二流甚至三流大学中都有一流专业。这样来看国内一流大学，还是有一些在全球有较大影响力的专业的。所以，你还要根据自己的人生规划和兴趣特长选择最能发挥自己潜能的专业，不能一味地看学校的知名度。

你很关心在你这个年龄阶段是否合适培养创新能力，等到本科出去是否还能够提高自己的创新能力。作为一个创造教育的研究人员，这让我很高兴，因为这么想的学生太少了，你看到的不仅是当下，而且看到了未来。从理论上讲，创造力培养越早越好，但也未必意味着创造力将来就不能成长，一个典型的实例是文革之后的"老三届"上大学后就涌现了无数的精英。从我接触的一些研究生看，也确有一些同学本科才华横溢，但研究生阶段表现平平；反之，也有一些人本科表现平平，但研究生阶段才华横溢。原因很多，关键是研究生所读的专业是否适合自己的天赋，另外就是跟了一个什么样的导师。所以，我的结论是：无论在高中、大学还是读研都可以培养创新能力。

目前，国家教育部已经启动了拔尖创新人才培养计划，一些大学早先或最近也纷纷启动拔尖创新人才培养计划，我知道的北大有"元培计划"，清华有"清华学堂计划"（含数学班、物理班、化学班、生命科学班、计算机科学实验班、钱学森力学班），诸如此类的实验班集中了全国各地超一流的高中毕业生，师资配备也属于超豪华，和国外一流大学的教育水平应该不分仲伯。你有相当的实力，如果参加国内高考，完全可以瞄准这些实验班，以接受高水准的精英教育，零距离接触学术大师，从而让自己的才华得到真正的训练和展示，这既有益于你的成长，也有益于我们创新型国家的建设！

　　收到我的邮件，他心悦诚服，并就此与自己的家长作了细致的讨论，慎重做出了人生中最重要的抉择。我很欣慰，并期待他尽早成为"可堪大用、能负重任的栋梁之材"！

56 庆幸自己是独一无二的

——悦纳自我

> 人不是因为美丽才可爱的,而是因为可爱才美丽的。
>
> ——泰戈尔

毕加索有这样的格言:"你就是自己的太阳。"在社会急剧变革、新旧观念相互撞击,竞争激烈、信息扑面而来的今天,我们更应该清醒地把握自己。我们既要了解自我,更要接纳自我,充分体验自我存在的价值,让主宰自我的大旗高高飘扬起来。

我们要走出自我认识的误区、悦纳自己,发现自己开发潜能,让我们的生活更加丰富、充实、美好。

1. 记住:人是因为可爱才美丽的

一个人的相貌是天生的,自己无法选择。尽管人们都有爱美之心,但世上相貌好的人毕竟是少数,被别人和自己都认为相貌好的人更少。绝大多数相貌平平,貌美也会随岁月流逝而变化的,难以青春长驻。而内在的美是可以由自己来塑造的,这是人类的灵魂和核心所在。它比外在美更宝贵更高级,更有社会价值。泰戈尔说:"你可以用外表美来对待一朵鲜花和一只蝴蝶,却不可能用它来判断一个人。"请记住:"人不是因为美丽才可爱的,而是因为可爱才美丽的。"

中国古代有四大丑女:远古的嫫母、战国的钟离春、东汉的孟光,最后一个是阮女。她们虽貌丑,但品格高洁,世代传颂。如嫫母,相传她形同夜叉,丑陋无比。而嫫母的德行则是当时女人的楷模。诗人屈原曾给予嫫母极高的评价:

"妒佳冶之芬芳，嫫母姣而自好。"嫫母的智慧也非比寻常，她这些优良的内在素质让黄帝极为赞赏，并娶她为妻。

300 年前，英国有位身高 46 厘米的爵士。11 岁时，他进入英国外交部。十几岁时，他便跟随英国的将军前往荷兰，支援荷兰反抗西班牙、争取独立的斗争。经过拼搏，他立下了赫赫战功。19 岁的他，成为家喻户晓的英雄。回国后，他被封为爵士。到了 61 岁，他还不甘寂寞，加入国王的秘密军队……

这位传奇人物就是响当当的赫德森。在 17 世纪的绘画和文学作品中，他的身影无处不在。

历史人物的巨大反差，给我们以深刻的启迪：绝不要自己瞧不起自己，也绝不要轻易瞧不起别人。

2. 比别人更爱自己

詹姆士·鲍斯威尔说：人们最喜爱的主题是"自己"。

纽约电话公司曾就电话对话做过一项调查，看哪一个字是人们最常使用的。想必你一定猜到了，正是："我"。在五百次电话对话当中，这个字约用了三千九百次。"我"、"我"、"我"……

当你见到一张你和别人的团体照，你最先注意的是哪一个人？

希腊哲学家毕达哥拉斯告诫人们："尊重你自己比什么都重要。"

一个人无论有怎样的缺陷，怎样的不如意，别人可以不爱你，但自己决不可不爱自己；别人可以抛弃你，但有一个人决不能抛弃你，那就是自己，而且要比别人更爱自己。

让我们学会如何接受如下的事实：我在某些方面很行，在别的方面则有局限；天才稀有，而平凡几乎是所有人的命运。我们愿意快乐而勇敢地接受现实，使我们平凡的生活更为丰富、生动而多彩。

3. 我很重要

第二次世界大战以后，战败国日本的失业人数陡增，一个快要倒闭的食品公司准备裁减三分之一的员工。主要是：清洁工、司机、仓库管理人员，三种人加起来有 30 多个。经理把他们一个个找来，诚恳地说明公司领导层是迫不得已才这样做的。清洁工说："我很重要。如果没有我们打扫卫生，公司就没有清洁优美的环境；没有清洁优美的环境，你们就不可能愉快地全身心地工作。"司机说:"我很重要。公司的食品假若不安全迅速地运到市场上去,效益从哪里来?"仓库管理人员说:"我很重要。眼下许多人忍饥受饿,要不是我们来做守护神,这些食品肯定会大量流失。"怎么能裁减自认为"很重要"的人呢? 他们的话感动了经理,他决定把他们留下来,另辟蹊径,提高效率。经理在公司门口悬挂了一块大匾,上面写着四个大字:"我很重要。"人心齐,泰山移,这个食品公司克服了暂时的困难,迅速崛起。

一个人无论多么卑微、渺小,卑微得像棵草,渺小得像滴水,但他也有自身存在的价值。价值是客观存在的,但是和自我意识是密切相关的。你珍视则有,你不珍视等于没有,你十分珍视则高,价值就是重要性。意识到"我很重要"是很重要的。

4. 挑战自己,以才补缺

我们与其为自己某些缺陷而发愁、伤心,还不如正视现实,战胜自卑。不断充实自己,用敏锐的艺术感觉,深刻的生命领悟,出色的文化修养,对人的真挚、热忱,对社会勤勤恳恳贡献立足于世。使你成为一个虽某些方面不如人,但受人尊重,超过常人的人。古今中外,其人其事常不胜举。

在美国有一个小孩,长着不大方的脸,一副暴露在外面的丑牙,遇事畏首畏尾,谁见了都觉得好笑。当他在课堂上被老师叫起来背书时,更是局促不安,浑身直打哆嗦,几乎没有人听懂他含糊不清地说些什么,费劲背完,疲乏不堪,还引起同学的讪笑。正是这缺陷激励他奋斗,催他上进。他终于克服了自卑心理,战胜自己走向成功。他就是曾任美国总统的老罗斯福。

古希腊著名雄辩家德摩斯梯尼亦是过剩补偿的最好典范。据说德摩斯梯尼从小就为自己严重的口吃而苦恼。后来,他在发愤纠正口吃毛病的过程中,不仅治好了口吃,而且成为一名出色的演说家。

由此可见,每个人只要努力去做,不断挑战自己,是会成为一个优秀的人的。我们与其为自己的缺陷、不如意之处伤心落泪,还不如正视现实,充实自己,以才补缺,努力成为一个受人尊重,才华过人的人。

5. 强化优点,充分肯定自己

当你认为自己是一个无能、没有任何特长,净是缺点或者缺点多于优点的人,为此而烦恼不堪的话,你可采取强化自己优点的办法战胜自卑,走出困境。

这是日本心理学家多湖辉给我们提供的一个好办法。

学会使用转折句，充分肯定自己。这也是多湖辉提出的"自我暗示"增强自信的一种方法。

我们可以用"但是"、"然而"之类的逆态转折连词，重新发现肯定自己的优势，从而消除生活中的自卑感，增强自信力。

赵传的一首歌："我很丑，可是我很温柔……"拨动了无数人的心弦，给人以信心、美感。你不妨大声讲："我很丑，但我很能干"，"我很笨，但是我很勤快！""我很穷，但我……"

朋友，千万别为某一时的不如意，某一些缺陷而忧愁。

"不要小题大做，不要让小东西——生命的小白蚁——摧毁你的快乐。"卡耐基如是说。

6. 读成功者的足迹，"别人行，我也行！"

当我们阅读成功者及伟大人物的传记时，就会发现，他们的足迹有共通的东西：他们几乎都是以超人的毅力将自身的缺陷、不足之处，诸如家境的贫寒，身体的缺陷，个性的孤僻等方面，转化为人生道路的动力。他们巧妙地克服了自卑心理，扬长避短、奋发而起，走向成功。

有一个人长得很普通，出身也很平常，只是个养猪户的儿子，他写了一本《影响力的本质》，1936 年出版时，在美国就卖出了 1500 万本。之后大家开始注意这个人，他就是戴尔·卡耐基。据说，他是一个很能认识自己的人。他尝试过不少工作，最后决定集结一身的阅历，开创一套课程，并且不断地研究新方法改进课程。他源于常理的哲学影响和教育实践，施惠于千百万人，难怪人们要为他鼓掌。

当你了解好些成功者也沮丧过，失败过，"他竟然在那样恶劣条件下，如此顽强地生活"的历程，一定会增强你的自信。记住成功者与失败者的一个重要差别，那就是毅力。由此，你可大声对自己说："别人行，我肯定行！"

57 独立，才会成功
——培养自主意识

21 世纪要求人人都有较强的自主能力和判断能力，同时要加强每个人在实现集体命运过程中的责任。

——雅克·德洛尔

初二学生小张 15 岁了，至今一直和爸爸妈妈同床睡，因为他不敢也不肯一个人单独睡。小张 1 米 75 的个头，不比父母矮，但依然像个刚出壳的小鸟，离不开父母。在家常耍小孩脾气，在学校或其他地方，他胆小怕事。小张事事要人包办，这说明他极度缺乏自信，不能独立处理自己的事情属于依赖型人格。

像小张这样过分地心理依赖决不是个别现象。天津市少工委曾对 1500 名中小学生做了调查，其中 51.9％的学生长期由家长整理生活用品和学习用具。有 74.4％的学生在生活和学习上离开父母就束手无策，只有 13.4％的学生偶然做点简单的家务。调查中还发现，独生子女认为自己有责任心的仅占 45.9％，认为自己做事有独立性，不依赖于他人的仅占 40.3％，也就是说，半数以上的独生子女依赖性极强。

缺乏独立性、自主意识差，可谓独生子女通病。这就严重影响了他们人格的发展。

一般讲依赖型性格对社会没有直接危害。但这种个性特征并不是我们社会和父母所愿意接受的。依赖型人格不仅制约创造力，甚至可妨碍人的智力发展。孩子长大成人后，依然缺乏自信，没有主见，不能适应当代社会的发展，难以成为国家所需要的人才。

《广州日报》2006年曾发表叶花果文章谈论"啃老族"问题。

有一谜语打一类人群,谜面是"一直无业,二老啃光,三餐饱食,四肢无力,五官端正,六亲不认,七分任性,八方逍遥,九(久)坐不动,十分无用"。谜底是:"啃老族"——到了就业年龄,却以薪水少等为理由,仍依赖父母的那些年轻人。

据中国老龄科研中心调查,我国有65%以上的家庭存在"老养小"现象,有30%左右的成年人基本靠父母供养。专家预言,"啃老族"很可能成为影响未来我国家庭经济生活的"第一杀手"。当父母丧失了供养能力,"啃老族"难以生存时,极有可能成为社会的安全隐患。

美国人认为,培养独立性从一岁半开始。他们在教育培养孩子的优良品德和个性方面,有很多值得我们借鉴和学习的方法和经验:

(1)让婴儿从小单独睡觉,无父母陪护。(2)把几个月大的婴儿赤身裸体扔进水中,让其学习游泳。(3)孩子跌跤,父母不管,让他(她)自己爬起来。(4)父母要求几岁大的孩子做家务劳动,如洗碗、扫地、洗衣服等。(5)自己的事情自己决定,自己的事情自己办理。(6)让孩子在看到本国国旗时,注目两分钟;在听到国歌奏响时,把手按在心口处,默唱国歌。(7)即使家庭经济状况良好,也鼓励孩子用自己的双手劳动挣钱,让孩子自己支付保险费用或部分学习费用及其他费用。(8)绝大多数18岁以上的孩子,都靠自己挣钱读书。有的人把钱赚够了才进学校读书;也有人一边打工,一边读书,或读读停停,用十几年时间拿个博士学位。孩子们认为,长这么大还伸手向父母要钱,很不光彩,会被人家瞧不起,所以必须找工作,做到经济上独立。(9)不培养孩子午睡的习惯。(10)鼓励孩子做登山、攀岩、跳水等活动,孩子们也乐于参与这些冒险活动。(11)在用钱上,即便是那些出身于中产阶层家庭的孩子,对自己也很"吝啬",与人交往也不摆阔,不赶时髦。(12)父辈一般不给孩子财产继承权。

我们如何从依赖走向独立,逐渐成为一个成熟、人格健全的人呢?

1. 学会做人,培养自主能力

国际21世纪教育委员会在提及"学会做人"时,认为学会做人的准确意义是:"更充分地发展自己的人格,并能以不断增强的自主性、判断力和个人责任感来行动。为此,教育不应忽视人的任何一种潜力:记忆力、推理能力、美感、体力和交往能力等。"委员会主席雅克·德洛尔先生还特别指出:"21世纪要求人人都有较强的自主能力和判断能力,同时要加强每个人在实现集体命运过程中的责任。"

古人云:"不闻大论,则志不宏。不听圣言,则心不固。"我们克服过度依赖心理时,立足点要高,要明白:学会做人,培养自主能力是 21 世纪人才的通行证,是时代的呼唤。唯其如此,才能在竞争相当激烈的现代社会中,像真正的人那样生存、发展。

2. 请大声说:"我能行!"

自信是一种意念,是一种意志。一位哲人说:"信心是生命和力量,信心是奇迹,信心是创立事业之本,不计辛劳,勇往直前,定让你的人生大放光彩。"这充分说明了信心的惊人力量。自信心也是我们成长的重要心理品质。

"成长的烦恼"几乎人人都经历过,具体表现形式不同而已。两位央视主持人也曾自卑过,你信吗?

几年前,他从一个北方小镇考进了北京的大学。上学的第一天,他邻桌的女同学就问他:"你从哪里来?"而这正是他最忌讳的,在他的逻辑里,出生于小城,就意味着没见过世面。就因为这个女同学的问话,使他一个学期都不敢和女同学说话! 很长一段时间,自卑的阴影都占据着他的心灵。

20 年前,她在北京的一所大学上学。她也常在自卑中度过。她疑心同学会在暗地里嘲笑她,她肥胖的样子太难看。大学结束时,她差点毕不了业,因为她不敢参加体育长跑测试! 老师说:"只要你跑了,不管多慢,都算你合格。"可是她就是不跑。她想跟老师解释,她不是在抗拒,而是恐惧自己肥胖的身体跑步一定非常愚笨。可是她连对老师解释的勇气都没有。

他,现在是中央电视台著名节目主持人,他的名字叫白岩松。她,现在也是中央电视台著名节目主持人,而且是第一个完全靠才气走上中央电视台主持人位置的,她的名字叫张越。

原来"名人"也曾经自卑。虽然他们超越了自卑,但自卑使他们的人生之路多了几分坎坷。

你曾因学习成绩不理想,社交能力不强,或活动中的一次失败……自卑过,对不对? 其实没有人会在乎你的过去,关键是正确认识自己,重建自信,抬起头来,给自己一个激励,大声说出"我能行!"

3. 学会对自己的行为负责

生活中,有的中学生常将自己的过失,如学习不好、违反纪律、同学间人际关系不协调等等产生的原因归咎于家长,推卸责任,这也是独立性差、依赖性强的表现。

据说,在美国 1920 年,一位 11 岁的男孩踢足球,不小心踢碎了邻居的玻璃,人家索赔 12.5 美元。当时 12.5 美元可以买 125 只生蛋的母鸡。男孩闯下大祸后向父亲认了错。父亲对他说:12.5 美元我借给你赔人家,一年后还我。从此,这男孩开始了艰苦的打工生活,半年的努力,终于挣足了 12.5 美元,还给了父亲。这就是后来成为美国总统里根小时候的故事。他通过自己的劳动承担过失,使他懂得什么叫责任。

一个对自己的行为后果没有责任感的人很难形成社会的归属感,很难适应社会。责任心也是衡量现代人的重要标准。培养责任心,学会依赖自己,这是我们学业不断进步的重要条件。

4. 跌倒了,自己爬起来

日本动画片《聪明的一休》中有一个令人难忘的情节:一休的母亲为了磨炼一休,让他去当和尚,独立生活。有一次一休跌倒了,石头磨破了他的腿,母亲离他只有一步之遥。一休将手伸向母亲,可母亲却无动于衷,只说了一句:"用手撑一下,自己爬起来。"

妈妈让一休明白了一个道理:跌倒了得自己爬起来。

任何人,任何时候,任何情况下,都会遇到困难和麻烦,我们都要学会面对困难,克服困难。人只要战胜了自己,就会战胜其他一切。因为"每个人都能做自己的主"。学习上更是如此!

5. 打造自己要付出八倍的辛劳

美国女国务卿赖斯的奋斗史颇有传奇色彩,短短 20 多年,她就从一个备受歧视的黑人女孩成为著名的外交官员,奇迹般地完成了从"丑小鸭"到"白天鹅"的嬗变。有人问她成功的秘诀,赖斯简明扼要地说,因为自己付出了"八倍的辛劳"。

赖斯小时候,她的父母就经常向她灌输这样的思想:如果你愿意付出四倍的辛劳,就得以跟白人并驾齐驱;如果你愿意付出八倍的辛劳,就一定能赶在白人前头。

为了能"赶在白人前头",她数十年如一日,以超过白人"八倍的辛劳"发奋学习,积累知识,增长才干。她除母语外还精通俄语、法语、西班牙语;26 岁,她已经是斯坦福大学最年轻的教授,随后又出任了斯坦福大学历史上最年轻的教务长;她还曾获得美国青少年钢琴大赛第一名;此外,她还精心学习了网球、花样滑冰、芭蕾舞、礼仪,白人能做到的她要做到,白人做不到的她也要做到。天道酬勤,"八倍的辛劳"带来了"八倍的成就"。

赖斯的成功,告诉了我们:当我们处于逆境之中,埋怨、哭诉、愤慨都是无济于事的,重要的是我们要通过"八倍辛劳"不断完善充实自己,做最好的自己,使自己成为一流或超一流的人才。那时,你将面临的是一片灿烂,是金子总会发光! 你说对吧?

6. 学会做最坏的打算

加利福尼亚大学保罗·伯恩医生,要求那些备受胆怯之苦的人一起讨论。最深的恐惧是什么? 既然最坏的结果也不过如此,你还有什么担忧的?

如果在日常学习、生活中,总是担心失败,连试一试的勇气也没有,那我们什么时候才能独立,才能走向成功呢? 由此,我们不如采用这样的方法,设想一下失败的最坏情景是怎样的,然后大声对自己说:"最坏结果也就是这样,怕什么?"借此,增强信心和勇气,面对荆棘,大步向前。

"独立,才会成功!"你记住了没有?

请潇潇洒洒走自己的路!

58 亮出你自己

——主动把握机遇

弱者等待时机，强者创造时机。

——西方谚语

在《演讲与口才》杂志上，我曾看到这么一件事情。说比尔教授应邀来中国作演讲，演讲的大礼堂里挤满了人，没有座位的，都站在走廊上。可是，最前排却没有一个人坐。见此情景，比尔教授十分惊讶，便问大家："这第一排怎么没有人愿意坐？难道坐着不如站着？"没人回答，整个大礼堂一片寂静。

比尔教授笑着问："你们是怕坐第一排我向你们提问题吧？"

有人回答说："是！"比尔教授微笑着说："你们怕什么呢？提问题有什么可怕的？我又不会吃掉你们！"大家会意地笑了起来。

比尔教授接着说："在美国，大家都争着坐第一排，为什么呢？因为坐第一排才能亮出你自己，才能更引人注目。要知道，你引人注目，你才有机会被人赏识，被人看中。在这个人才辈出的社会里，只有坐在第一排，才有可能出人头地！"

西方有句谚语："弱者等待时机，强者创造时机。"当今社会崇尚知识，知识就是力量，知识就是每个人前途命运的主宰。可一些人总是受传统观念的影响，坚守古人"高风亮节"，"含而不露"，似乎谦虚就得将自己贬低，才算维持"清高"。少年朋友们，何不从小就学会"亮出你自己"！

亮出你自己，并非就是听讲座争着坐第一排，关键是把握机遇的意识。如果老师提问，你能够主动回答；如果晚自修老师到教室巡查，你能够主动提问；

如果推选班委，你就毛遂自荐；如果看到征文征稿，你敢于投稿；如果课堂讨论，你能够大胆发言，敢于发表不同意见，充分表达自己的观点；如果你和老师、同学有不同见解，你敢于商榷，以理服人；如果你看到课本上的错误观点或材料，你敢于提出来进行争鸣；……生活就是如此，只有亮出自己的人，才有可能让别人记住，才有可能被人赏识。

　　只要你敢于亮出自我，即使你不能成为一个新闻人物，你也会成为一个有价值的人；即使你不能成为一个创造性的人才，你也会成为一个有个性的人；即使你不能成为一个思想家，你也会成为一个有思想的人。

　　亮出你自己，主动把握机遇，只要你持之以恒，你的明天一定会更辉煌！

59 一夜与一生
——魅力属于每一个人

> 播下一种性格，收获一种命运。
>
> ——威廉·詹姆士

人性的美丽在于迷人的个性

一位哲人说："人生的美丽在于人情的美好，人情的美好在于人性的美丽。人性的美丽在于人的个性，在于人的迷人的个性。"

什么是迷人的个性？当然是指能吸引人的个性。

社会生活中，每个人的行为心理都有一些特征。你和其他人有所差异，你的个性是你的特点与外表的总和。你的微笑、你的声调、你的服饰、你的行为习惯、你的道德表现、兴趣爱好等等，这一切都构成你的个性。

一个人漂亮的外表固然能吸引他人，完美的内在往往更会使人魅力倍增。在许多时候，人格形成魅力的影响明显优于仪表的魅力。如高尚、完美、健康的人，往往会赢得人们的赞赏和钦佩。由此，人们常把人格的力量视为不可战胜的。

西方有句名言："性格即命运。"一个人所具有的特殊性格往往成为从事某种职业的特殊优势，有些性格能够帮助人们克服巨大的困难。特殊的性格在助成功者走向人生辉煌中占重要的地位。

请看，迷人个性助人成功的典型案例：一夜与一生。

很多年前，在一个暴风雨的晚上，一对老夫妇走进一家旅馆要求订房。一位服务生说："很抱歉，我们这里已全被参加会议的团体包下了。"看到老者一脸的遗憾，服务生赶紧说："先生、太太，在这样的夜晚，我实在不能想象你们离开这里却又投宿无门的情境。如果你们不嫌弃的话，可在我房间住一晚，那里十分干净。我今晚要在这里加班。"

第二天一大早，当老先生下楼付住宿费时，那位服务生婉言谢绝了，并说："我的房间是免费借给你们住的，我昨天晚上在这里已挣了额外钟点费，房间的费用本来就包含在里面了。"

老先生说："你这样的员工是每位旅馆老板梦寐以求的，也许有一天我会为你建一座旅馆的。"服务生笑了笑，他明白老人的好心，但他当成一个笑话。

事隔数年后，老先生果真邀请服务生到曼哈顿，送给他一座饭店，很温和地说："我的名字叫威廉·渥道夫·爱斯特，我认为你是经营这家饭店的最佳人选。"这家饭店就是美国著名的渥道夫·爱斯特利亚的前身，这个服务生就是该饭店的第一任总经理乔治·伯特。他怎么也没想到，自己用一夜的真诚换来的竟是一生辉煌的回报。

最稀缺的东西最值钱，在商业活动中最稀缺的是真诚。尽可能真诚帮助更多的人，成功就会来陪伴你。你说不是吗？

魅力属于每一个人

被人们誉为"平民大使"的金羽西说过："魅力不是名人的专利，魅力是属于每一个人的。魅力也不是和金钱权势联系在一起的，无论你是任何职业，任何年龄，哪怕你是这个社会中最普通的一员，你也可以有魅力。"

2007年度获得"感动中国人物"荣誉的有：中国航天事业奠基人钱学森；国家科学技术大奖获得者闵恩泽；党的理论传播者方永刚；细心侍奉亡妻家人33年的河南工人谢延信；香港教育界散尽家产培养人才的夫妻胡鸿烈、钟期荣；用爱心唤醒英雄丈夫的罗映珍；为保护群众生命财产牺牲的空军飞行员李剑英；被称为湖南张海迪的残疾人李丽；坚持医德的医生陈晓兰；舍己救人的年轻军人孟祥斌。他们的事迹组成一首首情感诗，感动一个个中国人。这正是对上述魅力属于每一个人的最有力的佐证。

2000年1月27日，放眼人才交流会，黑压压的全是求职者，而他杨少锋，却别出心裁，在人才市场租了一个摊位，大胆地打出了"年薪十万，谁聘我？"的口号。第二天，这条新闻成为当天全国最具轰动效应的新闻——福建本省的主流媒体大篇幅刊登,全国各省报纸也纷纷转载,他借此一举成名。

昨天,他打出了自己的就业招牌。今天,他以自己的勇敢和脚踏实地走出了一条年薪百万的道路,他就是杨少锋,打破了中国毕业生就业规则的第一人!

在实践方面,应该说很少有学生做得比他更出色。毕业时,他用一组数字"23456"来概括自己大学时的"成就":"2"就是在四年期间,他共为校内外的各种活动拉到了共27万元的赞助;"3"指的是在校期间,他当过三家企业的总经理助理等职务;"4"指的是他创办了福州大学创新协会等四个学生社团;"5"指的是在校期间他已是一个"名人",当时在青少年中影响较大的《青春潮》、《现代交际》、《青年博览》、《少男少女》、《辽宁青年》等五家杂志对他进行过专访;"6"指的是在校期间他担任过校团委书记助理、校学生会副主席、社团联合会主席等六个主要职务。

就这样,天真的梦想,加上不懈的努力,让杨少锋大学期间脱胎换骨,从一个少不更事的农村少年,成长为一个有胆有谋的现代青年,更为梦想的飞翔插上了一对坚实的翅膀。

爱因斯坦曾经说过:"生活中只有两种生活方式:一种是认为根本没有奇迹;一种是认为事事皆奇迹。"其中只有一种能给你带来源源不断的快乐和惊喜。

同学,你准备作怎样的抉择呢?抉择凸显出你的个性。别忘了,"魅力是属于每一个人的",你也可以有魅力!

60 魅力助你走向辉煌
——打造迷人的个性

> 各个人都有他的个性魅力。最重要的,就是认识自己的个性,而加以发展。
>
> ——松下幸之助

社会生活中,每一个人都有自身的存在价值。无数成功者的足迹告诉世人:"魅力属于每一个人。"正如松下幸之助所说:"每个人都有他的个性魅力。最重要的,就是认识自己的个性,而加以发展。"

怎样打造迷人的个性、不断超越自我呢?

1. 培养积极的心态,树立人生志向

伟大的革命导师马克思说:如果我们选择了最能为人类谋福利而劳动的职业,那么,重担就不能把我们压倒,因为这是为大家而献身。那时我们所感到的就不是可怜、有限的、自私的乐趣,我们的幸福将属于千百万人。

青年马克思确立自己的崇高理想时,正是风华正茂的 17 岁,他将自己的理想定位在"做人类的公仆",这很值得我们深思与学习。青年精力最充沛、想象最丰富、追求最强烈,青年时期正是一个人构筑理想的大厦的关键时期,在这一时期,如果不能确立自己的崇高理想,他的一生很可能是浑浑噩噩的几十年。

生活中,我们经常看到这样的现象,面对同样的环境,同样的问题,由于一念之差,而导致天壤之别。一个灰心失望,不战而败;另一个则满怀信心,大获全胜。

拿破仑·希尔告诉我们:我们的心态很大程度上决定了我们人生的成败。一般而言,成功者拥有积极、进取、乐观的心态,积极思考,正确处理人生遇到的各种困难、矛盾和问题。失败者则相反,心态悲观、消极、空虚、颓废,最终走向失败。

我们可根据自己的智力、兴趣、特长、气质等主观条件,立足于21世纪社会发展对人才的要求,确立志向和抱负,以最大的热忱投身到自己所追求的目标中去。懂得如何认真、正确做好身边事,才能在未来生活中,为实现自我价值,做好最大的努力。

2. 培养对学习的热忱,不断增强责任感

拿破仑·希尔博士告诉我们:热忱能够鼓励一个人对手中的工作采取行动,热忱和人类的关系就是蒸气和火车头的关系,它是行动的主要动力。我们可以认为,培养对学习的热忱,增强责任感,就会使我们更加珍爱生活,逐步拥有别人无法匹敌的敬业精神,成功势在必得!

责任感是一种极为高贵的品质,具备责任感的人,往往产生极为强烈的震撼力量。

一个感动世界的请求

1979年12月8日,本年度诺贝尔和平奖得主——仁爱传教修女德兰会长飞抵挪威首都奥斯陆。诺贝尔和平奖评委会主席萨涅斯告诉她领奖典礼后举行盛大宴会,有135名贵宾应邀参加,费用要7000美元。

"什么?7000美元!"德兰睁大眼睛,目光里露出无限的惋惜。她鼓起勇气,"尊敬的主席先生,我有一个请求……请求您取消……取消这次宴会。"

主席十分惊诧,从1901年设立诺贝尔和平奖以来,第一次有人请求取消典礼宴会。

"是的,我请求主席先生取消这次宴会,把省下来的钱交给我去救助那些饥寒交迫的穷人。"

德兰有些歉意:"主席先生,我的请求是不是让您为难了?"

"不,不!"主席仰起脸,热泪满面,他向德兰深深地鞠了一躬,"我亲爱的会长,您的请求深深地感动了我,感动了世界,我代表世界上所有的穷人和善良人谢谢您了。"

一个感动世界的请求之后,便是一个震撼世界的行动。

19 万美元的奖金她一分不留地全部捐给印度麻风病基金会,7000 美元捐给了穷人,就连那块至高荣誉的和平奖章也让她卖了捐给了穷人。

1997 年,当她离开这个世界时,除了两件换洗的粗布纱丽和一双旧凉鞋,一无所有。

我们每个人都对社会承担一定的责任和义务。那是人立足于世的准许证。由此,我们以一种特有的责任感,满腔热忱地不断挑战自己,战胜自己,深信会走向成功。因为"若你能保持一颗热忱之心,那是会给你带来奇迹的"。

一位哲人说:"人格的魅力价值来自于他个人所具备的优秀品德。"

别忘了,积极的品质最具有魅力!

3. 学会专注,超越浮躁

我们生活在急剧变革的社会中,节奏日益加快的现代生活,常使人陷入一种浮躁的生活状态。

现代人的浮躁,表现为要求获得及时的满足而缺乏奋斗的耐性,盲目追随潮流,一切凭感觉行事而取代了思考的作用。这些也毫无例外地反映在我们学校生活中,如有的人今天热心于外语,明天热心于写作,有的今天追歌星,明天又去追影星,有的今天想物理考试一炮打响,明天又想智力竞赛得奖风光……对此,我们需要冷静地进行理性的思考,逐步超越浮躁的人生潮流而找到适合自己生存和发展的生活策略,把握自己的命运理想和生活节奏。

当今社会无数事实证明,"专注决定孩子的做事能力"。专注是成功的神奇之钥,专注力的确是一种高贵的品质。只有当我们具有专注力,才能打开自己的智慧之窗,让知识的阳光照射进来。

可以说,学会专注也是我们超越浮躁人生状态的一帖最好良方。

4. 真诚旷达,爱自己,爱别人

为救学生,75 岁老教授舍身堵枪眼。

2007 年 4 月 16 日,在美国弗吉尼亚理工大学发生枪击事件,至少打死 32 人,打伤 20 多人,凶犯随后自杀身亡。这是美国历史上最严重的校园枪击案。美国总统布什说,它使"全国感到震惊和悲伤"。

在弗吉尼亚理工大学枪杀事件中,最感人的一幕是:年届七旬的以色列教授列维·利布雷斯库在关键时刻挺身堵住了枪眼,为全班学生成功逃脱争取了宝贵时间。

利布雷斯库的学生埃里克·卡尔霍恩在接受媒体采访时表示："教授和同学们都在教室里上课，突然听到隔壁教室传出一阵巨响，像是砸锤子的声音。同学们很快回过神来感觉是枪声时，他们有人赶紧钻到桌子底下隐蔽起来，还有的则打开窗户直接往楼下跳。当我越过窗户，回头看教授的一刹那间，发现他留在后面把住教室门，结果正好撞到了枪口上。他这一堵，为我们全班的学生成功逃脱换回了宝贵的时间。我们班没有一个伤亡！"感动万分的学生纷纷给师母发电子邮件，详细描述了感人的一幕。

救人壮举感动四国，除了美国、以色列、罗马尼亚三国外，意大利的媒体也向这位勇敢的教授致意，称他是"真正的英雄"。

人们面对真诚自信的人，总会有一种信任感，他们受到人们的拥戴是必然的。

自爱的人，往往会表现出对自己生命的存在、社会价值的肯定和一切对自己有益的他人或事物的关爱。爱自己，才懂爱别人。从根本上讲，爱自己就是接受自己是一个有价值的人。

5. 学会微笑，学会幽默，富有同情心

拿破仑·希尔认为，真诚的微笑不但可以使人们和睦相处，也能给人带来极大的成功。

据说，在法国巴黎的商店、饭店、医院、机场等许多地方的墙上和服务台上，到处贴着排成一颗心形状的小诗：

微笑一下并不费力，但它却能产生无穷的魅力/它能使受惠者成为富有而施予者并不因此变穷/它转瞬即逝，却往往留下永久的回忆/它带来家庭的快乐，又是友谊绝妙的表示/它可以使疲劳者解乏，又可给绝望者以勇气。

这首诗揭示了笑的魅力。

笑的魅力无穷无尽，笑的艺术无穷无尽，我们都要学会真诚地笑，或许这会使你获得更多彩的人生。

同样，幽默也是成功的法宝。从根本上讲幽默是一种风趣、亲近、热情、机智的气质。幽默使人随和亲切，能有效地解决问题，也能使你保持积极进取之心，在人生成功的道路上，幽默的确显现出不可估量的作用。让我们学会幽默，

使自己成为更具魅力的人。

至于同情心，亦是迷人个性不可缺少的一个方面。与人相处能不能成功，全看你能不能以同情心理，接受别人的观念。据说，每天你所遇见的人中，有四分之三都渴望得到同情。如果你希望人们接受你的思想方式就应该对他人的想法和愿望表示同情。

所以无论何时何地，我们都要告诫自己："别吝惜自己的同情心！"

6. 克服不良的个性品质

有人对削弱人际魅力的个性品质作了研究，提出主要有如下十点：

①为人虚伪。②自私自利。③不尊重人。④报复心强。⑤妒忌心强。⑥猜疑心重。⑦苛求于人。⑧过分自卑。⑨骄傲自满。⑩孤独固执。

对照一下，我身上有这些不良品质的表现吗？如果有，下决心与这些不良品质告别。这样我们失掉的是恶习，得到的是进步和成功！

如果你注意自己个性的塑造，当你什么时候运用心灵的力量像日常生活起居那样习惯自如，那你将会真正成为魅力四射的人。总有一天，魅力助你走向辉煌。

61 拓宽智慧之门
——关注你的情商

情感智商是命运天平中关键的砝码。

——霍华德·嘉纳

学习从来没像当代社会这样令人瞩目和举足轻重。如何在有限的时间内提高学习效率,如何科学地创造地学习? 人类的学习正面临着一场严峻的挑战和重大的改革。时下人们普遍关注的是学生智力开发和知识教育,甚至认为智力发展水平决定了学生的一切,把智商看作是学生成才的唯一条件,于是出现了种种教育的误区。过分关注学生的智力开发,往往忽视了学生的"信心"、"乐观"、"毅力"、"兴趣"、"与人合作"等非智力范畴的情商对学习的巨大影响。对此,我们不可等闲视之。

请看曾经发生在河南新乡一中实验班上的三则小故事。

傅华进实验班时 9 岁半,是少儿班年龄最小的学生之一,智商 128,不是班上最高的。父母是普通工人,对傅华并不娇惯,家庭关系民主、和谐。

傅华从小就干家务活,生活有规律,自控能力强,兴趣爱好广泛。他轻松地用 4 年时间学完 6 年的功课,并考上了大学。

另一个同学智商 134,居全班第二,曾获得新乡市计算机竞赛二等奖。他的数学、语文、生物都考过全班第一名。但他的自制力太差,学习全凭自己的喜好和情绪,上课总不定神,整天看武侠小说等课外书籍,最后他的成绩每况愈下,失去了原有的优势。

还有一个同学,入学考试全班第一,但他自恃聪明,上课不听不学,不做作业。课后就打电子游戏机,成绩明显下降,后来家长只能让他转学。

"神童成长,最关键的因素不是智商的高低,而是品格、意志、生活习惯、自主意识等非智力因素。"——上述观点来自中学教育第一线的教师们。

学校生活中,我们经常会发现这样的现象:有的学生平时学习成绩很好,就是不会考试,越是关键的考试,越会考砸。他们总感到自己头脑发木,什么也记不住,平时很熟悉的知识,一下子怎么也想不起来。另外有的同学平时成绩不是最好的,但人人说他有考运,越是重大的考试,越考越神。这是为什么?

决定考试成绩的因素很多,除了智力水平及平时知识技能掌握的程度之外,很重要的是取决于考试时的心理状态。考试前,难免紧张、焦虑,但由于各人的性格、气质、环境条件不同,反应就不同,当然效果也就明显不同。

我国大量教育调查材料表明:中学的优秀生之所以能在学业上取得成功,与他们有良好的心理素质是分不开的。如他们富于进取、求知欲强烈,具有一丝不苟的学风,坚忍不拔的意志;他们得到同学的信任、尊重,老师的赞扬、家长的喜爱;他们的人际关系和谐,情绪相对稳定。种种因素对他们在学习过程中的感知、思维、想象、记忆等活动起着积极、巨大的推动作用,增强了他们学习活动的有效性。

相反,学业差的学生往往在心理发展中或多或少存在着某种心理障碍。如后进生在学习动机、注意力的集中性、学习兴趣、自制力等方面都比优秀生差。有的不善于组织自己的心智活动,学习处于被动,赶不上全班学业水平;有的思维狭窄,较少灵活性,学习上经常失败,很难得到成功的情感体验,使他们丧失了自尊心、自信心。久而久之,厌学、自卑、嫉妒、逆反等心理油然而生。学习成绩每况愈下。他们常常受到老师的批评,家长的指责,同学的冷落,社会的歧视。由此,他们敏感而脆弱的自尊心极易受到伤害。长期特殊的境遇,他们自身价值被人们所忽视,都会带来巨大的消极作用。即使一些有天赋的学生,如果心理障碍严重,也会逐步滑入后进生之列。

情感智商,也叫情绪智商(缩写为 EQ)。情绪智商是相对智商而言的,它反映的是一个人把握和控制自己的情绪,对他人情绪的揣摩和驾驭,以及承受外界的能力,不断激励自己和把握自己心理平衡的能力。

耶鲁大学心理学家彼得·沙洛维认为,EQ 应是包含以下五个方面的内容：

（1）能认识自身的情绪，并能在生活中利用它，做好正确的决定。

（2）能妥善管理自己的情绪，而不是成为它的奴隶。对情绪掌控自如的人，能很快走出生命的低潮，重新出发。

（3）能自我激励，将情绪专注于一项目标，满腔热忱，发挥创造力。做任何事效率都比较高。

（4）能认知他人的情绪。具有同情心，能从细致的信息，察觉他人的需求，真正站在别人的角度，理解别人的感受。

（5）人际关系的管理。能和谐有技巧地处理人际关系，充分掌握这项能力的人常常是社会上的佼佼者。

有些研究者认为，认识自我，认知和控制自己的情绪是情绪智商的首要基础，自我激励是情感智商的推动力，人际关系是情感智商的一个要素。

情商对人成才的作用如何？现代社会最典型的说明是，智商具有一定的意义，就人生的成功而言，至多只有 20%归功于智商，而其余因素则包含了社会背景、运气、健康，以及被称之为情商的一系列个人素质。也有人认为 80%归功于情商。也就是说，智商不是成才的唯一决定因素，情感智商才是制胜的关键。

有些人在潜力、学历、机会各方面都相当，后来的际遇却大有差别，这就很难从智商来解释。曾有人对 1940 年哈佛 95 位学生中年的成就进行跟踪研究，发现以薪水、生产力本行位阶来说，在校考试成绩最高的不见得成绩高，对人际关系、生活、家庭、爱情的满意程度也不是最高的。

还有一项调查，研究对象是 1981 年伊利诺伊州某中学 81 名毕业演说代表与致词代表学生，这些人平均智商是全校之冠，他们上大学后成绩都不错，但到近 30 岁时，却表现平平。中学毕业十年后，只有四分之一在本行中达到同龄人最高阶层，很多人的表现甚至远远不如同辈人。

凯文·朱勤小时候成绩不好，高中毕业时靠体育方面的才能勉强进入芝加哥大学学习，不仅老师和父亲认为他平庸无奇，而且说他在智力方面也不如一般孩子。可是，他经过百折不挠的努力，成为美国著名的洛滋企业集团的总裁。

以上的调查研究，向人们提出了一个问题，智商（IQ）高的人为什么事业无成，智力平庸的人却可能表现非凡。事实说明情商在人生成功中的地位和作用。

美国心理学家曾对八百名男性作了长达三年之久的跟踪研究,发现成就最大的人和成就最小的人之间的差异,不在于智力差异。拉大智力差距的原因,不是智力的本身而是取决于包括学习欲望、毅力、自信心等内在非智力因素。我国对科技工作者、超常儿童和科技大学生少年班学生所有的调查表明,他们具有较强的进取心、坚强的意志等。这都充分证明了成功与非智力因素的必然联系。

中国科学院的一些心理学专家曾对1999年被北京大学录取的32名各省级高考状元进行专项研究。研究表明,他们的成功,并不是因为他们有超人的智力水平,相反高考状元们普遍认为自己的智力水平一般,个别状元表示是中等偏上水平。他们之所以成功,则是由于他们有着优秀的非智力因素。他们普遍具有以下几种心理因素:积极的学习心态,勤奋刻苦的意志品质,牢固扎实的知识基础与全面合理的知识结构,行之有效的学习方法,优秀的自学能力以及稳定并善于调控的情绪状态。

美国哈佛大学教育学院的心理学家霍华德·嘉纳说:"芸芸众生,命运之神往往青睐的人就是生活中的强者","情感智商是命运天平中关键的砝码。情感智商较高的人,一般能把握住生活中的机遇,最终取得成功。"

心理学家研究发现,在0—14岁的儿童中,弱智的儿童仅占1%,而超常儿童超过3%,99%的儿童都不存在智商水平低的问题。

非智力因素对儿童、青少年的成长会起到很重要的作用。我们学习成绩好不好,绝大多数不是聪明不聪明的问题,而是对学习有没有兴趣,爱不爱学,会不会学,有没有毅力,能不能刻苦认真地学等问题。由此,我们必须十分重视塑造健全的人格,培养良好的心理素质和优秀的品质,养成良好的生活、学习习惯,这样才能有助于我们健康成长,有助于我们在现代社会中生存、发展。

当今,整个世界进入了一个高速运转的时代。"智力物化",社会生产成为科技智慧的表现形式,这就要求未来人才除具备良好的智力、科技知识之外,更重要的是具备良好的心理素质,促进智力发展。面对激烈竞争的社会,你作了怎样的准备呢?我要对你说的是:请关注你的情商!唯其如此,才能使我们在未来的社会中立于不败之地,实现时代赋予我们的角色期望;才能使我们真正成为跨入21世纪的一代历史新人!

朋友,请从现在开始就把握人生成功的法宝——情商。听我的,没错!

62 天堂和地狱的故事
——合作比竞争更重要

懂得合作、集思广益，能使一加一等于八、十六，甚至一千六。人类的潜能由此激发，面对再大的挑战也不畏惧。

——拿破仑·希尔

现代社会是一个竞争的世界，竞争意识也是人类自下而上发展中普遍存在的心理现象。国家与国家，企业与企业，人与人之间都处于竞争之中，无疑，现在中国人的竞争意识增强了，竞争带来了生机，带来了发展。但是，我们也应注意到，竞争需要合作，合作比竞争更重要。

提到合作的话题，我很自然地想起天堂和地狱的故事。很有趣，寓意深刻，不妨和大家一起分享。

一名教徒问先知伊利亚："地狱在哪儿？天堂又在哪儿？"伊利亚没有回答他，而是拉着他的手，走进了一间大屋。在屋子当中，有一个熊熊燃烧着的火堆，上面吊着一个大汤锅，锅里汤沸腾着，飘散着令人垂涎的香味。汤锅的周围，挤满了面黄肌瘦的人们，每个人手里都拿着一个好几尺长的大汤勺，这些饥饿的人围着汤锅贪婪地舀着。由于汤勺的柄非常长，一勺汤又非常重，即使是身强力壮的人也不可能把汤喝进自己的嘴里。互不相让烫了自己和身边人的胳臂和脸。他们互相责骂，用勺大打出手。伊利亚对那个教徒说："这就是地狱！"然后，他们来到了另一间房子。同前面一样，屋子中间有一个热汤锅，许多人围坐在旁边，每一个人拿着长柄汤勺。但是，这里除舀汤声外，能听到的只是静静的、满意的喝汤声。锅旁总保持两个人，一个舀汤，让另一个喝。如果舀汤人累了，另一个人就会拿着汤勺来帮忙，这样每一个人都能吃到东西。伊利亚对那个人说:"这就是天堂!"

读了这个故事,你想到了什么?对你有什么启发?

1. 不会合作的人,不是现代人

国际21世纪教育委员会面对未来教育的挑战,提出教育必须从四种基本能力来培养新一代。这四种基本能力是:学会求知、学会做事、学会共处、学会做人。其中"学会共处",便是指要培养孩子在人际活动中能与人合作。这是当前教育的重要目标之一。可以讲,善于与他人合作,是时代的要求,也是我们立足社会生存、发展的必要品质。如果在学校教育中,忽视了对学生合作精神、合作能力的培养,必将带来无穷的后患。

有位学者提出:今天的孩子大多是独生子女,他们从小处于一种独立的生存状态,在学校里他们面临着各种竞争。所以,我担心的是,今天的孩子在以后的生活中,也许不乏竞争能力,但恰恰缺少的是合作。这将非常不利于其在生活和事业上的成功,可以讲,这种担心决不是空穴来风。

请看一个不该发生的悲剧。

娄英杰18岁,是郑州一所重点中学高三班的副班长,从小学到高中连年被评为三好学生,他自尊心很强,特别在意别人对自己的看法和态度。

开学时,活泼好动的毕慕飞成为他的同桌。一次娄英杰正在给一个同学讲习题,毕慕飞就插嘴:"你那是大笨蛋的解法,看我的!"随手就写出了更简便的方法。娄英杰自尊心被刺痛了,由此怀恨在心。又一次,娄英杰正在神采飞扬地和同学讲足球赛,不留神说错了,惹得毕慕飞哈哈大笑,娄英杰气极了。于是,娄英杰将毕慕飞骗到自己独住的套房,残酷地毒杀了毕慕飞。当时,这起黑色事件震惊了全社会!人们痛心疾首地呼吁,让全社会都来关心青少年的健康成长!

在学生心理咨询中,如何克服嫉妒心理,学会合作,亦是同学们经常提到的话题。

青少年中产生嫉妒心理主要有以下情况:学习中过于好强,而常常成绩不理想;或过于好胜,学习成绩好,不愿别人超过自己;在人际关系上,朋友关系发生变化,友谊转换;社会生活中,家庭条件、背景反差较大,有的同学自尊心受到明显伤害;另外有的人注重外表,但自己体貌不佳……一般讲,嫉妒心的产生与不良的性格如多疑、敏感、固执、死板等有很大关系。

嫉妒不仅害人，也害己。正如英国哲学家罗素所言："嫉妒心强的人，不但期待别人的不幸，自身也会因此招致灾祸。"有嫉妒心的人是无法与他人合作的。而在科技发展高度综合、高度分化的今天，任何重大的成果，都凝聚着集体的智慧。可以讲："不会合作的人，不是现代人。"

2. 合作是成功的保证

看一下墨西哥蓝鸦的生活，你会领悟到合作的神奇的力量。

墨西哥蓝鸦，是一种体格弱小的鸦，可是却有着惊人的繁殖速度。在蛮荒的墨西哥草原，蓝鸦有无数天敌。蓝鸦的生存极为困难，只要猛禽们发现蓝鸦的巢，顷刻之间，就可能将蓝鸦群扑杀得一个不留。

面对恶劣的生存条件，十几只蓝鸦自然组合成一个群体。它们把隐秘的巢深藏在老橡树的树丛中，借助橡树茂密的叶子，把巢遮盖得严严实实。

然而，接下来的问题是，除了隐藏巢穴，蓝鸦几乎也不能发出叫声。老蓝鸦可以不发出任何声响。然而，那些饥饿中的雏儿，当它们急需进食时，自然而然会发出叫声。可是，每一声鸣叫都是潜在的危险，都在召唤着猛禽的靠近和死神的光顾。于是，在整个墨西哥草原，虽然生存着难以计数的蓝鸦，却听不见蓝鸦雏鸟的叫声。

在一个寂静无声的世界里，在困难的时刻，博爱成了拯救蓝鸦群体的力量。蓝鸦用食物一刻不停地堵住雏儿的嘴，当雏儿的父母离巢外出，其他老蓝鸦承担起爱的义务，给予所有雏儿如同己出的照顾，巢中的雏儿个个嘴里几乎时时都含着食物，不再发出危险的声音。所有的蓝鸦都是同一个雏儿的父母，所有的雏儿都是同一对蓝鸦的孩子。

正是爱的分工协作，正是爱的平均分配，让蓝鸦在险恶的环境中战胜天敌。

3. 竞争需要合作，合作加速成功

加拿大雁在本能上很知道合作的价值。

科学家曾在风洞试验中发现成群的雁以"V"形飞行，比一只雁单独飞行多百分之十二的距离，人类亦然，如果能和同伴合作，而不是彼此争斗，往往飞得更高、更远、更快。

所有伟大的事业，都不是马拉松的成绩，而是接力赛的结果。"懂得合作、

集思广益,能使一加一等于八、十六,甚至一千六。人类的潜能由此激发,面对再大的挑战也不畏惧。"拿破仑·希尔如是说。

随着社会的发展,越来越需要人们具备善于与人合作的品质。美国学者朱克曼曾做过一项研究,他发现自 1901 年诺贝尔奖颁发以来,75 年里,286 位获奖者中,三分之二的科学家是与人合作而获奖的。他又以 25 年为一时段进行了比较研究,发现与他人合作而获奖者,第一个 25 年为 41%,第二个 25 年上升到 65%,第三个 25 年竟达到 79%。这就有力地说明,科技越发展,一个人要取得事业上的成功,就越需要具备与人合作共处的良好品质。没有互相关心、支持与合作就很难取得事业上的成功。

据哈佛大学就业指导小组的调查结果表明:数千名被解雇的雇员中,因人际关系不好而无法施展其长处的竟达 90% 之多。美国卡内基工业大学对 1 万人的档案记录分析发现,"智慧"、"专门技术"、"经验"等只占成功因素的 15%,其余 85% 决定于良好的人际关系能力。

因此,长期以来,我们一直呼吁合作,杜绝出现个人英雄主义,那样只会孤掌难鸣、独木难支。还是英国作家多恩一语道破:"任何人都不是一个自由的孤岛,每个人都是大陆的一小片。"现代社会是一个充满竞争的社会,但同时也是一个更加需要合作的社会。作为一个现代人,只有学会与别人合作,才能取得更大的成功! 这点,我们应深谙其道!

63 分享阳光，分担风雨
——学会合作

> 人生最美好的补偿之一，就是人们真诚地帮助别人之后，同时也帮助了自己。

——爱默生

"人"字的结构告诉我们，人就是要互相支撑，互相帮助，互相分担。爱默生说："美好的行为，比美丽的外表更有力量。美好的行为比形象和外表更能给人带来快乐，这是一种精美的人生艺术。"我们每个人都要在社会生活中，逐步学会分担，学会合作。

1. 心底无私天地宽

"心底无私天地宽"，我们必须树立远大理想。加强个人修养，培养高尚的生活情操，有了宽阔的胸怀，就能由衷地为朋友、同学的成绩进步而高兴，为他们的失误而痛惜。

陈吉和谢斌是浙江宁波江北区妙山中学初二学生。从小学五年级开始，陈吉每天背着身患重症肌无力的谢斌上学。

清晨 5 点半，陈吉已早早起床。他骑自行车从妙山村北边的家里出发，经过学校，来到南边的谢斌家，用自行车推着谢斌到学校，再背他上三楼的教室。每天放学后，他背着谢斌下楼，送他回家，交给谢母。

"为什么想到要背谢斌啊？""因为我们玩得好，他老是摔倒，我不忍心。"

"希望我们俩能并驾齐驱，一起升高中。"他俩说。谢斌的理想是长大了当科学家，他崇拜跟他一样患有肌肉萎缩症的霍金。而陈吉的理想，是当警察。不过没关系，他们有共同的愿望，"最好我们上大学也在一起"。

扬州学子打工救同窗

为帮助身患重症、急需巨额资金的贫困同学蔡家羿,扬州大学一群大学生结伴到校外打工,有的做家教,有的当服务员……大家将打工赚的钱一点一滴凑起来,捐给蔡家羿同学。

特别令人感慨的是,为"拓展"挣钱渠道,这群可爱的大学生捡起了垃圾,大家收集废瓶、废报纸,当"破烂王"挣钱。为了帮同学,不花父母的辛苦钱,自食其力,心甘情愿为同学出力流汗,没有人觉得捡垃圾"丢脸",反而觉得特别"光荣"。

这个令人可敬的集体就是扬州大学经济学院0501班。

2. 合作比竞争更重要

我们要端正对竞争的本质和目的的认识。心理学家认为,竞争的意识是强烈的自我尊重、不甘落后的一种心理品质。竞争归根到底,是为了每个人能力的更大展示,促使人类社会精神和物质的极大丰富。因此,我们要学会诚恳地参与竞争,在竞争中更好地发展自己。

哈佛商学院流行的一则故事耐人寻味。

一位贤明的父亲和他7岁大的儿子整理后花园,他们遇到了一块埋在土中的大石头。父亲要孩子自己将大石头移开。

孩子推了半天,石头仍然不动,他动脑筋试了几种方法,但大石头仍纹丝不动。

父亲在一旁看得很清楚,但仍冷冷地说你要尽全力。

这一次,孩子用尽了全身的力气,石头仍纹丝不动。

孩子颓然坐下。

父亲和蔼地问道:"你确定你真的用尽全力了吗?"孩子说:"当然用尽了。"

这时父亲温柔地拉起孩子的小手说:"不,儿子,你还没有用尽全力。我就在你旁边,可你没有向我求援。"

这小故事生动、形象、具体地告诉了我们:当今社会,你想成功,最快速的办法,就是寻求成功者的帮助。完美的互援与合作是成功的必备条件,缺一不可!

3. 努力提高自身合作能力

什么是合作能力? ①对他人的需要能细心地体察和关心。②能够与人坦诚相处,让别人看见你的长处和缺点,也让别人分享你的快乐和痛苦。③与他人合作中能承担相应的任务,有责任心,能够运用有效的方法解决冲突。

学会欣赏别人也是提高我们合作能力的一个重要方面。

人生旅途中,欣赏是一种最容易获得的愉悦。著名的大作家马克·吐温毫不掩饰地说:"一句美好的赞扬,我能多活两个月。"这其实道出了人类共同的心理需求。

欣赏别人是对他人的一种肯定、一种理解、一种尊重;欣赏别人,既是一种给予、一种馨香,又是一种沟通、一种祝福。这个世界倘若人人彼此欣赏,就充满了温暖与生机。欣赏别人,又是一种智慧,因为你在欣赏别人的时候,也不断提升和完善自我;欣赏别人,也是一种美德,你付出了赞美,这非但不会损伤你的自尊,相反还将收获友谊与合作。同时,欣赏别人,又是一种人格修养。赞美别人的过程,其实也是自己矫正狭隘自私和嫉妒心理从而培养大家风范的过程。

由此,我们从小就要学会欣赏别人,这给我们带来的是更多的友谊和合作。

4. 学会理解,学会宽容

宽容能获得信任和支持,有宽容,才能有合作。

松下幸之助曾经说过:"这个世界上并非全都是好人。10个人之中,必有不完美的人,不正当的人,这种状态是社会真实的状态。因此必须具备宽容之心。有力量微弱的人,也有力量强大的人,两者应该互相包容,从中产生综合的力量。我认为我们的生活内容尽在于斯矣。"

鲍勃·胡佛是个有名的试飞驾驶员,时常表演空中特技。一次,他从圣地亚哥表演完后,准备飞回洛杉矶。在300英尺高空,两个引擎同时出现故障。幸亏他反应灵敏,控制得当,飞机才得以降落。虽然无人伤亡,飞机却已面目全非。

胡佛在紧急降落之后,第一件事就是检查飞机用油。发现那架螺旋桨飞机,装的是喷射机用油。

回到机场,胡佛要求见那位负责保养的机械工。年轻的机械工早已为自己犯下的错误痛苦不堪,一见到胡佛眼泪便沿着面颊流下。他不但毁了一架昂贵的飞机,甚至差点造成三个人死亡。飞行员显然应该对不慎的修护工作大发雷霆,痛责那机械工一番。但是出人意料的是,胡佛并没有责备那个机械工人,只是伸出手臂围住工人的肩膀说:"为了证明你不会再犯错,我要你明天帮我修护我的 F‐51 飞机。"

宽容是成功者必备的美德,也是我们应付这瞬息万变世界必备的素质。由此,我们必须记住:宽容是合作的基础,我们要学会宽容。

5. 多听听专家的建议

一般来说,专家的观点是比较中肯的,值得一听。下面是许多专家在中学生社会交往问题上提出的建议:

(1) 避免争论。心理学家建议,解决不一致的最好途径是讨论、协商,而不是争论。争论的结果,往往是双方比以前更相信自己绝对正确。

(2) 宽容别人。在社会交往中,切不可因为别人有这种那种缺点就横加挑剔、指责,甚至故意疏远、嫌弃,苛求别人,到头来只能使自己变成一个孤家寡人。

(3) 真诚待人。社会交往中,真诚是最有价值、最重要的一种特征。要做到努力地理解别人,设身处地为他人着想,而不是把自己的价值观强加于人。当别的同学有求于自己时,只要是正当的要求,就要尽自己所能满足对方的要求,当别的同学有困难时,要主动地帮助。

(4) 善意批评。在长期的社会交往中,要想保持人与人之间的协调,为别人的错误提供必要的反馈是十分重要的。因此,我们要掌握以下几种批评的技巧:批语从称赞和诚挚感谢入手,批评前先提到自己的错误,间接提醒他人注意自己的错误,批评的措词和态度应该是友好的、真诚的,使对方感受到你的批评之后的善意和友情。

(5) 恰如其分地表现自己。在交往中应做到不卑不亢,自然地与人交往,而不是刻意地想引人注目,惹人喜爱,那样做反而会惹人生厌。

(6) 少说多听。交往中,要善于从对方感兴趣的话题入手,要善于聆听对方的谈话,而不能只顾自己滔滔不绝,让对方做你的听众。

(7) 增加交往频率。在紧张的学习之余,要主动地找同学谈谈心,讨论一些问题,交换一些意见,互相传递信息;也可以一起下下棋、打打球,还可以搞点郊游、远足之类的集体活动,以加强对对方的了解和信任。

（8）坦然认错。交往中，如果发现自己有什么过错的话，要尽早地向对方认错，争取对方的谅解。切不可为保全自己的面子不敢认错，甚至文过饰非，那样势必会失去对方的信任。

《礼记·学记》中说："独学而无友，则孤陋而寡闻。"信息时代的今天，我们通过交往，人际关系、相互协作而获得信息，对学习、生活和自我发展将发挥更大的作用。英国作家萧伯纳形象地说过：如果你有一只苹果，我有一只苹果，相互交换，那么我们每人还只有一只苹果。如果你有一种思想，我有一种思想，相互交换，我们每人就有了两种思想，甚至多于两种思想。同学们可能也有这样的经验和体会，自己百般思索、冥思苦想而不得其解的问题，在与人交谈的过程中，突然产生灵感，于是豁然开朗。这就是交往的神奇之处。

心理学的大量研究和人们的日常生活实践都已表明，对任何人来说，正常的人际交往和良好的人际关系是其心理正常发展、人格保持健康、事业取得成功和生活幸福快乐的必要前提。可以说，学会与他人合作既是社会发展的要求，也是我们将来生存、发展的必需品质。同学们，学会合作，加油！

64 花季，快乐每一天
——走过成长的烦恼

> 快乐是衡量个人的生活和整个社会好坏的至高无上的标准，只有快乐才是人类生活的第一定律。
>
> ——茅于轼

　　青春是美好的，但是处于花季年华的中学生，烦恼、忧愁、困惑也不少。小A朋友在给我的信中，发出了心灵深处的呼唤："虽然我才十几岁，但我觉得活得太累、太累。有时我甚至想到死，可又舍不得疼我的父母，也舍不得刚刚开始的青春，我该怎么办？王老师，救救我！"《中国妇女报》曾组织了一次有关家教问题的社会调查，通过对收回来的 5000 多份问卷进行分析，归纳出当今中小学生的八大烦恼，如"家长不理解我"、"家长总不让我玩"、"我无法获得课外知识"、"我的学习成绩一直不理想"、"我就要累死在起跑线上"、"我没有什么知心朋友"、"家庭困扰"、"老师偏心"等等。可见，现实生活中的烦恼也是不可避免的。重要的是，我们要千方百计，积极有效地排遣消极情绪，拨开心中的迷雾，疏通心理淤积，使我们的生活充满快乐绚丽的色彩。

　　情绪是中学生心理的重要组成部分，中学生的情绪对学习活动有很大的关系。积极稳定的情绪，可以提高学生的学习效率，对学习起正向推动作用。相反，消极而不稳定的情绪就会干扰、阻碍学生的学习，降低学习效率，起反向推动作用。

　　在学习过程中，情绪对人的感知、记忆和思维等认识活动具有调节作用。如，愉快的情绪能维持稳定的注意，使学生注意力集中于他所感兴趣的学习内容。又如，人在情绪高涨时，思维比较敏捷，思路清晰，解决问题速度比较快。

情绪是发展学习智力的重要心理条件,我们要积极培养健康的情感,学会排遣消极情绪,使我们以良好的情绪,极大的信心,满腔热情地投入学习,争取在各自的基础上,取得最佳的学习效果。

日本有位漫画家在缺乏创作灵感而万分苦恼时,便来到自己不满3岁的儿子面前,一边念叨着:"糟啦!糟啦!画不出来啦!"一边在地板上不停地翻筋头。孩子被父亲滑稽可笑的样子逗得前仰后合。当画家看到孩子"咯咯"笑个不停的时候,自己也感到十分惬意。其实,他在用十分滑稽的样子进行自嘲,使自己心情十分放松,灵感就可能突然如河堤决口一样奔涌而出,这就是转变自己情绪的自我暗示法。

著名的心理学家艾利斯有一个著名的"ABC情绪理论",他认为人的情绪根源于自己的信念以及他对生活环境的评价和解释不同,由此导致不同的结果。

大家都很熟悉两个秀才赴京赶考的故事。

有两个秀才赶考,在赴京途中,他们遇到一口黑乎乎的棺材,一支出殡的队伍,其中一个秀才见此倒吸一口凉气。他想,真触霉头,赶考竟然碰到棺材,情绪一下子落入低谷,考试时,文思枯竭,结果可想而知,一败涂地。

另一个秀才,看到棺材,先是觉得不顺,但转念一想,哦,我怎没想到,这是好兆头。棺材不就是"官"、"财"吗?吉星高照,肯定好运。十分兴奋,进考场文思敏捷,果然高中。

现实生活中,我们常常看到面对同一事件,或同一变化情境,人们反应不同、结果也不同。如有的人因失败而自杀,也有人会因为失败,发奋而起而获得更大的成果。

这一切正如叔本华所言:事物本身并不影响人,人们只受对事物看法的影响。事实上,人们的心态不同、情绪不同往往会决定成功和失败。

不错,世界就像一面镜子,你对它笑,它就对你笑;你对它哭,它就对你哭。人的生命太短促、太宝贵了,千万不要去自寻烦恼。

我们可能无法改变风向,但我们至少可以调整风帆;我们可能无法改变处境,但我们至少可以调整自己的心情,想一想,是不是这样?

如何排遣我们心中的烦恼,常和快乐相伴,笔者对学生朋友有以下几点建议：

1. 换一种想法，运用意识转换改善我们的心境

平常我们碰到不顺心的事或不公正的待遇时，有人总会认为"自己是最倒霉的，最不幸的人"，那就不会有一刻的轻松愉快。人们常说："问题看你怎么想。"世界上有不少事是好是坏，在很大的程度上取决于我们的想法。弥尔顿说："思想的运用和思想的本身，就能把地狱造成天堂，把天堂造成地狱。"比如，认为自己是不幸的，就很少想到自己所拥有的，总是想到自己所没有的。换一种想法，就是尽量想自己所拥有的，别人所没有的。这样就会增强自信，或许会得到意外的喜悦。得到快乐的一条重要的规则是："算算你的得意事——而不要理你的烦恼。"法国画家高更说："痛苦的时候，要想到世界上还有比自己更为不幸的人。"换个角度思考，运用意识转换，会帮你走出心中的阴影，因为"生活是由思想造成的"。

2. 向自己突围

据说，曾经有几位动物学家一起探讨动物飞翔的原理，得出一致的结论：凡是会飞的动物，其形体构造必须是身躯轻巧而双翼修长的。话音刚落，恰巧数只大黄蜂飞临现场。在座的动物学家见状，面面相觑，一阵尴尬。

于是，他们带着一只大黄蜂标本，前去请教一位物理学家。这位物理学家仔细地揣摩了半天，望着大黄蜂如此肥胖、粗笨的体态再配上一对短小的翅膀，最后困惑地摇摇头：不可思议。根据流体学原则，它应该是飞不起来的。

他们又请来了一位社会行为学家。这位社会行为学家不无幽默地说："这难道会是一个问题吗？答案很简单呀！奥秘就是：今生，它必须飞起来；否则，大黄蜂只有死路一条。"

在人生的经历中，我们具有经验和学识，这是我们走向成功的垫脚石，我们十分珍惜它，但随时间流逝，无形中化转成包袱，转成固有的观念，不觉中限制了我们的发展，面对变化的情境，自己会惊惶失措，失去目标，情绪一落千丈，以致制约、扼杀自己生命的潜能，这时你需要做的就是像黄蜂一样向自己突围，走出泥泞，你得到的将是柳暗花明又一村。

3. 适度宣泄

宣泄，就是将郁积在心中的情绪发泄出来，减轻心理负担。据说有个公司职员,怒气冲天地闯进经理办公室,大拍桌子指责经理处理事务不公正,并要求增加工资。一旁有人问他:"经理不在,你凶给谁看?"职员嘿嘿一笑,怒气已消:"我正在演习呢!"发火怒吼,似乎不太好,但一吼而抒胸中不平,当然比恼怒郁积在心中要好。宣泄的方法很多,如可以通过过量运动,可以是跑步、打球、骑自行车、登山等剧烈的体能练习活动,达到精疲力竭的程度,让内心的能量得到释放,心情平静下来。诚如卡耐基所言:"烦恼的最佳'解毒剂'就是运动。当你烦恼时,多用肌肉,少用脑筋,其结果将会令你惊讶不已。"另外,你想哭就大哭一场,想唱就大声地吼一吼,想说就找人好好诉说一番,这都不失为宣泄的方法。也有人采用挥毫书画、翻阅珍藏邮票,或看自己最爱看的书等清静雅致独到的宣泄方法。现在也有心情不佳的人拨通种种咨询热线,尽情倾吐连对自己亲友也不愿说的隐衷,尽情交流沟通,从而一扫心中的郁闷。

4. 畅所欲言,尽心倾诉

当你遇到不幸或挫折,或令自己极为不快的事情的时候,可以通过向周围的人,尤其是自己认为值得信任的、亲近的人诉说。

如果你能畅所欲言,将胸中的积郁和苦恼一古脑儿倒出来,那问题就解决了一大半。中学生小林,担任学习委员,曾因考试受到不公正的处理而痛不欲生,精神受折磨达一年之久。我接待她时,她情不自禁地将所有的困惑、痛苦一下子说了出来,声泪俱下,足足说了三个多小时。临别时,她说:"我觉得轻松多了,谢谢老师。"我诚恳地告诉她:"是你自己帮助了自己。"她会心地笑了。一位文学家说:"事所不悟,腹将塞焉。"如果你将烦恼永远埋在心底,最终还是于事无补。

5. 认真做自己,别太在乎别人说什么

初中学生正处于青春发育期,独立性、成人感明显增强,但由于社会生活经验缺乏,往往看人、看事、看自己显得比较幼稚。由此,特别在乎别人对自己的评价。一个人在人生路上,应更多关注的是自己怎样做人做事,不要对别人的评价过分敏感。或许有时别人的议论有道理,或许有时种种议论没有道理,或许有的议论不是你的错,而是因为你的存在。如果你无论做什么,讲什么,总是左顾右盼,总担心别人说三道四,那你就会觉得很累,其结果必将一事无成。可想而知,快乐也将与你无缘。

给你介绍哈佛商学院流行的一则故事，很有趣。

在新泽西，有一位愚钝无比的小男孩，无论老师如何努力地教他，他仍然无法学会从 1 数到 10。

无奈之下，老师与同事商量后，决定请他的父亲来学校一趟，好好沟通一下孩子的教育问题。

当父亲得知自己的孩子在学校竟然如此差劲时，盛怒的父亲立刻把自己的孩子叫了出来，当着老师的面大声呵斥道："你这么大了，连从 1 数到 10 都学不会，将来长大能有什么用？"

这个学不会 10 个数的孩子眼珠飞快地一转，笑嘻嘻地说："我可以做一个拳王争霸赛上只需要数到 9 的裁判。"

这个小男孩的名字叫布鲁斯·富兰克林。

在今天的美国体育界，谁都知道布鲁斯·富兰克林是全美职业拳击运动史上最伟大的裁判！

布鲁斯·富兰克林成才的经历告诉我们，每个人都有与生俱来的美好特质与潜能，努力认真做最好的自己是最重要的。至于别人说什么，有时候还真的没有必要去理睬，而自己不甘心，倒是最好的动力。

6. 调整目标，继续前行

学习中目标定得过高，脱离自身条件，久经拼搏也无法实现，无法体验成功的喜悦，容易产生挫折感，导致压力过高，逐步由平时的焦虑发展到考试特别紧张，成绩会直线下降，以致烦躁、绝望，甚至迷失自己。由此，我们要量力而行，调整目标，"跳一跳，摘桃子"，有了成就感，才会增强自信心。

诗人道格拉斯·罗马区这样说：

> 如果你不能做一条公路，
>
> 就做一条小径。
>
> 如果你不能做太阳，
>
> 就做一颗星星。
>
> 不能凭大小来断定你的输赢。
>
> 不论你做什么，
>
> 都要做最好的一名。

他告诫我们：不要模仿别人，要找到自己，保持本色。

学习中遇到失败、挫折，也许当你找到自己后，还可以将原来的目标定为更远大的目标，用这种升华的方法排遣烦恼，能使我们取得更好的成绩。古今中外不乏其例，如司马迁遭受宫刑后写出光辉巨著《史记》，歌德失恋后，潜心写出闻名于世的《浮士德》，贝多芬32岁双耳失聪，他顽强地说："我要扼住命运的咽喉。"如果我们考试失败，不妨对自己说："路还长着呢，我肯定会考得更好！""加把劲，前程似锦！"这样就可以使你恢复再次拼搏的勇气和信心，你就会看到另一番天地，使自己情绪变得开朗，乐观向上。

7. 制造快乐

我们每一个人都有承受工作和学习压力的时候，这时候让心情放飞的最好办法是给别人制造快乐，因为自己的快乐是有限的，但众人的快乐却是无止境的。

如果你能给别人带去快乐，那么他们也会给你带来快乐的！

我们要乐于奉献、服务人群，燃烧自己，照亮别人，无论你是如何平凡，但定会觉得不同凡响。

英国文学家萧伯纳说：

"这便是真正的快乐，即被用于一个你自认为是有力的目标。也就是说，要成为一种自然的力量，而不是一个狂热的、自私的、精神不正常和牢骚满腹的傻瓜，抱怨世界不让你幸福。我的看法是：我的生命属于整个社会，只要我活着，我就要为它奉献我所能做的一切，这是我的荣幸。希望在我去世时，我能为社会耗尽自己的一切，因为我越努力工作，就会活得越久，我为生活本身越感到快乐。在我看来，生活并不是短暂的烛光。它是一支辉煌的火炬，我不仅现在举着它，而且要在传给后人之前，让它尽可能燃烧得更明亮些。"

一个人可以没有很多的财富，也可以没有很大的名望，但不能没有快乐。

愿同学们时时快乐，拥有阳光灿烂的每一天。

65 沙鸥飞向蓝天
——非凡的意志力量

伟大高贵人物最明显的标志,就是他坚强的意志。

——爱默生

小蔡15岁,初二学生。她说:"我做事没有恒心,常受情绪的影响。有时热情得很,决心要做好某些事,想入非非,甚至有种种构想。但随着时间的推移,或中间碰到什么不顺心的事,就会半途而废,一事无成,非常苦恼。"

小蔡所说的现象就是青少年中常见的"冷热病"。无论是对待学习或从事其他活动,常常是"五分钟的热度"、"虎头蛇尾"。其实这是意志力不强,缺少坚韧毅力的表现。只不过每个人程度有所不同而已。

人们从事任何有意义的工作,都必须有不畏险阻,百折不挠的精神。这就是一种意志力量。人有非凡的生存潜力,能接受生命的各种挑战。即使重大打击之下,也可能出现非凡意志力量。

公元前5世纪,一位希腊军人从马拉松到雅典一下子跑了40公里,他把战败波斯人的消息带给同胞后立即倒地身亡。在欧洲大陆的一次战役中。法兰西帝国拿破仑手下一名勇士催马飞奔,向拿破仑递呈重要信件时,在马上左右摇晃。主帅问:"你是不是受伤了?"勇士回答:"我被打死了。"话音未落,坠下马鞍,死去了。

人没有意志力就不可能达到预定的目标。诚如马克思所言:"在科学上没有平坦的大路可走。只有在那崎岖小路的攀登上不畏劳苦的人,才有希望达到光辉的顶点。"

坚持是一种伟大的力量，"滴水石穿，铁杵成针"，"锲而不舍，金石可镂"。坚持可以改变境遇，改变我们的生活。

看，沙鸥学飞。

一群年幼的沙鸥，无忧无虑地嬉戏在绿色的湖水中。

一只勇敢的小沙鸥尝试着，挣扎着，试图展开翅膀，飞向蓝天。

它一次次不停地扑摔着，挣扎着，失败着，其余的沙鸥只是看着。突然间，那只沙鸥成功了，自由地翱翔于天际。

在那只会飞的沙鸥引领下，第二只、第三只沙鸥开始了同样的尝试……

突然有一天，所有的沙鸥都学会了飞翔。

我们做任何事情，都会遇到意料不到的新情况，新问题，新障碍或者新诱惑。在人生的路上你也许会有迷茫、屈辱，种种不如意，不被认同，沙鸥的执著与坚忍不拔就是战胜这一切的法宝。坚持就是希望，世上没有不可能，意志具有非凡的力量。

英国首相丘吉尔生命中的最后一次演讲是在一所大学的结业典礼上，演讲的全过程大约持续了20分钟。这场演讲成为演讲史上的经典之作。丘吉尔用他一生的成功经验告诉人们：成功根本没有秘诀。如果有的话，就只有两个，第一个就是坚持到底，永不放弃；第二个就是当你想放弃的时候，请回过头再照着第一个秘诀去做：坚持到底，永不放弃！

当代社会竞争是具体的，从职位、工作成绩、升迁机会的竞争到更上一层次的创业竞争，意志力是自己能力在竞争中得到全面发挥的一项基本保证。意志力可视为当代社会竞争能力构成的一个重要方面。由此，有人提出成功最简化的步骤就是：第一，选定你的目标；第二，放弃所有与你目标无关的东西；第三，按丘吉尔的话去做：坚持到底，永不放弃，直到成功。此话不无道理！

研究表明，健康的意志，对学习活动有着巨大的推动作用。积极的意志品质，如自觉、坚定、毅力、恒心、自制等会促进学习活动的开展。主要表现为，一是意志对行为调节，按计划调节学习行为。二是意志对心理状态的调节作用，对学习活动施加影响，学习自信、坚韧不拔，有利于我们在学习活动中达到最佳水平。否则，永远不会成功。诚如波斯诗人萨迪所言："事业常成于坚韧，毁于急躁。"

66 坚持到底，永不放弃

——培养坚忍的毅力

一件事情，只要是对的，就必须持之以恒地继续做下去。

——李嘉诚

坚忍的毅力和其他被人珍视的可贵品质一样，需要在生活的风雨中炼就，而不能乞望上苍的恩赐。那么，我们如何战胜自己，培养顽强的意志、毅力，逐步改变虎头蛇尾的状况呢？笔者有如下几点建议：

1. 明确目的，培养良好动机

坚韧性的培养必须从明确行为的目的性开始。许多心理学家指出：动机在学习中是个很有效能的因素，如果学生缺少良好的学习动机，势必造成他们在学习过程中难以具有高度集中的注意力、稳定愉快的情绪及优秀的意志品质。这就给完成学习任务带来一定的困难。

她 101 岁了，还在教书，你相信吗？

阿尔比娜·克鲁塞斯·巴斯克斯从 15 岁起就开始教书。她生于 1903 年 3 月 1 日。她记得，1910 年至 1917 年墨西哥革命期间，叛乱分子骑着马洗劫了她居住的城镇，当时妈妈把她藏在了屋顶上。战争结束后，她走上了讲台，如今她是墨西哥年纪最大、任教时间最长的教育工作者。

"人是自己命运的设计者。我设计了自己的命运，就这样过了一辈子。"克鲁塞斯坐在爱德华多·诺沃亚小学的办公室里说道。1947 年她在一个破旧的种子仓库里创办了这所学校，从那以后一直担任校长并兼课。

克鲁塞斯以她精彩、生动的人生足迹告诉人们：坚定的信念，才能产生坚强的人。

一般而言，人们的行为大多数都是有目的的。但有目的，不等于目的一定很明确，也不等于对目的有正确而深刻的认识。明确行为的目的，常常伴有动机的选择和冲突。

如有的同学对将来要成为什么样的人常想入非非，一会儿要做一个企业家挣钱越多越好，一会儿要做一个作家一鸣惊人，做一个拥有无数粉丝的歌手也行……由此，学习侧重点、兴趣爱好瞬息万变，心绪不安。没有明确的目的，就很难有历经挫折、坚忍不拔的毅力。

"做一件事，无论大小，倘无恒心，是很不好的，而看一切太难，固然使人无成。但若看得太容易，也能使事情无结果。"鲁迅先生一番话，对我们颇有教益。

2. 立志发愤而起

古今中外，无数成功者的足迹，给我们以深刻的启示：只有具备奋发向上的志向，才会有顽强的意志和毅力，才会走向成功！心理学家发现，当一个人智力处于激发状态时，这种意志的调节在大脑皮层形成优越兴奋中心，使人的意志充分地超常发挥，科学上称之为"智力激发"，这就是强者逆境成才的主要原因。忍耐虽然痛苦，果实却最为香甜，这是一条颠扑不破的人生哲理。

1952 年，艾德蒙·希拉里想要攀登世界最高峰——珠穆朗玛峰。在他失败后数周，被邀请到英国一个团体演讲。希拉里走到讲台边，握拳指着山峰照片大声说："珠穆朗玛峰！你第一次打败我，但是我将在下一次打败你，因为你不可能再变高了，而我却仍在成长中！"仅仅一年以后的 5 月 29 日，艾德蒙·希拉里成为第一位成功地攀登珠穆朗玛峰的人。谁不为之叹服？！

3. 找出优势，增强自信

认真分析自己，找出优势，要总结点滴的成功，恢复自信。有些人因为曾下决心要做好一两件事，结果都因缺少毅力没有坚持到底，或因一两次考试失败，而沮丧低沉。由此认为自己就是不行，做事不可能有恒心。其实没有想到缺少韧性决不是自己的本性。这时你可以转移一下视线，在自己感兴趣的地方去露一手，从而发现自己的长处，体验一下成功的乐趣，重新认识自己，还可以尽量找一找自己在学习生活中曾经做得比较好的事情，尽量发现自己存在坚韧性的一面。改变"自己做事就是不可能持之以恒"的错误偏见，增强坚持到底的自信力,将此转移到学习、做事中去,尝试取得成功,这亦是"注意转移法"。

4. 每天进步一点点

我们可以倡导"自我竞赛",要相信今天总比昨天好,明天会比今天更好。要充分肯定自己细小的进步,及时用赏识奖励自己,常对自己说:"我能坚持,我行!""试一试,再坚持一下!"这有利于增强自信、坚持到底,出色完成任务。

著名企业管理训练机构"影响力训练"创始人易久发从蝴蝶效应阐明了快速进步的最佳策略:每天进步一点点,对我们颇有启发。

纽约的一场风暴,起始原因是因为东京一只蝴蝶在拍翅膀。蝴蝶拍翅膀产生的振动波,正好不断被一点点放大,越过大洋,在纽约形成了一场风暴。这种现象被称之为"蝴蝶效应"。

事物的变化一开始常常毫不起眼,而达到一定的量之后,即使每次依然变化一点点,其速度将快得惊人。每次一点点的放大,最终可能会带来一场"翻天覆地"的变化。

成功不是快,而是因为有步骤。只要步骤是正确的,结果一定是快的。最正确的步骤是:持续每天进步一点点,持续每次进步一点点,持续在每个环节上进步一点点。

一个人,如果每天都进步一点点,哪怕是1%的进步,试想,有什么能阻挡得了他最终达到成功。

5. 日做一事,持之以恒

有意识给自己制定每天必做的事。韧性是一种心理耐力,坚韧的锻炼,必须在日常行为中进行。培养韧性,可考虑一些具体的方法。如每天背一句名言,每天写一行毛笔字,或要求自己每天早上跑500米距离等等。将这些活动安排在每天同一时间进行,形成习惯,努力做到"今日事,今日毕",培养持之以恒的作风,坚韧就会逐渐注入你的肌体。

成功就是简单的事情重复着去做。有人说:"简单的事做到极致,就不简单。"富有哲理性,颇有启发。

有学生问大哲学家苏格拉底,怎样才能修学到他那般博大精深的学问。苏格拉底听了并未直接回答,只是说,今天我们只学一件最容易的事,每个人把胳臂尽量往前甩,然后再尽量往后甩。苏格拉底示范了一遍,说:"从今天起,每天做 300 下,大家能做到吗?"学生们都笑了,这么简单的事有什么做不到的?过了一个月,苏格拉底问学生们:"哪些同学坚持了?"有九成同学骄傲地举起了手。一年过后,苏格拉底再一次问大家:"请告诉我,最简单的甩手动作,还有哪几位坚持了?"这时整个教室里只有一个人举起了手,他就是后来成为古希腊另一位大哲学家的柏拉图。

6. 自我暗示,自我激励,提高意志力

自我激励是成功之源,它会指示个体永远向成功的目标迈进。

1949 年,一位 24 岁的年轻人充满自信地走进美国通用汽车公司,应聘做会计工作,在应试时,他的自信给人留下了非常深刻的印象。他当时只有一个念头,即进入通用汽车公司,展现他足以胜任的能力与超人的规划能力。当应试员在雇用这位年轻人之后,曾对他的秘书说过:"我刚刚雇用一个想成为通用汽车公司董事长的人!"

这位年轻人就是从 1981 年到现在出任通用汽车公司董事长的罗杰·史密斯。高度自我激励,正是引导他登上董事长宝座的根本原因。

如果自控能力发生在生理、心理处于紧张状态,可通过放松训练、气功练习等调节,改善自己的心身状态,做到持之以恒。

以上介绍的种种方法,你看懂了没有?写到这里,我不由自主地想到"左十右十,知易行难"的故事。

香港有一位富豪,由于从事保险行业发迹,转而投资不动产,至今成为家财万贯的富翁。

他的推销习惯是每天坚持拜访 10 个人,出门时,将 10 个铜板放在左边口袋,每拜访完一位客户,将左边的铜板拿一个到右边口袋,如此每天从左十到右十,从不间断地工作,才创下惊人的业绩与财富。

当有人请他演讲,发表其成功的秘诀时,他毫不吝惜地将自己左十右十的工作习惯公之于众。他的一个友人笑他不该把这一秘诀告诉别人,因为一旦每个人知道这个秘诀后,仿效其法,就会与他抢业绩。

这位富翁却笑着说:"良好的工作习惯是成功的基石,虽然人人都知道,却知易行难。"

从这个故事中,你收获到了什么?又会如何改变你自己?如何开始行动?

67 光荣在于屡仆屡起

——善待失败

> 失败是对成就大事者的磨炼。
>
> ——拿破仑·希尔

你遇到过挫折吗？大概没有人会说"从未碰到过挫折"。更没有人敢说，"今后决不会遇到挫折"。人的一生，漫漫岁月，坎坎坷坷，生活道路上没有挫折是不可能的，也是不现实的。

有人说，如果将幸福、快乐比做太阳，那么不幸、挫折就可比作月亮。当然人们不能企求永远在太阳下面生活，现实中每个人都会遇到各种各样的挫折，流行歌曲唱得好："生活就像一团麻，会有解不开的疙瘩；生活就像一条路，路上哪能没有坑坑洼洼。"

初二学生小金在长长的来信中，诉说了自己的痛苦、烦恼：我是班级学习委员，学习成绩优秀。但在期中考试时，因病休一段时间加之过分好强，心里特别紧张、害怕。结果三门学科不及格，我再也抬不起头来。事过半年多，我还常常在噩梦中惊醒。到了学校就像进了监狱，虽然我才 15 岁，但活得太累、太苦。我该怎么办？

小金的来信在我手中沉甸甸的，不由使我想起平时耳闻目睹那些经不起挫折和失败而轻生的中小学生。

一桩桩真实事件，留给正在成长的青少年和关心青少年成长的人们一个沉重的话题——怎样对待挫折？

挫折，心理学上是指人们在某种动机推动下，从事有目的活动中，遇到无法克服或自以为是无法克服的障碍和干扰,使其需要或动机不能获得满足时,所产生的紧张状态和情绪反应。我们日常所说的失败或者"碰钉子"就是挫折。

如何看待挫折,战胜挫折?关键在于我们对挫折是否有必要的思想准备和心理准备。

弗朗西斯·培根说:"正如恶劣品质可以在幸运中暴露一样,最美好的品质也正是在厄运中被显示的。"世界上不少成功人士在成名前都曾经或多或少,或轻或重地遭受挫折。请看以下事例,实在耐人寻味。

爱因斯坦4岁才会说话,7岁才认字,老师给他的评语:"反应迟钝,不合群,满脑袋不切实际的幻想。"他曾经遭到退学的命运,在申请进苏黎世技术学院时被拒绝。

俄国大文豪托尔斯泰大学时因成绩太差而退学,老师认为他既没有读书的头脑,又缺乏学习的意愿。

托马斯·爱迪生试验超过2000次以上才发明灯泡。他说:"我从未失败过一次,我发明了灯泡而那个发明的过程正好2000个步骤。"

丘吉尔小学六年级曾经留级,而他的前半生也充满失败与挫折,直到62岁他当上英国首相后,才以"老人"的姿态开始一番作为。

拥有超过100本小说,发行逾200万本的成功作家——路易士·阿莫,在第一次出版前,被拒绝了350次。后来他成为第一位接受美国国会颁发特别奖章的美国小说家。

无数事实告诉人们:"人生的光荣,不在于永不失败,而在于能屡仆屡起。"失败常会激发人的潜力,唤醒沉睡的雄狮,引人走向成功!海伦·凯勒就是一个生动的典型。

海伦·凯勒,一个享誉世界的名字。

她走遍美国各地和世界许多国家,为盲人学校募集基金,把自己的一生献给了盲人福利和教育事业,赢得了各国民族的赞扬。并得到了许多国家政府的嘉奖。1959年联合国曾发起"海伦·凯勒"世界运动。

她也许应该是世界上可抱怨的最多的人,海伦一岁半时,一场重病夺去了她的视力和听力,随后又丧失了说话能力。

然而就在那黑暗又寂寞的世界里,她竟然学会读书和"说话",并以优秀的成绩从哈佛大学毕业,成为一名学识渊博,掌握英、法、德、拉丁和希腊五种文字的著名作家和教育家。

马克·吐温说19世纪出了两个杰出人物:一个是拿破仑;一个是海伦·凯勒。

据说一旦雏鹰能起飞,老鹰便会将它们逐出巢外,让它们在空中做飞翔的锻炼。而雏鹰有了这种锻炼,这种本领,将来才能作百鸟之王,才会凶猛敏捷,才能成为追逐猎物的高手。

挫折究竟是利,还是弊?相信你已经找到答案。

班固说:"善师者不陈,善陈者不战,善战者不败,善败者不亡。"班固所谓的"善败者",就是指那些能够正确对待失败的人。为什么善败者不亡,因为经常遭受失败的人,如果能经受住失败的捶打,走出困境,获得成功,便不再惧怕失败。古今中外有众多的名人志士,可以说他们都是典型的"善败者"。

善败者不亡。生活中的失败、挫折是不可避免的。每当我们遭遇失败的时候,也是最能考验我们忍耐力的时候。如果善待失败,做一个真正的"善败者",敢于面对失败的考验,不退缩,不消沉,不迷惑,不彷徨,迎接挑战,从教训中积累力量,从失败中获取新生,这样,失败就会成为一笔财富,成为我们成功道路不可缺少的阶梯。善败者必胜,因为只有善于从失败中不断总结经验的人,才有希望获得成功。

日本松下电气公司创始人松下幸之助说:狮子故意把自己的小狮子推进溪谷,让它在危险中挣扎求生存,这个气魄太大了。虽然,这个作风太严格,然而在这种严格的考验下小狮子在以后的生命过程中,才不会泄气。在一次又一次地跌落山涧之后,它拼命地、认真地、一步一步地爬起来。它自己从溪谷爬起来的时候,才会体会到"不依靠别人,凭自己力量前进"的可贵。狮子的雄壮,便是这样养成的。

无疑,这段话对我们正确认识挫折,善待失败,奋力进取,颇有教益。愿同学们拥有雄狮的品格,战胜失败,走向成功。

68 失败，成功路上的阶梯
——培养抗挫能力

> 人生是要我们去生活，而不是用来浪费的！只要肯争上游，人人都可当总统。
>
> ——乔治·沃克·布什

善败者必胜。对一个真正的善败者来讲，失败会成为一笔财富，成为成功路上的阶梯。

我们要在失败中成长、学会坚强，因为失败决不是结果，失败是让人进步的学习过程；失败决不等于失败者。

从心理学角度分析，人们承受挫折的能力高低：一是取决于身体健康条件。二是取决于过去的经验和学习。三是取决于对挫折的知觉判断。知觉判断愈符合客观情况，愈能增强自信心，不易为一时的挫折所折服，也就愈能提高对挫折的容忍力。

第一，正视现实，坦然面对

请看一则小故事：风暴之夜你能否安眠。

从前有一位农场主，在大西洋岸边耕种一块土地。有一天，一个又矮又瘦的中年男人找到农场主应聘。

"你会是一个好帮手吗？"农场主问他。"这么说吧，即使是飓风来了，我都可以睡着了。"应征者得意地回答。

虽然这听上去有点狂妄，但是农场主还是雇佣了这个人。

新来的长工把农场打理得井井有条，每天从早忙到晚，农场主十分满意。不久后的一天晚上，狂风大作。农场主抓起一盏提灯，急急忙忙地跑到隔壁长工睡觉的地方，使劲摇晃睡梦中的长工，大叫道："快起来！暴风雨就要来了！在它卷走一切之前把东西都拴好！"

长工在床上梦呓一样地说："不，先生。我告诉过你，当暴风雨来的时候，我也能睡着。"农场主被他气坏了，强压火气，赶忙到外面，为即将到来的暴风雨做准备。不过令他吃惊的是，他发现所有的干草堆都早已被盖上了焦油防水布，牛在棚里，鸡在笼中，所有房间门窗紧闭，每件东西都被拴得结结实实，没有什么能被风吹走。农场主这时才明白长工的话是什么意思。

这个长工之所以能够睡得着，是因为他已经为农场平安度过风暴做好准备。如果你在精神、心理、身体等方面做好了准备，那么就没有什么东西可以令你害怕了。当风暴吹过你的生活的时候，你能睡得着吗？

人生旅途，必然会遭受各种挫折。在成长的道路上没有一帆风顺、一蹴而就的事情发生，成长往往是和艰难困苦、挫折、逆境相伴而来的。这样你才会坦然面对，以平常心看待。世界上的事情往往是这样：成果未成，先尝苦果；壮志未酬，先遭失败。可以说，一个人的目标越高，越是好强上进，就容易敏锐地感受到挫折。你准备好吗？风暴之夜你能安眠吗？

第二，有智有勇，沉着应战

尽管人生有险阻，但要完全战胜各种灾难也是有可能的，这就要靠智慧和勇气。古人云："天下有大勇者，骤然临之而不惊，无故加之而不怒。"大勇者具有处事不惊的本领。罗斯福说："我们没有什么害怕的，唯一值得害怕的只是害怕本身。"成功者的足迹告诉世人，最后的胜利都是属于智勇双全的人。他们所取得的硕果正是对个人勇气和智慧的回报。

悉尼奥运会上，陶璐娜能在重压下，以自己最好成绩为中国夺得第一块金牌，不能不归功于她心理战起到的奇效。陶璐娜说："在刘老师的理论指导下，我觉得衡量自己胜利的标准并不是取胜，而是要自己跟自己比，敢于打出自己的风格和特点，敢于面对一切随时出现的困难，只要自己这样做了，那就是胜利。所以，我每一次举枪前就想着眼前这一发子弹，并没有想自己究竟会打几环。或许，正是这种心态，令我发挥出了自己最佳水平。"

有位哲人说："在战场上，一个人有时会战胜一千个人，但只有战胜自己的人，才是最伟大的胜利者。"陶璐娜的成功，正是对此名言的最好诠释。

第三,顽强乐观,积极升华

对于一个追求成功的人来说,最重要的是必须具有面对挑战,勇往直前,不畏失败的勇气。

未来的社会,只能属于那些备尝艰辛,异常顽强的人们。学会在逆境中生存、发展,我们就必须具有顽强的精神和乐观的态度。只有这样,才能从失败中走出来,调整目标发展自己。

美国权威作曲家乔治·杰斯文,第一次在戏院演奏时,害羞得面红耳赤,头脑昏然,演奏糟不可言,听众大笑不止,他被嘘声轰下台。杰斯文认为这是他平生最大的耻辱。此后,他发愤工作,每天几乎要工作到深夜。24年后,他的一首《忧郁者之歌》开始向世界播放。演奏那天,掌声使他下不了台,杰斯文的大名震惊了全世界。

的确,成功者需要有足够的勇气来面对失败和恐惧。只有那些有勇气正视现实,有勇气迎接挑战的人,才能真正实现超越自我的目标,达到卓越的境界。

2004年5月31日,《深圳商报》刊登了一篇《罗湖中学初二学生郭梦瑜,独自照料患癌母亲多年》的报道。报道的主人公郭梦瑜才14岁,但14岁的生命历程却让她尝尽了人生的众多苦难。梦瑜出生不久,母亲就患上了乳腺癌;3岁时,父母离异,父亲不知去向。在她四五岁时,身体孱弱的妈妈已经失去了照顾她的能力,小梦瑜已经开始学着给妈妈端水端药。上小学后,小梦瑜自己上学。放学后,她则早早回家,认真写完作业后,帮着妈妈干家务活,把学校遇到的新鲜事讲给不能经常出门的妈妈听,帮妈妈解闷。上初中时,母亲的癌症已转移到脑部,基本卧床不起,家庭的担子全部压到了梦瑜幼嫩的肩上。

尽管生活给了梦瑜如此大的灾难,但她没有任何的抱怨,默默地承受着。她从来没有向老师和同学透露过自己的困难。她还尽最大的努力完成学习任务,成绩在学校始终名列前茅。即使在母亲去世后一次期中考试中,梦瑜的成绩仍在全年级排名第一。

郭梦瑜的事迹报道后,在深圳引起极大的反响。

广大深圳市民为梦瑜的自信、自强、刻苦求学,充满爱心的精神钦佩不已,无数人情不自禁流下感动的眼泪,纷纷表示要学习梦瑜的精神。

一个真正勇敢的人,越为环境所迫,反而越加奋勇。贫穷困苦不足以伤他毫发,反而增强了他的意志、品格、力量和决心,这使他成为所有人中最卓越的人。郭梦瑜就是这样。

第四,驱散阴影,五个步骤

一位刚刚经历过惨痛失败的学生向《做最好的自己》作者李开复提出一个问题:如何驱散失败的阴影? 如何从错误中学习? 如何再一次得到自信和勇气?

李开复的回答是:"人都会犯错。犯错后,我建议你采取下列五个步骤:(1)要勇于承担责任,不要麻醉自己;(2)要从错误中学习,以免以后再犯类似的错误;(3)经过了上面两个步骤后,要原谅自己,不要让自己把这件事挂在心上,可以多找朋友或亲人沟通,或者让自己想想快乐的事情;(4)从失败中增加自己的经验和智慧,以便对自己的价值有正确的理解;(5)坦然地面对错误,甚至主动用它来帮助别人。

人特别是遭受过重大打击的年轻人,很可能产生恐惧心理,正如马克·吐温所言:"勇气不是缺少恐惧心理,而是对恐惧心理的抵御和控制能力。"有人失败后,很可能由恐惧而自卑,这是符合规律的,也是允许的,但这种自卑心理的存在应该像流星那样短暂,而其余所有的时间都应由自信来主宰。

"像水一样流淌",是一件真人真事。

1962 年,他 20 岁时高中毕业。始料未及的是,成绩在班上数前三名的他名落孙山。瞬间,他不知所措。

父亲开始担心儿子,就问他:"你知道水怎么流出大山的吗?"他一脸茫然。父亲缓缓说道:"水遇到大山,碰撞一次后,不能把它冲垮,不能越过它,就学会转弯、绕道而行,借势取径。记住,困难的旁边就是出路、是机遇、是希望!"父亲又说:"即使流动过程中遇见了深潭,即使暂时遇到了困境,只要我们不忘流淌,不断积蓄活水,奔流,就一定能够找到出口,柳暗花明。"

一语惊醒梦中人。1962 年,他在西安郊区毛西公社将村小学任教;1964 年,他在西安郊区毛西公社农业中学任教。后来,又历任文化馆副馆长、馆长。1982 年,他终于流出大山,进入陕西省作家协会工作。1992 年,正是这 40 年农村生活的积累,使他写出了《白鹿原》。

他就是陈忠实。以后有人问他:"怎么面对困难与挫折?"老先生总淡淡地说:"像水一样流淌。"

你读懂了吗？有什么启发？

第五，总结经验教训，成功有术

"失败也是我需要的，它和成功对我一样有价值，只有在我知道一切做不好的方法以后，我才知道做好一件工作的方法是什么。"爱迪生如是说。

人们常说"失败是成功之母"。但事实上并非失败必是成功之母。如果我们在失败后，抱着无所谓的态度，一点也不在意，一切从头再来，那结果可能还是失败。在我们学习、生活中，为什么失败一个接一个地不断出现，成功却从未到来呢？就是因为我们没有认真反省自己，没有实事求是地分析失败的原因，没有真正从失败中吸取教训。人类发展的历史告诉我们：成功者无一不是战胜失败而成功的。居里夫人说："人生的旅途也许很遥远，也许很黯淡，但是，不要害怕，勇敢的人面前才有通路。"

战胜挫折要有术，就是指要有具体办法，一切可以靠自己想办法解决，具体办法因人因事而不同。发明大王爱迪生在发明蓄电池的时候，遭到无数次失败，在一次次失败中寻求成功的方法，最终在历时十年，经过五万次左右的试验，才发明了蓄电池。这再次成为"善败者不亡"的佐证。

第六，向已成功的失败者学习

拿破仑·希尔告诉我们：成功者与失败者有一个重要的差别，那就是毅力。了解了这一点，你就不应该自卑，不应该跪下来仰视那些成功者。他们也失败过，沮丧过，自卑过。

拿破仑说："人生的光荣不在于永不失败，而在于能屡仆屡起。"

贝多芬拉小提琴时，技术并不高明，他的老师说他绝不是个当作曲家的料。由于多年持续地丧失听力，贝多芬在 46 岁时，终于完全成为聋子，不过，他却在晚年谱写了他作品中最好的乐章，其中包括 5 首交响乐。

古人云："善战者不败，善败者不亡。"每个人在与命运的抗争中，都难免失败的经历。只有历经大风大浪，才能摔打出我们搏击风浪的能耐，磨炼出我们百折不挠的意志。让我们学会善待失败，唯其如此，我们才能走出失败，走向成功，并且永远立于不败之地。

69 让自己燃烧起来
——直面困境

> 一个对自己的内心完全有支配能力的人，对他自己有权获得的其他任何东西也会有支配能力。
>
> ——卡耐基

小叶小学时成绩比较好。到中学，发现同班同学整体水平比较高，总分居年级第一。她觉得压力太大，逐步由焦虑发展到特别紧张，成绩直线下降。只要一想到成绩就头晕，胃痛。一向坚强的她，不知如何走出困境。

小叶的经历，给我们提出了一个话题，如何正确对待压力？压力是生活的重要组成部分，也是我们成长的动力。我们要学会战胜压力。

大多数人认为压力是一种消极因素，其实压力也有积极的一面，是青少年成长过程中不可缺少的。压力对学生影响往往因人而异，同样的压力对不同的学生，有不同的影响。这既和学生个人对压力的认识密切相关，也和他们对压力的反应及应对压力的方式有关。有的人在压力之下不能适应，表现为紧张、恐惧、焦躁不安，长此以往必然会导致身心疾病，危害身心健康。也有人在压力环境下，可学会通过多种因素的调节，产生较好的适应能力，有利于学业成功。

当选 2005 年"感动中国"的十大人物中，有一位叫洪战辉的大学生。"感动中国"评委会对洪战辉的颁奖词：

当他还是一个孩子的时候，就对另一个更弱小的孩子担起了责任，就要撑起困境中的家庭，就要学会友善、勇敢和坚强。生活让他过早地开始收获，他由此从男孩开始变成了苦难打不倒的男子汉，在贫困中求学，在艰辛中自强。今天他看起来依然文弱，但是在精神上，他从来都是强者。

洪战辉很小的时候,妈妈离家出走,他要照顾患有间歇性精神病的父亲和一个弃婴妹妹。在极其艰难的环境下,他坚持了 12 年,一手带大捡来的妹妹,迎回母亲,自己考上了大学,改变了生活。他说:"苦难的经历并不是我们博得别人同情的资本,奋斗才是最重要的。"

有一位哲人告诫世人:如果你陷入艰难的境地,一切都同你作对,你似乎再也撑不下一分钟,千万不可放弃,因为那正是时势扭转的关键时刻和境地。

请看"情歌王子"张信哲的故事。

张信哲加盟一家音乐公司,干的却是七零八落的事情。他感到自己梦想难以成真,情绪一落千丈。终于有一天,他面对父亲失声痛哭。

"孩子啊,人要学会让自己沸腾。"父亲没有过多的劝慰,而是给他讲起一位邻居的故事:铁匠的女儿因生活不如意想自杀,她父亲知道后,并没有劝说女儿,只是把一块烧得通红的铁块放在铁砧上狠狠地锤了几下,随手丢入身边的冷水中。"刺"的一声,水沸腾了,一缕缕白烟向空中飘散……女孩的父亲对她说:"你看,水是冷的,铁却是热的。热铁遇到冷水,两边就展开了较量——水想使铁冷却,铁却想使水沸腾。现实也是如此而已。生活好比冷水,你就是热铁,如果你不想冷却,就要让水沸腾。"

父亲的话,让他感动不已,他要让自己沸腾,失落的心一下子振奋起来。几年后经过艰辛打拼,他迎来了事业的曙光,终于在歌坛打下了自己的一片天地。

哈佛大学的教授对学生说:坚强能够把挫折当作挑战,把挫折化为自己锐意进取、执著向前的动力。这给我们正确面对压力以深刻的启示。

70 心灯不灭，继续前行
——战胜压力

> 相信自己能，便会攻无不克……不能每日超越一个恐惧，便从未学得生命的第一课。
>
> ——爱默生

有位哲人说：世界上唯一不变的就是变化。当今社会急剧变化，几乎成为不连续的时代。竞争促使社会进步，竞争也给我们带来巨大压力。日常生活中，每个人都会碰到各种各样的困难、挫折，甚至失败。压力是生活中不可避免的，世界上不存在没有压力的环境。

面对压力，怎样战胜压力呢？

1. 内心支配自我

人的成功100％决定于态度，积极心态对战胜压力具有不可估量的作用。

美国亿万富翁、工业家卡耐基说过："一个对自己的内心有完全支配能力的人，对他自己有权获得的任何其他东西也会有支配能力。"当我们开始运用积极的心态，并把自己看成成功者时，我们就开始成功了。

我们的精神状态，对我们的身体和力量，也有令人难以相信的影响。著名的英国心理学家哈德飞，在《力量心理学》里，对这件事有惊人的说明。"我请来三个人，"他写道，"以便实验心理对生理的影响。我们以握力计来度量。"他要他们在三种不同的情况下，尽全力抓紧握力计。

在一般的清醒状态下，他们平均的握力是101磅。

第二次实验则将他们催眠，并告诉他们，他们非常虚弱。实验的结果，他们的握力只有29磅——还不到他们正常力量的三分之一。

第三次实验：在催眠之后，告诉他们说他们非常强壮，结果他们的握力平均达到 142 磅。当他们很肯定地认定自己有力量之后，他们的力量几乎增加了 50%。

这就是我们难以置信的心理力量。

2. 我要，我就能

一位哲人说，勿自悲自怜，你的遭遇并不重要，你对遭遇的反应，才是最重要的。无疑，战胜压力，自信相当重要。

普京小时候的学习成绩并不好，在 5 分制学习成绩中，他的算术和自然课只得了 3 分，而绘画只拿了 2 分。他回忆上小学一年级前的一场街头"恶斗"时说："我明白了，对于任何攻击或侮辱，要迅速还击。我的教育很大部分是在街头完成的。"普京从小就非常喜欢"克格勃"，于是，他在作文《我的理想》中写道："我的理想是做一名间谍，尽管全世界的人们对这个名字都不会有任何好感，但是从国家的利益、人民的利益出发，我觉得间谍所作的贡献是十分巨大的……"1975 年，普京大学一毕业就从事对外情报和国外反间谍工作，实现了自己"做一名间谍"的理想。

少年普京给我们的启示是：我要，我就能。因为"你一定要成功"决定了"你一定会去准备相应的能力"和"一定能找到成功的方法"。

3. 面对压力，不服输

人生旅途中，如果我们真的遇到挫折、失意、失败时，决不要抱怨，相反，这时更需要的是积极乐观。凡事发生必有因果，必有助于我。

失聪少女挑战命运。

杨绿野就读深圳桂园中学一年级，她是一名先天深度神经性耳聋的孩子，耳朵要九十多分贝的声音才能听到。

她每天都要佩戴大功率助听器，才能和大家一起听课、生活。不过，即使有了助听器，她还是有许多声音听不到。不能完全听到老师讲课的内容，学习中碰到的困难可想而知。但是，她凭借坚强毅力，最终克服了这些困难，不仅学习成绩赶上了普通同学，而且在各个方面得到了全面发展。她获得了第八届全国十佳少先队员称号。

"人不怕有缺陷，不怕不如人，怕的是没有积极进取心心态。""我学什么就要坚决学会,否则绝不罢休。"杨绿野说,只要积极进取,就能克服困难,取得成功。

在小绿野成长的过程中,老师、同学,甚至领导都给了她很大的帮助,这让她非常感动,因此她还满怀爱心,常常资助他人。

4. 心灯不灭,叩击成功的门扉

有一个孩子,13岁时到一个贵夫人家里做小杂工。一天深夜,他为贵夫人熨一件高贵的礼服,不小心将油灯打翻,灯里的煤油洒到礼服上。贵夫人硬要孩子赔偿,孩子只好答应帮贵夫人白打一年工。为避免再犯相同的错误,孩子把那件被煤油弄脏的礼服挂在自己的床头作为警示。

一天,孩子惊奇地发现那件衣服上被煤油浸过的地方原有的污渍清除了。通过无数次反复实验,又在煤油里添加了其他一些化工原料,他终于研制出一种干洗剂。一年后,孩子离开了贵夫人家,开了一家干洗店。后来,生意越做越大,终于成为世界干洗大王,他就是法国的乔利·贝朗。

当一个人打翻了命运的灯盏,眼前一片漆黑时,千万别捻灭心灵的灯盏,希望之光将照耀你走出泥泞、走出沼泽,带给你一片属于你的天空。

5. 交流心情,缓解压力

哈佛大学的研究人员,为了改变一些"差生"的心理,曾创造了一种"心情交流法",并取得了意外的效果。他们邀请一部分差生办了一个集体治疗小组。这些学生的学习成绩已到了可能被勒令退学的地步。每周一次的会议上让每个人谈自己的学习苦经,谈受到的压力,谈家庭、同伴对自己不正确的态度。这样,使学生第一次感到自己的状况不是独一无二的,从而减轻了恐惧感,通过谈苦经,减轻了情绪压力。

倾诉衷肠,一吐为快。倾诉衷肠亦是一种排泄的方法,可以使紧张的情绪得到缓解。他人的分析,也助你认清事实,并可得到指点和帮助。

6. 量力而行,知足常乐

学习中目标过高,脱离自身条件,久经拼搏也无法实现,没有体验过成功的喜悦,容易产生挫折感,导致压力过重,因此,我们要量力而行,"跳一跳摘桃子"。有了成就感,才会增强自信力。一位哲人说:"这世界并不完善。家人、友人一样有缺点。十全十美是可遇而不可求的,所以应当'知足常乐'。"

"每一种挫折或不利的突变,都带着同样或较大有利的种子。"美国作家爱默生这样说,这对我们正确认识压力颇有启发。

7. 逆向联想法

世界上不少事究竟是好是坏,问题看你从什么角度去想。日本心理学家多湖辉说,假如你两次考试均告失败,且陷入不可自拔的绝望之中,你会这样想:①自己没有考大学的实力;②再考一次也不会成功;③情绪不好,无心复习高考。对此,你可写出相反的想法:①我考不上,谁考得上呢?②人生还长着呢,总有一天会考上;③鼓足干劲,前程似锦。这样做,就会使你重新恢复再次拼搏的勇气和信心。换个视角,常会使我们看到另一番天地,使自己的情绪变得明朗、愉快、乐观向上。

许多科学家的发明创造所以能超过别人,不仅因为他们具有雄厚的知识基础,而且因为他们具有敏捷尖锐的思考力,这是指对新事物的敏感和对严密的知识规律的再认识能力。许多英才在童年时都欢喜"钻空子",提反面问题。科学的成果往往已严密到紧封着"大门",要想再突破这扇大门是不可能的,只有第一个想从"后门"冲击的人才是胜利者。许多伟大的科学家都是这种"反向思考"的奇才。

8. 笑一笑,消除绝望感

美国哲学家霍布斯说:"笑是胜利的表现形式。"如果积极利用这一功能,就能缓和由失败所带来的悲观心理,或直接消除绝望感。你可积极主动地创造笑的环境,如看一些喜剧片,看漫画,读幽默小说等等,另外还可以参加文体活动,在活动中开怀大笑,你就会一扫满腔愁云。

对于神奇的生命来说,一切都有可能。你面对压力时,可选择适合你的方式行动起来,深信你会很快走出沼泽,迎来一片晴朗的天空!一切都有可能,你说是吗?

71 怎会杞人忧天

——克服强迫症

> 信念只有在积极的行动之中才能够存在，才能够得到加强和磨砺。
>
> ——苏霍姆林斯基

从农村考上市重点中学本来是件令人高兴的事，但小李到中学后并不快乐。虽然他学习刻苦，可成绩总不理想。他说不知为什么，头脑里经常出现怪念头。如当他坐在教室后面，就会经常回头看身后的墙，心想："墙会倒下来吗？倒下来就糟了。"老师让他坐在前面，他又会无端地看着门，担心门会倒下来。同学们笑他杞人忧天，劝他别胡思乱想，他也知道没有必要这样想，但就是无法控制自己。

小李在学习、生活中的怪念头，搅得他忧心忡忡，甚至做出一些傻事。如夜里睡在床上，他会想如果下铺同学动一动，自己就会被惊醒，这样提心吊胆到天明。诸如此类之事时有发生，他为此担心、自责、苦恼，以致难以适应中学生活，不得不休学一年。

小李患的是强迫症，又叫强迫性神经症。这是一种常见的神经官能症。我国强迫症患病率为 0.3‰，占精神科门诊的 0.9%—2%，发病多在 16—30 岁，脑力劳动者为多。

在日常生活中，我们每个人都有或多或少的强迫行为。最常见的是出了家门，忽然又回头看看门有没有锁好；考试时，反复检查题目，有没有看错；晚上睡前，反复检查煤气开关、水龙头有没有关好等等。如果偶然一次失误，造成不良后果，就会使某种强迫行为，多次反复，那他就有可能患了强迫症。

常见的强迫症状主要表现为强迫观念和强迫行为两大类。强迫观念是指患者内在的一系列持久、重复、无法自控的观念、意象、思维行动。如强迫性怀疑，反复检查，强迫性思索，有些人头脑中会出现稀奇古怪缺乏实际意义的念头，简单重复这些问题；还有人强迫性恐惧。如有人怕用刀叉，担心会杀害别人，由此整天担心害怕。

强迫行为是外显的不由自主的重复行为，强迫性的动作。如强迫性洁癖，反复洗手、洗澡，不断洗衣服拖地板，也有人进门要先进二步，再退一步，以此和吉凶祸福相联系。

强迫症患者虽然能意识到这些观念、意向、行为是不必要的或毫无意义的，但就是难以将其排除。因此，既有自我强迫，又有自我反强迫，是一种典型的冲突疾病。

强迫症是怎样发生的？

小李想起小学时曾受到一场非同小可的惊吓。一个夏天的夜晚十点左右。面临期末考试，小李正专心复习，突然听到雷声轰鸣，狂风大作，他赶紧去关窗，就是这时，突然发现有个人站在窗前，眼睛直瞅屋里。一个闪电，小李竟认不出面前的人是谁，吓得浑身哆嗦，一会儿禁不住大叫起来。直到家人赶到，事情才得以平息。原来是邻居有急事找小李爸爸商量，没想到小李被吓成这样。此后，小李认为，无论做什么都要想想会不会出现意外情形。时间一长，形成了怪毛病，即不由自主地产生种种联想，情绪不安。

一般讲，青少年强迫行为的发病原因和其遗传素质、个性特点以及精神刺激有关。在各类病因中，社会心理因素起诱发性作用。如获悉亲人或同学朋友患重病或去世，生活环境变化，处境困难，担心意外，考试成绩不理想，受到老师严厉的批语或父母的惩罚。使患者谨小慎微，遇事犹豫不决，反复思考，焦虑不安，促发强迫症。

患有强迫症的中小学生常具有如下性格特征：处事过于拘谨，做事十分认真，严格按程序进行。胆怯害羞、缺乏自信、过于自责；呆板自卑，过于克制自己。他们产生强迫症也和幼年时期家庭教育，生活经历直接有关，就像小李那样是比较典型的案例。

如何克服强迫症，可以考虑从以下做起：

（1）勇敢地走到人群中，主动进行人际交往。多和同学、朋友、熟人接触，经常向他们倾诉交谈。小李首先要做到的就是搬回集体宿舍，培养集体生活习惯，锻炼自己独立生活能力。

（2）培养正确的思考方法。思考问题可以从多方面考虑，不能限于一条路，头脑里只有一根筋。当你感到此路不通的时候，马上给自己来个当头棒喝！换个角度想想，也许会找到新的途径和方法，出现"柳暗花明又一村"的美妙景象。

（3）多参加集体活动，培养多方面兴趣，调节紧张心理状态，消除其神经刺激。活动中加强与同学往来，改善人际关系，也会逐渐改变过于拘谨、胆怯等不良个性，逐步培养活泼、开朗、自信、热情的性格，这些都有利于治疗强迫症。

经过五六次门诊咨询和配合服适用药物，小李病情明显好转。自己感觉生活充实、有劲。同学也讲，小李好像换了个人似的，神气多了，也和大家相处融洽了。小李开始了他人生旅途的新历程。

对于强迫症患者治疗效果是较好的。其中以心理治疗为主，药物治疗为辅。如系统脱敏疗法，还有思维阻断法。此外，还可采取反应禁止法、满灌疗法、诡控制疗法、催眠治疗、模仿学习等心理治疗技术进行治疗。

最后值得注意的是，强迫症患者决不要采取严格限制其症状的态度和方法，如严厉对自己讲："不准……"这样做不仅对治疗强迫症是无效的，相反会激起反抗情绪，其后果适得其反。

我们既要积极寻求心理医生的帮助，同时又要灵活地自信地处理各种事情，投入生活，走进人群，逐步培养活泼、开朗、热情的个性。深信治愈强迫症是大有希望的！

72 "丑小鸭"怎样才能成为白天鹅

——走出自卑

长风破浪会有时，直挂云帆济沧海。

——李白

一次讨论会上，一位著名的演说家没讲一句开场白，手里却高举着一张 20 美元的钞票。面对会议室里的 200 个人，他问："谁要这 20 美元？"一只只手举了起来。

他接着说："我打算把这 20 美元送给你们中的一位，但在这之前，请准许我做一件事。"他说着将钞票揉成一团，然后问："谁还要？"仍有人举起手来。

他又说："那么，假如我这样做又会怎么样呢？"他把钞票扔到地上，又踏上一只脚，并且用脚碾它。尔后他拾起钞票，钞票已变得又脏又皱。"现在谁还要？"还是有人举起手来。

"朋友们，你们已经上了一堂很有意义的课。无论我如何对待那张钞票，你们还是想要它，因为它并未贬值，它依旧值 20 美元。人生路上，我们会无数次被自己的决定或碰到的逆境击倒、欺凌甚至碾得粉身碎骨。我们觉得自己似乎一文不值。但无论发生什么，或将要发生什么，在上帝的眼中，你们永远不会丧失价值。"

每个人都是无价之宝，我们还有什么理由忽视自己生命存在的价值呢？

安徒生有一篇脍炙人口的童话故事，题目叫《丑小鸭》。故事的主人公是一只出生最迟、体格最大的"丑小鸭"，实际上却是一只美丽的天鹅。因为生在一个养鸭场里，鸭子们觉得他很"丑"，其他的动物也随声附和，"鸭儿们啄他，小鸡打他,喂鸡鸭的那个女佣人用脚来踢他"。

于是他飞过篱笆逃走了,结果野鸭又认为他很丑陋,丑得甚至连猎狗也不想叼走他。直到真正的天鹅发现"丑小鸭"原来是他们的同胞,他才找到了天鹅的尊严与荣耀,恢复了自信。安徒生在童话的结尾处意味深长地说,尽管他曾经被人迫害和讥笑过,而现在却听到大家说他是"美丽的鸟中最美丽的一只鸟儿",不禁从内心里发出一个快乐的声音:"当我还是一只丑小鸭的时候,我做梦也没有想到会有这么多的幸福!"

在为"丑小鸭"的平反叫好的同时,我关心得最多的是它的心理状态。在别人的百般讥笑中,"丑小鸭"越来越自卑,以至野鸭教训他的时候,"他只希望人家准许他躺在芦苇里,喝点沼泽的水就够了"。可怜的他总是逆来顺受,居然从未想到自己就是高傲的天鹅,也从未想到通过自己的能力走出困境。

让我们来看看"乒坛女巨人"邓亚萍的成长经历吧!

邓亚萍,1973 年出生在河南郑州的一个普通工人家庭。她 5 岁开始学打乒乓球,10 岁就在全国少年乒乓球比赛中获得团体和单打两项冠军,13 岁时便打败过世界冠军。然而就是这样一位乒坛新星一度因自己 1 米 49 的身高而被拒之于省队之外。她也曾伤心过,彷徨过,但顽强的她很快通过自己的努力弥补了身高的不足,也就此改变了世界乒坛只在高个子中选拔运动员的传统,走向了世界乒坛的领奖台,成为唯一蝉联奥运会乒乓球金牌的运动员,也是唯一一位获得 4 枚金牌的乒乓球运动员。2002 年,她成为国际奥委会道德委员会以及运动和环境委员会委员。邓亚萍已分别从清华大学和英国诺丁汉大学毕业,最后获得了英国剑桥大学的学位。

如果当初邓亚萍因自卑而自暴自弃、放弃追求,我们能领略到"邓氏风采"吗?

也许有些因素是我们不能改变和抗拒的,但怎样看待这些因素则完全取决于我们自身。如果你不能改变容貌,那你可以展现笑容;如果你不能左右天气,那你可以改变心情;如果你不能预知明天,那你可以把握今天;如果你不能样样顺利,那你可以事事尽力。

台湾诗人陈木城曾写过一首《不快乐的想法》,描写蜗牛和寄居蟹,他们每天都抱怨生活,感到自卑。同时,他们相互羡慕,却不知道自己抱怨的偏偏是别人所羡慕的。

不快乐的想法

蜗牛不快乐

埋怨自己每天背着

一栋又笨又重的房子

实在太累了

寄居蟹也不快乐

每天埋怨自己没有房子

一年到头忙着找房子换房子

寄居蟹羡慕蜗牛

有一栋那么大的房子

蜗牛也羡慕寄居蟹

常常可以换新房子

他们一直这样想：

我实在太累了

我很不快乐

蜗牛和寄居蟹缺乏的恰恰是换位思考，它们看到的是别人的优势，总是拿自己的劣势与别人的优势去比较，而不是拿自己的优势与别人的劣势去比较。我们来想象这样一种情况：你拿自己的收入跟世界首富比尔·盖茨相比，拿自己的容貌跟张曼玉、袁咏仪相比，拿自己的成果跟霍金、袁隆平相比，那么，世界上99.99%的人都会无地自容。

有这样一则故事或许能给你启发。有人问一位盲人："生活在黑暗之中，你觉得痛苦、自卑吗？"盲人回答："我自卑什么？和聋子相比，我能听见声音；和哑巴相比，我能说话；和瘫痪者相比，我能行走。我之所以不自卑，是因为我学会了放大优点。"

放大你的优点吧，你会发现天地其实很宽广，生活真的很美丽！

73 打开学习新天地

——创新学习

处处是创造之地，天天是创造之时，人人是创造之人。

——陶行知

当今整个世界进入了一个高速运转的"智力物化"时代，社会生产成为科技智慧的表现形式。人类学习正面临着一场严峻的挑战和重大的变革。现代社会先进的生产力，发达的科学技术，为人们对学习的研究、探索、创造，并运用更为先进的学习方法，开辟了一个崭新的天地。

当前人们正越来越认识到创新学习的重要性，学生只有在学习过程中充分发挥自己的聪明才智和创造能力，才能将知识学牢学懂，而且将知识转化为能力。创造性地学习旨在培养创造性人才、培养全面发展的人才。

人因创新而出类拔萃

一位中国学者，在美国听了一堂中学数学课。老师出了一道题：8 减去 6 是 2,8 加 6 也是 2，有这可能吗？请给以证明。一位男生站起来应答："数学上 8 减 6 是 2，但 8 加 6 是 2 却是不可能的。一个明显的不可能被提出来，肯定有他的因素。所以数学上既然没有这种可能，生活和自然中肯定有这种可能，譬如上午 8 点的 6 个小时之前是凌晨 2 点，6 个小时之后是下午 2 点"令人吃惊！显然突破了常规思维定势。一旦思维有了翅膀，一切便没有不可能！诚如巴尔扎克所言："一个有思考能力的人，才是一个力量无边的人。"

比尔·盖茨直白："人与人之间的区别主要是脖子以上的区别，大脑决定一切。"可见人的思考力、创造力对人生的价值。有人做过调研，结论是有 3% 的人为未来作详细的规划,而97%的人不为未来做什么规划。通常来说,做规划的人有自己的事业,没有规划的人则为那些有规划的人工作。

社会发展证明:人因创新而伟大,人因创新而出类拔萃。因为创新是人类社会发展的福音,亦是人类获得新的幸福的永恒动力。

对大多数人来说,创新仍是陌生而神秘的,似乎只是少数人的专利。其实创造有大有小,内容和形式也可各不相同。今日世界创造活动已深入到普通人的生活、学习、工作中,已经是人人都可进行的社会实践活动。创造能力是每个人的自然属性和内在的潜能,创新能力可以通过教育训练而激发出来。因此,人人都能创新。有人说:"下下之人,有上上智。"不无道理。

你想不想成为一个具有创造性学习的人呢? 也许你认为这条路很难。其实,只要你深信"人人都有创造力"并遵循一些科学方法去做,你会得到意想不到的收获。

1. 立足 21 世纪,强化创造意识

古人云:"不闻大论,则志不宏。不听圣言,则心不固。"创造性学习具有自主性、开放性、探索性、整体性等特征。培养学生的创新意识是培养学生创新学习能力的重要前提。我们要充分认识到创新意识的培养是时代发展的需要,也是全球国际竞争的要求。随着时代的发展,当今的社会越来越复杂多变,人际关系也越来越难处。操纵今天社会的因素日趋复杂,且变幻莫测,人们的思维和观念有了巨大的转变,适者生存,我们必须舍弃一贯的观念,而寻找全新思维方式,否则就逃脱不了被淘汰的命运。由此,我们必须注意培养强化创新意识。

2. 培养求知欲和创新兴趣

强烈的求知欲是青少年学习的动力,它能促进学生最充分地发挥自己的聪明才智和创造才能。兴趣是人们认识、欣赏和探索某种事物的倾向。学习兴趣是青少年从事学习活动强有力的动力之一,亦是学生创造力发展的必要条件。

世界上最伟大的推销员奥格·曼获诺说:我终于明白了,原来这世界上有着三种人:第一种人从自己的经验中学习——他们是聪明的。第二种人从别人的经验中学习——他们是快乐的。第三种人既不从别人的经验中学习,也不从自己的经验中学习——他们是愚蠢的。

对照一下,你是哪一种人呢?

日常生活中,我们常会看到,学习成绩好的人不一定智商很高,学习成绩差的人也不一定是脑子不灵的人,关键还在于爱不爱学习,会不会学习。俗话说:"装睡的人是叫不醒的。"当然,没有诚意地学习某件事,或某门功课的人,是永远学不会,也学不好的。

许多科学家正因为他们对科学有浓厚的兴趣,从科学研究的本身感受到了无穷的乐趣和愉快,这是一般人所无法体验的。巴甫洛夫说:"感谢科学,它不仅使生活充满了快乐和欢欣,并且给生活以支柱和自尊心。"

如果一个人对科学知识、创新学习毫无兴趣,必然对学习产生畏惧,更不可能产生如醉如痴、废寝忘食的顽强精神。只有培养强烈的求知欲和创新兴趣,才能使我们不断发现问题、提出问题,积极解决问题,开辟新天地,促进思维的发展。

有的同学怕学习,其实我们没有必要害怕学习,知识没有重量,它是你随时可以获取,又随时可以携带的宝库。

3. 敢于质疑,善于提问

面对鸦雀无声的会场,诺贝尔奖得主讲述了"一个问号"的价值。

2004年,有四位诺贝尔奖获得者应邀到北京演讲,开展学术交流活动。其中一位演讲者就地取材,讲了自己在《人民日报》上看到的一条消息,标题是《一个问号价值六十亿》。

大家都知道,有些新车族的很多事故往往是这样造成的:就是在紧急状态下要踩刹车的时候,由于慌张而错踩到油门上。这一踩,势必会事与愿违,造成严重的事故。

一个17岁的上海中学生就此事提出了问题:怎样才能排除这种事故呢?能不能把本想刹车却踩错油门的情况区别开来? 于是,她建议设计一个装置,这个装置能够在很短的时间里判断出误踩的情况。假如司机用很大的力气"砰"地一脚踩下去,错踩到了油门上,油门上的特殊传感器马上可以感应出来,判断出司机的目的是为了踩刹车,进而自动把油门断掉,把刹车启动。因为,踩油门绝不会突然用这么大劲儿。

这个上海中学生提出的建议是可以实现的吗?专家们认为,一切都有可能。只要经过努力,完全可以设计出这种装置。特别令人兴奋的是,这个小小的问题,竟然有将近 60 亿元的市场价值含量。

讲完了《一个问号价值六十亿》的消息后,他说:"在创新的道路上,当我们找不到方法的时候,就要找问题。问题找到了,办法自然就出来了。在创新的道路上,永远没有可以嘲笑的提问者。"(摘自 3 月 20 日《今晚报》作者 蒋光宇)

爱因斯坦认为:"提出一个问题往往比解决一个问题更重要。"因为解决问题也许仅是一个数学上或实验上的技能而已,而提出新的问题,新的可能性,从新的角度去看旧的问题,却需要创造性的想象力,人们所提出的新问题常常始于对已有科学理论和科学实验的质疑。从这个意义上去看,可以说科学研究发端于质疑,而这种基础又建立于中小学形成的良好习惯上。

作为中小学生要多读书、多质疑、多实践,才能产生更多的问题。古人云:"尽信书,则不如无书。"我们要敢于质疑,敢于向权威挑战,向老师挑战,向书本挑战。另外,善于将自己的问题表达出来也很重要。否则,不能达到我们的目标。

求知欲强,好奇心大就是我们这个年龄阶段的重要特征,别忘了,我们正处于"爱提问"的年龄!

4. 掌握科学的思维方法

有关创造过程机制的研究表明,创造的关键是思维。创造性思维是创造力的核心,它支配创造性的活动。创造性思维是聚合思维和发散思维的统一,其中最重要的是发散思维。发散思维就是沿着不同的方向去思考、追求多样性的思维。

在学习中,我们要多参与、多动手、多操作,养成勤于思考和探讨的习惯,探索一题多解、一问多答,摆脱传统观念和思维定势的束缚,勇于异想天开,标新立异掌握科学的思维方法。笛卡儿说:"我思故我在。"不无道理。

如转换思维角度,有人提出一个题目,字母 IX,只添一笔变为六。这题竟难倒在场的所有人。其实,答案很简单,在 IX 之前加个 S 变成 SIX,就成英语中的 6。像这种并不复杂的问题,许多人感到百思不解,恐怕主要是受思维定势的影响,总是围绕着如何把 IX 变成汉字六,根本没有想到把它变成英语单词"SIX"。的确,现实生活中的诸多难题,沿用传统的、单向性思维方式,是很难求解,而"转念一想",采用一种新的思维方式,会使人茅塞顿开,结论明了。

另外，还有大智若愚，从简单入手，打破常规，反其道而行之等等思维方法都可使我们顿然有悟！

5. 敢于创新，发展想象力

爱因斯坦说过："想象力比知识更重要，因为知识是有限的，而想象力概括着世界上的一切，并且是一切知识的源泉。"

想象力是在感知记忆的基础上，对已有的知识、经验进行重新组合、创造出新形象的能力。借助想象力，可以帮助我们认识事物，发展创造力。

任何一个有悖于日常生活常识或情理的想法，人们都会当作异想天开的笑话，然而，当今科技的发展证实许多不可想象的想法，却给人们打开创造思维的大门，使梦幻成真。丰富的想象力，包含着一般人想不到的大智慧，是使人走向成功的捷径。

我们要敢于冲破常规，冲破现有的知识、经验的局限，敢于想他人之未想、做他人之未做，敢于创新，促进我们想象力的发展。

6. 认识自己，形成正确的自我意识

在人类一切才华中，创造性可能是最具有价值的一种能力。创造性才能在个人成功方面有两个重要作用。一是要突破自我，就必须有所创造。二是要独具风格，更要有所创新。由此，正确的自我意识，对学生创新意识的培养具有促进作用。

谈及创新学习时，我就想起孙云晓老师提到中美教育比较的两份报告，很有意思，不妨介绍给大家。

20世纪70年代末，中国曾派一个访问团去美国考察初级教育。他们回国后写的考察报告中说，美国学生无论品德优劣、能力高低，无不踌躇满志。小学二年级的学生，大字不识一斗，加减乘除还在掰手指头，就整天侈谈发明创造。美国小学重音、体、美，而轻数、理、化，课堂几乎处于失控状态，最甚者学生如逛街一般，在教室里摇来晃去。结论是：美国的初级教育已经病入膏肓，再用20年的时间，中国的科技和文化必将赶上和超过这个所谓的超级大国。

同一年，作为互访，美国也派了一个考察团来中国，也写了一份报告：中国的小学生在上课时喜欢把手放在背后，除非老师发问时举右手，否则不轻易改变；早晨7点钟之前，在中国的大街上见到最多的是学生；中国学生也有家庭作

业,是学校作业在家庭的延续;中国把考试分数最高的学生称为学习优秀的学生,一般会得到一张证书,其他人则没有。

报告的结论是:中国的学生是世界上最勤奋的,他们的学习成绩和世界上任何一个国家的同年级学生比较,都是最好的。可以预测,再用 20 年的时间,中国在科技和文化方面,必将把美国远远地甩在后面。

25 年过去了,美国"病入膏肓"的教育制度共培养了几十位诺贝尔奖获得者和比尔·盖茨那样 100 多位知识型的亿万富豪,而中国还没有哪一所学校培养出一名这样的人才。两国的预言都错了。

对此,你有什么看法?

你想冲破常规、冲破原有的知识经验进行学习创新吗? 不妨运用我们提供的方法,尝试进行创造性学习。你会有收益的!

74 乡村学校飞出"金凤凰"
——不要迷信名校

莫愁前路无知己,天下谁人不识君。

——高适

因为我介绍过江苏省高考状元汪天一的成长经历,引起了一些读者的关注,不少读者给我打电话,或者在我的博客中留言,认为他来自于一所普通的乡村学校,其成才对中国多数孩子的成长具有借鉴意义。

按照汪天一的家庭经济条件和社会资源,把孩子送到该县任何一所学校都没有问题,但考虑到孩子年龄小,父母舍不得孩子出远门,他就在小镇上的一所小学上了学,初中又上了爸爸工作的中学。初中毕业,他考了全县第 29 名,完全可以进入教学质量很高的县中,但他还是执意留在了母校,最终成了全省高考状元。所以,我们不要迷信名校,普通学校也有优秀的师资和先进的教学方法。更重要的是,学生是学习的主人,我们的主动性和积极性才是决定学习成绩的根本因素。如果迷信名校,动辄要求父母把自己送到某些学校,以为进入名校就万事大吉,那是不切实际的想法。

在许多人的印象中,高考状元应该是"头悬梁,锥刺股",多数是"学习疯子"。然而,汪天一却以自己的亲身经历否定了这种说法。他从小学四年级开始学习书法,作品曾获得全国铜奖。清华大学江苏招生组组长周明胜老师回忆说,曲塘中学并非清华的生源基地,汪天一是自己申报的,之所以能够被清华自主招生录取,一个重要因素就是他的书法给招生组留下了"非常深刻的印象"。除了书法,乒乓球是他最主要的课外活动,打乒乓球既锻炼了身体,又帮助他释放了学习的压力。即使学习十分紧张时,他仍坚持每天跑步。据他妈妈介绍: "我们家儿子晚上9点到9点半就休息了,到最后冲刺阶段最晚也没超过10 点。"所以,我们一定要注意劳逸结合,不要搞"疲劳战"。

现在的同学大多为独生子女,从小娇生惯养,心理承受能力较弱,而汪天一 从小就接受挫折教育。汪天一的象棋启蒙老师就是他的爸爸汪宁。第一次学 下棋,精通象棋的汪宁和对象棋一窍不通的儿子对垒,居然不留情面,三下五除 二就把小天一杀了个落花流水。连续几盘下来,小天一急得哭了。妈妈看得心 疼,就出面求情,但爸爸坚持儿子要凭真本领把自己打败。这种训练对他的学 习很有帮助,有时考砸了,他也会难过,也感到压力,但一觉醒来,他就全忘了。 高考中,他的临场发挥可圈可点,当同学表示化学试题难度大时,他轻松地给同 学以鼓励;当同学感觉英语试题简单时,他又提醒同学不要掉以轻心。凭借着 出色的心理素质,他从容自如地通过了高考,并超常发挥,创造出人生中的第一 次辉煌。所以,良好的心理素质是从小养成的,你千万不要只想等到,等是等不 到的。

75 魔盒，开启智慧的钥匙？
——合理观看电视

> 只有在对美好事物的自觉追求中，才会有真正的幸福。
>
> ——高尔基

小林进入初中后，迷上电视，几乎没有一天不看电视。假期里似乎整天都在看电视，学习成绩直线下降，视力也降低了。父母决心关掉电视，不准儿子看电视，但小林坚持要看电视。由此，家庭矛盾不断。如何改变这种状况，小林和父母都感到有点棘手，十分烦恼。小林的经历在青少年中有普遍性。

有位母亲到心理咨询室诉说：我的儿子才5岁，特别爱看电视。不管是儿童节目，还是大人节目都要看。他就是对电视有兴趣，常常模仿电视里人的语言和动作，把电视广告词背得滚瓜烂熟，但对周围的人或事好像熟视无睹。他和家人也很少说话，该怎么办呢？

电视对青少年的影响是好，还是坏？

电视对青少年的成长究竟有怎样的影响？有些专家说，电视是开启儿童智慧的一种有效的教育工具，而有些专家说，电视是个"魔盒"，它减少了儿童应有的人际交流阅读、游戏争端的时间，降低了儿童对文字材料的兴趣。另有些人担心电视会使孩子变得怠惰、懒散，感情麻木，还有些研究甚至认为，电视会增加孩子的暴力行为和攻击性行为。

据有关研究表明，长期看电视、漫画的孩子，对动感画面很有兴趣，语言变得成人化，但对文字兴趣以及识别文字的能力会下降。入学后在识字、听写、造句、作文方面的水平都低于平均水平。长期坐在电视机前的孩子由于活动偏少,容易肥胖,而且视力也容易受损伤,还会引起头痛、失眠、焦虑、做噩梦、注意力不集中、消化不良、性早熟等症状。近来一种与电视行为相关的疾病——电视孤独症的产生,亦越来越受到心理学家的关注。

中学生正处于青春发育期,无论在生理上或心理上都处于急剧变化的阶段。他们表现出明显的可塑性、变易性大的特征。在这信息激增的时代,中学生思想活跃,对社会影响缺乏辨别是非的能力,容易产生思想混乱。现在电视媒介模糊了成人与未成人的界限,成人节目中有许多孩子不理解的内容装入了孩子的头脑,使他们的头脑复杂起来,模仿多了。甚至在他们中间发生了与他们年龄极不相称、极不该发生的令人痛心的恶性事件。如暴力、斗殴、敲诈勒索、杀人、强暴等等。对此,我们不可掉以轻心,应有一定的防范意识。

电视会给学生带来一些消极影响,在社会上引起种种议论。但是,在电视如此普及的今天,电视成为现代社会传递信息和传授知识的重要渠道。无论有怎样的负面效应,也不能轻易把人人喜爱的电视全部取消。电视还是应该看的,关键在于养成良好的观看电视的习惯。每个家长都希望电视对孩子只有积极的影响,而没有消极的影响。通过家长、学校、社会的通力合作,这也不是做不到的。

我们要积极利用电视,使电视真正成为开启我们智慧的钥匙。你想过没有,如果还没有考虑的话,那就请跟我来。

1. 用好选择键

每天我们都可以接触到大量的电视节目,但我们必须选择适合于自己的节目观看。学会选择电视节目。观看有质量的电视,对我们的成长是有益的。尤其教育电视,它为年龄不同的儿童、青少年提供了优秀的节目。此外,还可以看一些合适的电视剧、纪录片、音乐片、经典故事片等等。

为此,我们可以通过电视周报、每日报纸,了解熟悉电视节目和其他一些电视节目。这样,一方面有利于我们提前安排时间。另一方面节目信息的介绍可作为我们选择节目的依据。选择节目看电视,才能真正达到满足娱乐需要,开阔视野,增加知识信息,提高自己的求知欲望,发展个人兴趣爱好的积极作用。

2. 注意区分虚幻和现实生活

年幼的儿童分不清电视里反映伪装的或幻想的事情与现实中的事情。他们非常相信电视里所表现的一切事情。有的在家中无人时模仿他们所敬仰的电视里的英雄人物做出一些惊险动作,如学奥特曼撑一把伞从高楼上跳下来,学《还珠格格》中的小燕子用绳子套在颈里自杀,造成了一些恶性伤害事故。为此,我们要学一些关于电视的知识。如电视怎样制作的,一些电视剧的拍摄花絮,提高对电视节目的理解能力和批评能力,有利于区别真伪,区别假装的和现实的生活,更好地面对生活,以防意外事故的发生。

3. 开好电视研讨会

我们看电视时,可以和同学朋友、父母一起看。日本心理学家多湖辉提倡父母和孩子一起看电视,说:每当孩子坐在电视前的时候,我们首先应该想到要让电视在教育方面的发展。方法之一就是父母一边陪孩子看电视,一边提问题:"要是你的话,该怎么办呢?"把它作为现实问题让孩子思考,让他们当场作出判断。这样,孩子就会把感情移入剧中,与主人公同喜同忧。通过父母的提问,对于培养孩子独立判决能力是很有帮助的。

孩子们可适当地看一些动画片。不仅可以满足孩子们的娱乐需求,还能培养良好的道德品质。孩子们可采取和家长一起看动画片,和成人一起聊聊动画片中的内容,发表自己的意见和他们交流。这样,既可以增进与家长的了解和感情,也能训练提高孩子们的语言表达能力和分析能力。同时也有利于防治青少年的"动画痴迷症"。

4. 提高区分是非能力

日常生活中,青少年攻击性行为可以说是最令人心痛的一种不良行为。

据对某市小学生和中学生的一次调查显示,曾参与打架、斗殴等暴力活动的,小学为8.7%,中学为13.8%,青少年暴力的高发性已引起大多数家长的警觉。

青少年的暴力原因和本身年龄特征以及家庭教育,社会不良风气影响相关,其中不可否认电视暴力节目对青少年攻击性行为的密切关系。无数事实及许多研究者的研究都深刻地提示了长期持续收看电视暴力节目可能会引发、强化儿童青少年的攻击性行为。

由此,必须警惕电视中的暴力节目。(1)尽量不让年龄较小的孩子看暴力、色情片。小学生最好不要独自看暴力及令他们恐惧、焦虑的成人片。(2)和成人一起看暴力片尽量减少其不良影响。对剧中人物(孩子心目中的英雄)所采取的暴力行为不赞同。我们要知道,社会暴力并不像电视中暴力那么普遍,事实上,暴力行为是会受到法律及社会道德的惩罚和谴责的。社会中决不会把暴力看作男子汉英雄气概的表现。相反,这种攻击性行为是文明社会所不能容忍的。还要知道,要达到自己的目标,要解决人际关系矛盾,有许多道路,但决不是暴力。暴力的结果都是适得其反的,既伤害了别人,更伤害了自己。

5. 别让电视"唱主角"

在实际生活中,看电视只是我们的一种需要。此外还有其他方面的需要,如和父母交流、社会交往、游戏、阅读学习等等。为此,我们要合理安排时间,参加多种活动,得到多方面的满足。

一般讲,看电视最好以完成学习任务为前提。我们要适当地安排好看电视和学习的时间。看节目的时间要有控制。年龄越小,看电视的时间应越短。一些心理学家提出,通常 2 岁婴儿每天看电视时间不超过半小时,3—7 岁幼儿每天看电视不宜超过 1 小时,7 岁以上儿童每天不宜超过 2—3 小时。一些专家认为,每周孩子看 10—15 小时的电视还是可以接受的。

当我们看完适宜的电视节目后,应马上离开电视机,去做其他一些事,如做作业、看书、讲故事、游戏或外出参加一些户外活动,这样电视就不会在我们生活、学习中唱主角了。

6. 看电视也要讲卫生

过度迷恋电视对青少年身体健康危害很大,主要表现为视力下降、头痛、记忆力衰退、注意力不集中、失眠、下肢麻木肿胀、腰部颈部肌肉疲劳等。这些对青少年的生长发育都是极为不利的。

为了消除或减轻看电视带来的危害。我们必须注意,看电视要符合卫生要求。

(1) 注意看电视的距离、角度。

一般认为,电视机放置高度以荧光屏中心高度比观众眼睛稍低一些比较适宜。座位要距电视 3 米这是最适当的距离。观众应坐在电视机正前方,不能太偏,以免引起眼睛斜视。另外,还要注意电视机调整、电视图像要稳定清晰、颜色自然,减轻对眼的刺激。

（2）要注意开机前室内清洁。

去除电视机周围杂物，湿擦桌面，湿拖地板，减少灰尘飞扬，室内空气要流通。看完电视后要洗脸。

（3）注意背景照明。

为了减轻电视图像明暗变化对眼睛的刺激，看电视时，最好在自己的上方安置一盏3—5瓦的白炽小灯。

（4）注意营养。

看电视时眼睛要消耗大量维生素A，因此要注意补充。多吃胡萝卜、猪肝等食品能提供比较充足的维生素A。

高尔基说："只有在对美好事物的自觉追求中，才会有真正的幸福。"我们在如何正确对待观看电视这件事上，也是这样。我们处理不好，电视就会成为阻碍我们成长的魔盒，如果我们能合理看电视，那么，我们就会得到开启智慧的钥匙。

精神鸦片，一缕阳光？
——漫谈电脑游戏

> 爱玩游戏是孩子的天性，我认为要鼓励不要排斥。网络和游戏都是双刃剑，教师和家长要负起引导的责任。
>
> ——吴文虎

近年来，电子游戏机不断更新的速度令人瞠目结舌。自从游戏机踏着科技浪潮"横空出世"，以它特有的魅力迅速入侵广大青少年的心灵世界。沉迷于游戏机的孩子令父母、老师伤透了心。咒骂游戏机是不公正的，也是无济于事的。关键在于我们要全面、正确地认识电脑游戏对青少年的影响和指导青少年学会玩电脑游戏，促进其全面发展。

21 世纪到来之际，从南京麒麟镇发出噩耗：一个年仅 17 岁的中专生猝死在电脑游戏机房。

2002 年 2 月河北唐山发生网吧失火事件，17 人在大火中丧生。

数月后 6 月 16 日凌晨，北京"蓝极速"网吧发生特大火灾，25 个年轻人命归黄泉。

2008 年 2 月 11 日，广州 18 岁高中女生文文（化名）不满母亲阻止她上网，在家中卧室窗户上，用鞋带上吊自杀身亡。

…………

一件件悲剧见报后，在读者中引起了强烈的反响。

"青少年上网成瘾"绝非一个新话题。据共青团中央统计，截至 2006 年上半年，18 岁以下的未成年网民达 1830 万人，在这些青少年网民当中，"网瘾青少年约占 13.3%"。据天津市教育科学研究院 2007 年对中小学、初中、高中学生利用网络情况的抽样调查,上网在中小学生中已蔚然成风,尽管目前全市中小学生家庭计算机的普及率只有23％,但网络已对中小学生显示出巨大魅力,64％的中小学生已经上网,有52％的人经常到网吧上网。几乎在全国各个城市,都能找到关于青少年染上网瘾、不能自拔、叛逆、忤逆甚至违法犯罪的事例。

北京大兴区网络成瘾治疗中心的一名工作人员说,在中国,网络成瘾的青少年超过200万。

为什么电子游戏会有让青少年产生痴迷程度的吸引力呢?正如一位学者所提出的,电子游戏是高科技产品,特别是近些年推出的电脑游戏,以其清晰的画面,激动人心的故事情节,震撼强烈的声音,迅速侵入了广大青少年的心灵世界。再则,从青少年心理因素来看,他们对新事物,一切有趣的东西充满了好奇心和强烈的求知欲,电脑游戏不断更新,不断给予他们新的刺激,容易满足青少年的心理需要。有的学生出于从众心理,有的学生因听同学常议论电子游戏如何有趣,自己却一窍不通,为了和哥儿们保持一致,开始玩电子游戏,有的逐渐上瘾;也有的因为电子游戏多数带赌博性质,打游戏机的过程是支配画中人行动的过程,出于赌博的支配心理,他们渐渐被电子游戏迷上了,甚至不能自拔,电脑游戏成为他们的精神鸦片。

自从游戏机踏着科技浪潮"横空出世",问题就从未间断过,在我国无数事实证明,沉溺于游戏机对青少年有很大的危害。

研究人员确认,电子游戏会扭曲孩子的心灵,对孩子的直接伤害有如下几点:

第一,这种以机械为竞技对手的游戏会使孩子变得孤僻和玩世不恭。

第二,电子游戏的基本内容就是"破坏",这会诱导孩子在未来产生暴力行为。

第三,电子游戏使孩子抱着享乐至上的处世哲学,不想以艰苦的劳动成就一件事。即使是学习,如不带点娱乐性,也会加以排斥。

第四,电子游戏发展以个人为中心的倾向。一些调查发现,嗜好电子游戏的孩子具有非常强烈的个人倾向,他们拒绝跟外部世界接触,也不愿跟父母或朋友交流,只干自己喜欢的事,完全不考虑他人和整体的存在。这类孩子成年后,出现离婚、同居、独身主义和同性恋的概率大幅度增长。

如何正确全面认识当今社会电子游戏机对青少年的影响？不少家长抱怨，电子游戏机是个"坏东西"，媒介也报道了因游戏机诱惑，一些孩子走上了盗窃、抢劫犯罪的道路。于是电子游戏机成为社会上"人人喊打的坏东西"。对此，卜卫提出了不同的见解，从另一个视角让我们重新思考。

卜卫认为，实际上，电子游戏机本身是个中性的东西，像电视、报纸、杂志等其他媒介一样，也像孩子的其他玩具一样，是儿童娱乐的一种工具。国外大量的实验和调查表明，经常接触电子游戏机的孩子并不必然因此成绩下降，或者道德品质不端，二者没有直接的因果关系。

从另一个角度讲，网络游戏是一缕阳光，有些人玩游戏，玩出了自己，作出令人羡慕的成绩，信不信？请看下面的故事。

少年电脑奇才受聘政府顾问

在牙买加首都金斯敦有位名叫马康南的少年，在电脑前为政府辛勤地工作着：通览全球技术领域，调查什么是热门技术，不断向他的上司发送电子邮件，每周一他都要去商业或技术部向上司汇报工作，在技术问题上出谋划策。马康南是这个国家最年轻的政府顾问。当政府任命时，他才13岁。据说，3岁的马康南就在妈妈办公室的电脑键盘上敲敲打打，显示了成为电脑奇才的天分。不久前，美国麻省理工学院选中他，他和另外99个年轻人一道出席了该学院举办的论坛。

我国十佳儿童和超常儿童及一般儿童在电子游戏机接触方面没有显著的差异。有人说，电脑游戏是一缕阳光。电子游戏机对使用者的影响，大多取决于使用者方面的情况。可见，对于"横空出世"的电脑游戏咒骂是不公正的，禁止也是行不通的。成人必须做的，就是给予青少年正确的指导。

1. 加强综合治理，改善教育环境

现在一些校园所处的环境不太好，存在着《预防未成年人犯罪》条文中明令禁止的场所，如营业性歌舞厅、电子游戏场所。现实生活对未成年人的影响是客观存在的。如果社会上每一个成员都对他们加以关心和爱护，他们的安全就有了保证。这其中不仅需要学校的培养、家长的关心、行政部门对一些娱乐场所的规范管理及公安部门对犯罪分子的打击，还需要每个社会成员的密切配合,将法律与道德有机结合起来,发挥更大的效力,才能为青少年的健康成长创造一个良好的教育氛围。这不仅是为了今天正在成长的孩子们,更是为了国家的明天和未来。

2. 在现实生活中获得成功,摆脱网络依赖

如果学生在现实生活中是不成功的,并需要使用电子游戏机来满足自己逃避、交往等需要,进而形成对电子游戏机的心理依赖,这时电子游戏机的接触就会对青少年人格发展产生不利的影响,这种影响表现为恶性循环,导致在现实生活中越来越不成功。如有的学生学习成绩不好,也有的品质不好,自己也没有什么特长,他们会发现老师、同学不喜欢自己,从各方面不会得到好的评价,他们对游戏机的依赖性就比较强,结果越依赖游戏机,在学校各方面表现越来越糟糕!

已经"上瘾"的学生怎么办?唯一的办法就是我们要努力在生活中获得成功!在成功中体验快乐,发现自己的能力、特长,增强自信,寻求现实生活中的多种情趣,逐步从沉迷游戏机的阴影中走出来的。

3. 警惕消费入误区

调查表明,青少年的消费趋势为消费观念多样化,手段成人化,水平超高超前化。青少年零花钱逐年增多,江苏有个调查,结果发现中小学生在支配零用钱时,有56%的学生把钱花在吃喝玩乐上。变异的消费心理,有的学生不顾承受能力,羡慕他人挥霍无度,追随社会流行的攀比心理,追求过度的享受。

消费不当,有些学生经不住游戏机诱惑,将零用钱,有的甚至是学费、生活费塞到老虎机口中。

培养"艰苦朴素"的精神,学会合理消费,对有效抵制游戏的诱惑,将会起到防范作用。

4. 学会玩电脑游戏,促进全面发展

(1) 限制玩游戏机的时间,如限定只能在周末、星期天玩,或限制每天玩的时间。

盖茨限制女儿玩电脑。盖茨说,他和妻子已经决定,规定女儿平时用电脑玩游戏的时间每天不能超过45分钟,周末为一个小时,做家庭作业需要用电脑的时间另算。

2007年4月9日,新闻出版总署等八部委联合宣布:在全国所有网络游戏

中全面推广防沉迷系统。此次发布会公布了《网络游戏防沉迷系统开发标准》，其核心内容为未成年人累计玩网络游3小时以内的游戏时间为"健康游戏"时间，超过3小时后的2小时游戏时间为"疲劳时间"，疲劳时间内，玩家获得的游戏收益将减半。累计游戏时间超过5小时后，为"不健康游戏时间"，玩家收益为零，以此迫使未成年人下线学习和休息。

（2）选择玩游戏机的内容，如要将色情、暴力、赌博等内容取消。

（3）培养多种兴趣爱好，课余多参加有意义的活动，以免产生无聊空虚的情绪，增加去游戏室的机会。

（4）认识沉溺于游戏机的危害性，正确处理好"玩"与"学"的关系。使我们在玩的过程中，发展智力、提高品德、培养能力、促进身心全面发展。

5. 战胜自我，才能走出痴狂

一位高校大二的张同学，想通过自己的现身说法，让更多的青少年早日走出对网络的痴狂。

张同学来自苏北的一个小城市，高二那年过春节时，被一个小表弟拉进了网吧，第一次认识了网络，感受到了网络世界的奇妙，接下来的几天，他天天往网吧跑。春节后，只要一拿起课本，就会想到网上的东西，控制不住自己用零花钱在附近的网吧上网，逐渐发展到偷拿家中的钱。有一次，终于被父母当场发现了，父亲狠狠地打了他一个耳光，母亲拖着他的手，伤心欲绝地痛哭起来。张同学说，那一刻，自己除了真实的疼痛和耻辱以外，第一次没有想到上网。他说，这是父亲18年来第一次动手打我，我一直是他们的希望，为了我，他们很辛苦地挣钱，吃最差的饭菜，他们怎么也不会想到我会偷家里的钱。

从那天起，张同学就决定不再去上网，每当自己想往网吧跑的时候，他就逼着自己去想父母的辛苦和老师失望的眼神，然后发疯似的跑离网吧，终于将自己拉了回来。

通过自己的经历，他想告诉在网吧中迷失了方向的孩子，不是不可以战胜自己的，只是这样很艰难，但只有战胜自己才可以重新开始正常的学习、生活。

面对今天瞬息万变的时代，为青少年沉迷电脑游戏而咒骂游戏机是不公平的，也是无济于事的，解决问题的关键的确在于自己。一位哲人说："唯有自爱、自识、自制指导人生，才能导出神圣的力量。"事实就是如此！

77 环境造化命运

——"钢琴王子"郎朗的成长故事

> 如果要让孩子有更大的发展,就必须到北京去。
>
> ——朱雅芬

中国人恐怕永远也忘不了那场盛大的北京奥运会开幕式,著名钢琴家郎朗与小女孩李木子的钢琴演奏是当晚演出中的一大亮点,当身着银白色服装的郎朗与6岁的李木子坐在钢琴前,弹奏起作曲家叶小纲为开幕式写下的8分钟的钢琴协奏曲时,全场观众报之如潮的掌声。

四年过去了,为庆祝伦敦奥运会举办,中国钢琴家郎朗、歌唱家宋祖英又携手意大利男高音歌唱家安德烈·波切利,2012年6月5日在伦敦皇家阿尔伯特音乐厅举办"跨越巅峰——三大巨星伦敦音乐会"。

郎朗曾在白宫演出,是受聘于世界顶级的柏林爱乐乐团和美国等五大交响乐团的第一位中国钢琴家,美国权威媒体称他为"当今这个时代最天才、最闪亮的偶像明星"。

或许,我们会好奇,这个音乐天才是如何成长的呢?

1982年,郎朗出生在沈阳。他的祖父是音乐教师,爸爸是文艺兵,在部队里当过专业二胡演员。郎朗从小就对音乐有着浓厚的兴趣。

当时,电视里正在热播电视连续剧《西游记》。听完蒋大为演唱《敢问路在何方》,郎朗就能在钢琴上弹起来。一个从未学过音乐的孩子,居然能够弹出这首歌的大部分旋律,他的父母喜出望外,决定送他去学钢琴。

4岁那年,爸爸带郎朗拜见沈阳音乐学院的朱雅芬教授。听完郎朗弹的曲子,朱教授说:"这是一个很有天分的孩子,生来就是为了弹钢琴的!"

在朱教授的精心辅导下,郎朗进步很快,第二年就获得了沈阳市少儿钢琴比赛第一名。

和沈阳相比,北京名家云集,学习条件更佳。朱雅芬教授对他的爸爸说:"如果要让孩子有更大的发展,就必须到北京去。"于是,他毅然辞去了工作,带着9岁的儿子到北京学琴。

第二年,郎朗以第一名的成绩考入了中央音乐学院附小,郎朗的演奏水平迅速提高。11岁时,他就荣获了第五届"星海杯"全国少儿钢琴比赛专业组第一名,《中国青年报》发表了长篇报道,报道了"钢琴神童"郎朗的成长经历。同年,郎朗远赴德国参加第四届青少年国际钢琴比赛,荣获第一名。

1995年,郎朗又赴日本参加第二届柴可夫斯基国际青年音乐家比赛,赢得了第一名。这次比赛彻底改变了郎朗的命运,他与国际著名的IMG演出经纪公司签约,从此走上了职业演奏家之路。

现在,"钢琴王子"郎朗已成为第一位与柏林、维也纳、美国等五大一流乐团长期合作,在全世界所有的著名的音乐厅举办个人独奏会的中国钢琴家,成为了继霍洛维兹和鲁宾斯坦之后世界钢琴界的又一位领军人物。《芝加哥论坛报》称"郎朗是世界上最伟大、最令人激动的钢琴天才"。

郎朗的成功固然有先天的因素,但最重要的是,他的父母及时发现了他的钢琴天赋并提供了尽可能好的条件。如果不是听从朱雅芬教授的建议,将郎朗送到北京,接受中央音乐学院的名师指导,郎朗的成长也不可能如此一帆风顺。

因而,从沈阳到北京,是郎朗命运的转折点,体现出他的父母在儿子培养方向上的远见卓识。

由此,我也联想起三十年前的自己,同样得益于人生的转向。

那时的我,还是个初一的毛头小伙子。起床后就听见树上的喜鹊叫声,爸爸说:"今天准有喜事。"

果然,快到吃午饭的时候,丁老师来了。

丁老师的大名叫丁祝庆,是爸爸多年的朋友。因为两家的成分都不好,文革时期免不了受冲击。也正因如此,他们惺惺相惜,成了患难之交。更重要的是,他们都酷爱文学。爸爸念如东县中的时候曾在《中国青年》、《中国青年报》

上发表过短篇小说,工作以后还创作过多部以家乡栟茶为背景的抗战小说,尽管没有发表,但我和哥哥都读得津津有味。有一天下雨,我们让爸爸聊聊创作经验,他说:"那要请丁老师讲,他才是真正的作家。"原来,丁老师写过一部中篇小说,已有杂志同意付梓,只是由于文革的突然爆发而耽搁了。所以,在我童年的心灵中,丁老师比爸爸更有本事。

这次见到丁老师,果然感觉到了那文质彬彬的气息。他身材魁梧,着一身银灰色青年装,白净的脸庞,高高的鼻梁上架着一副黑边眼镜,声如洪钟,笑声爽朗,特别富有感染力。

爸爸将我的作文拿给丁老师看,他高兴地说:"灿明的作文不比你年轻时差啊!是个作家的好苗子。"得知我参加乡里的统考,除物理第四,其他每门功课都排全乡第一,他惋惜地对爸爸说:"这么好的成绩,你怎么忍心把他放在一个偏僻学校。"

就这样,他把我带进了栟茶中学。丁老师的一次偶然来访,改变了我的命运。现在想来,如果我进不了他那个重点班,只满足于做乡里的第一名,或许就会"孤独求败",甚至上不了大学。后来的事实也印证了这点,初一的那些同学,只有少数几个考上了高中,而转学的我成了那个班上唯一考取大学的佼佼者。

这就是我人生的一个转折,而且是从未意识到的转折,它彻底改变了我的命运。这些年来,我一直对丁老师充满感激之情,就因为他是我的命中贵人。

两棵高大挺拔的银杏树,掩映在杉树林中的教室青砖黑瓦,以及校长室走廊上的那口铜钟发出的清脆铃声,栟中的一切,对我来说是那么新鲜。而丁老师那行云流水般的语文教学更是让我着迷,我第一次如此真切地感受到语文竟然可以这样美丽!

然而,好景不长,很快我就陷入了困境。因为栟中的教学比我原来的学校差不多快一学期。更让我难堪的是,数学老师经常让我到黑板上做题,不争气的我总是做错,我越来越茫然,甚至怀疑以前考的成绩是不是真的。

丁老师的"嗅觉"总是很灵敏,他把我叫到教室外面,要我尽快断了回原校的念想,并给我讲华罗庚自学成才的故事,要我"自己踩出一条成才之路"。这次语重心长的谈话对我触动很大,消除了我内心中挥之不去的恐惧阴霾。

记得到栟中写的第一篇作文题是《难忘的小事》,我写了一个真实故事。大意是讲自己很渴望去看电影《小兵张嘎》，却因为要完成作业而展开了复杂的思想斗争，虽然隐约听见电影里的对话和枪声，但我还是强迫自己静下心来学习。等完成作业冲出门外的时候，电影却散场了。丁老师打了98分，并洋洋洒洒地写了整整半页的评语，这是我从小到大所得到的作文最高分，也是获得的篇幅最长、评价最高的评语。评讲课上，他让我在全班同学面前宣读作文，我的脸涨得火热，胸口怦怦直跳，那种喜不自禁的感觉至今还时常清晰地涌在心头。

上大学以后，我去探望丁老师，聊起此事时，他淡淡一笑，说："那时你很苦闷，有自卑感，我无非是给你激励，给你信心，希望你振作起来。"我这才知道，丁老师真的是用"心"培养学生，他没有说教，没有强迫，甚至不露痕迹，就像春风化雨，润物无声。

枏中的寄宿生多，学生宿舍紧张，丁老师安排我跟来自河南的平东升同学挤一张床睡。虽然平东升的河南乡音很重，但他思维敏捷，品学兼优，后来顺利考取了北大生物系。他在生活上照应我，在学习上帮助我。遇到不懂的问题我总是向他讨教，他也不厌其烦，诲人不倦，就这样我很快跟上了班上同学前进的步伐。

现在想来，转学本属不易，转学之后的困难和挑战也是前所未有的，如何解决这些困难，迎接这些挑战，作为一个初二的学生，我除了担忧、恐惧和哭泣，其实根本就没有什么方法。还是我的班主任及时出手，从三个方面排除了我的学习困难：一是倾心长谈，消除了我的恐惧；二是安排寄宿，跟全班最好的同学朝夕相处，摆脱学业困境；三是从不吝啬表扬，不断培养和激发我的自信心。一晃毕业三十多年了，如今我已成为一名大学教授。蓦然回首，丁老师给我的教诲依然是那么珍贵，那么温暖。

无论是学习音乐，还是学习知识，都需要你的天赋，需要你的努力，但环境的作用同样不能忽视，只有在一个最适宜的环境中，你的天赋才能得到充分发挥，你的勤奋才能得到充分回报。如果你的环境不利于你的才能发挥，或许不能充分发挥你的才能，你应该慎重考虑是否需要改变你的环境，因为有时适当地改变环境，就意味着改变你的命运！

78 环境改变学习

——美国学者提醒你避免学习的"十大误区"

工欲善其事，必先利其器。

——孔子

在家中，我们对孩子说得最多的话就是"好好学习"，认为只要学习勤奋一些，就可以取得好成绩。当然，还有些家长强调学习技巧，认为既要"勤学"，又要"巧学"，方能取得大的进步。其实，还有一个重要因素，就是学习环境。良好的环境应该是轻松、自由的。

我的兄弟在江苏开了一间工厂，平时没有多少时间管孩子，但他非常用心培养自己的儿子。他在客厅的东墙上贴满了儿子从小到大所获得的几十张奖状，有学校发的三好生奖状，也有全国物理竞赛一等奖的奖状，孩子每天都能高兴地看到自己的成绩，亲戚邻居朋友看见了都会不由自主地夸奖孩子，使孩子感到非常自豪，学习的动力也越来越大，高中毕业轻松考取了南京大学。

从上述案例中，我们不难看出，良好的学习环境不仅包括学习的"硬环境"，即学习的物质环境，而且包括学习的"软环境"，即学习的精神环境、心理环境。两者对孩子的学习都很重要，良好的环境完全可以使孩子的学习"事半功倍"。

美国一些学者对学习环境与方式做了一些调查，初步总结了人们认识的"十大误区"，并提出了相应的改进方法。

1. 认识误区之一：在光线充足的教室里学习效果最佳

相应的做法：统一照明，无论天气情况或活动内容，一律灯火通明。

研究结果：只有部分学生在光线充足时学得很好，另一些学生在弱光线下也能学得很好。

改进的办法：用纸板、书橱或屏风在教室或图书馆布置一些光线强弱不同的小区，允许学生选择适合自己的位置。家庭照明的光线强弱，请调节到最佳状态。

2. 认识误区之二：在20℃到21℃的教室中学习效果最佳

相应的做法：所有教室保持同一温度。

研究结果：不同年龄和性别的人对气温的要求不大一样，太热或太冷都可能无法专心学习。

改进的办法：了解自己对气温条件的要求，选择舒适的衣着或座位。

3. 认识误区之三：笔直就座时的学习效果最佳

相应的做法：要求学生直挺挺地坐在硬椅上，几乎不允许坐在躺椅或地板、地毯上听课。

研究结果：坐在硬板凳上，人体75％的重量都落在仅有4平方英寸的骨头上，引起疲劳和不舒服的感觉。初中生坐在软垫或软椅上考试，其成绩要比坐硬板凳时好得多。因此，在较随便就座的情况下考试或听课，可取得较好的效果。

改进的办法：教室的桌椅要多样化，学习时可以坐得随便些，家庭作业更不要受拘束。

4. 认识误区之四：在安静的环境里学习效果最佳

相应的做法：图书馆要保持安静，不允许放音乐和开电视。

研究结果：许多青少年学习时有音乐相伴，精力会更集中。

改进办法：在每个图书馆、教室和自修室都设带有耳机的听音室，给需要有声响的人提供方便。

5. 认识误区之五：听从老师的安排，学习效果最佳

相应的做法：学校要求行动一致，很少给学生选择学习方法的自由。

研究结果：在一组可以灵活学习的初中生中，当允许他们有各种选择而不是由老师牵着鼻子学习时，50％的学生学习成绩比往常更好。天资好一些的人更倾向于不愿跟着老师转。

改进的办法：教学方法与布置作业应该允许学生选择他们行之有效的学习

途径。天资好的学生应提出自己的学习方案,学会掌控自己的命运。

6. 认识误区之六:集体授课学习效果最佳

相应的做法:把同龄的孩子组成班级。

研究结果:有的孩子善于单独思考,别人在场就会分心;有的孩子在成对或集中学习时学得好;有的孩子学习时喜欢和成年人在一起;一些孩子借助计算机、语言学习机、录像带或幻灯片,可以学得很好;另一些孩子却能在任何条件下——单独、共同或通过媒介——都能学得很好。

改进的办法:应根据"让学生学得更好"的原则安排学习,让他们选择独立、成对、成组或和老师在一起等多元化学习方法。

7. 认识误区之七:先听老师讲解或先阅读,然后再回答问题,学习效果最佳

相应的做法:大多数教学都由老师讲解,或由教师指定阅读材料和布置问答题。

研究结果:凡通过自己最具优势的感官接受了新知识,并通过第二乃至第三感官充实自己的学习,都能学到更多的东西,而且记得更牢固。

改进办法:应根据自己的各种感知力学习新的知识和技能,并通过第二、第三感官加以强化。对于听觉型的学生,采用先听生词的语音,再看它的长短、结构及拼写,最后学习书写和应用。对视觉型的学生应先观察生词的长短、结构及拼写,然后摹画和书写它,或用学习工具(如拼板)拼摆这个词,接着学习该词的运用,最后学习这个词的语音。

8. 认识误区之八:早晨学习的效果最佳,下午学习的效果差些

相应的做法:通常在上午头两节上阅读和数学课。

研究结果:无论在一天中的什么时间上课,都有 1/3 的学生感到这个时间不理想,当一天中的最佳时间刚好与课表一致时,旷课的次数就大为减少,成绩也往往有所提高;教师在最佳状态中上课时,学生所掌握的东西要比相反的情况下多得多。

改进办法:尝试分组,在学生接受能力最强的时段学习难度大的课程。

9. 认识误区之九:坐着专心听课时效果最佳

相应的做法:要求学生端坐在座位上,姿势端正,精神集中。

研究结果:在七年级的一个班里,足足有 50% 的人在学习时需要活动活

动。学习新东西,换一个地方要比呆在原处效果好得多呢!

改进的办法:给那些需要活动的学生提供机会,请不要固定做家庭作业的书房和写字台,应该定期移动。

10. 认识误区之十:通过详细、进一步的讲解,逐渐加深理解,学习效果最好

相应的做法:分步学习课程,每一部分都为下一部分打基础。

研究结果:几乎所有的人都倾向于整体学习而不是分解学习。整体学习的同学能抓住主要的观点,把主要观点吃透以后再去弄清细节。分解学习的同学正相反,他们把注意力放在一连串的细节上,通过这些细节去理解主要观点。如果采用适合于他们各自的方法教他们,无论哪一种学生都会获得更好的成绩。

改进办法:所有的科目都使用配套的学习手段和学习方式,同时交叉使用整体和分解学习。

改变一种习惯固然很难,但改变一种观念更难,如果我们能将传统的学习观念和不良的学习习惯一起改掉,我们就会登上学习快车!